GRAUBÜNDEN

DUMONT REISE-TASCHENBUCH

Vordere Umschlagklappe: Übersichtskarte Graubünden

Hintere Umschlagklappe: Stadtplan Chur

Johannes Eue
GRAUBÜNDEN
DUMONT

Titelbild: Paraglider am Flimserstein
Umschlagklappe vorne: Dorfplatz in Bergün
Umschlagklappe hinten: Rhätische Bahn vor dem Morteratschgletscher
Umschlagrückseite: St. Lorenz in Sils-Baselgia (oben); Arcas in Chur (Mitte); Galopprennen auf dem zugefrorenen St. Moritzersee (unten)
Vignette S. 1: Steinbockgehörne als alternativer Briefkasten
S. 2/3: Soglio

Über den Autor: Johannes Eue, geboren 1964, ist promovierter Historiker und arbeitet als Verlagslektor in Köln.

Grazia fitg!
Viele Menschen waren an der Entstehung dieses Buches beteiligt. Danken möchte ich für ihre teils sehr engagierte Unterstützung den Mitarbeitern der lokalen Tourismusorganisationen – in erster Linie Clarita Decurtins (Chur Tourismus), Anina Fromm (Kur- und Verkehrsverein St. Moritz), Ariane Ehrat (Mountain Marketing AG), Michael Caflisch (Davos Tourismus) und Martin Nydegger (Scuol Tourismus). Besonderen Dank schulde ich Gieri Spescha für viele inspirierende Gespräche, Edwina und Berti Candrian für die liebe Bewirtung, Marianne Bongartz für das engagierte Lektorat, vor allem aber Barbara Lowack für Begleitung, Unterstützung und all die Geduld.

Die Deutsche Bibliothek – CIP-Einheitsaufnahme

Eue, Johannes
Graubünden / Johannes Eue. – Köln: DuMont, 1999
(DuMont-Reise-Taschenbücher ; 2169)
ISBN 3-7701-4359-0

Umschlaggestaltung: Groschwitz, Hamburg
Satz und Druck: Rasch, Bramsche
Buchbinderische Verarbeitung: Bramscher Buchbinder Betriebe

Printed in Germany ISBN 3-7701-4359-0

INHALT

LAND & LEUTE

Natur und Kultur

UNTERWEGS IN GRAUBÜNDEN

Chur und das Bündner Rheintal

Die Surselva

Die Hinterrheintäler

Prättigau und Landschaft Davos

Mittelbünden

Das Engadin

TIPS & ADRESSEN

Für alle in diesem Buch genannten Telefonnummern gilt, wenn nicht anders vermerkt, die Vorwahl von Graubünden: **0 81**.

Bitte schreiben Sie uns, wenn sich etwas geändert hat.
Alle in diesem Buch enthaltenen Angaben wurden vom Autor nach bestem Wissen erstellt und von ihm und dem Verlag mit größtmöglicher Sorgfalt überprüft. Gleichwohl sind – wie wir im Sinne des Produkthaftungsrechts betonen müssen – inhaltliche Fehler nicht vollständig auszuschließen. Daher erfolgen die Angaben ohne jegliche Verpflichtung oder Garantie des Verlages oder des Autors. Beide übernehmen keinerlei Verantwortung und Haftung für etwaige inhaltliche Unstimmigkeiten. Wir bitten dafür um Verständnis und werden Korrekturhinweise gerne aufgreifen:

DuMont Buchverlag, Postfach 10 10 45, 50450 Köln
E-Mail: reise@dumontverlag.de

LAND & LEUTE

»Von allen Ländern
der Schweiz ist [...]
vielleicht keins der
Aufmerksamkeit
und Wißbegier,
oder auch nur Neugier des Reisenden,
würdiger, als das
Bündnerland.«

Heinrich Zschokke
(Schriftsteller und
Politiker), 1842

Natur und Kultur

Splügen vor dem Alperschällihorn

Das Land der 150 Täler – Geographie und Klima

Die ›Ferienecke der Schweiz‹ lockt mit Superlativen: 150 Täler, 615 Seen, 937 Gipfel. Alleine diese Aufzählung charakterisiert überdeutlich den östlichsten der vier ›Alpenkantone‹, der am Gotthardmassiv mit den anderen – Wallis, Tessin und Uri – zusammenstößt. Er sei »eine eigne Schweiz in der Schweiz«, befand Mitte des 19. Jh. der liberale Schriftsteller und Politiker Heinrich Zschokke. Hier finden sich sogar Gegensätze, wie sie selbst die vielfältige Eidgenossenschaft sonst nicht zu bieten hat: Ein Höhenunterschied von fast 3800 m liegt zwischen dem höchsten und dem niedrigsten Punkt Graubündens, der ewigweißen Spitze des Piz Bernina (4049 m) und den mediterranen Kastanienwäldern bei San Vittore (260 m).

Graubündens Enstehung ist eng mit der der Alpen verknüpft, die im Tertiär – vor 66 bis 1,5 Mio. Jahren – durch Auffaltung entstanden. Während der Eiszeiten wurden die groben Strukturen dann im wahrsten Sinne des Wortes feingeschliffen. Bis vor etwa 10 000 Jahren waren praktisch alle Alpentäler phasenweise vergletschert, darunter auch das Rheintal, dessen Eisstrom sich beim heutigen Sargans teilte und in Richtung Bodensee bzw. Walensee weiterfloß. Hier entstand ein typisches Trogtal mit weitem, flachem Boden und damit die einzige Stelle des Kantons, die die Ansiedlung von Industrie ermöglicht hat (Ems-Chemie bei Domat/Ems).

Aber auch anderswo läßt sich die glaziale Vergangenheit gut erkennen: so z. B. an Julier- und Flüelapass, die früher als Transfluenzpässe die Verbindung zwischen zwei Gletscherströmen darstellten und denen die ›überfließenden‹ Eismassen ihre charakteristische flache, mit vielen Seen durchsetzte Form verliehen. Die Schliffgrenze der Gletscher – besonders gut im Oberengadin am Übergang von rundbuckligen zu scharfkantigen Landschaftsformen etwa 1000 m über der Talsohle zu erkennen – stellt heute meist die Obergrenze von Ski- und Wandertourismus dar.

Wo früher Gletscher flossen, bestimmen heute Flüsse das Bild. Die Lebensader Graubündens ist der Rhein, der durch den Zusammenfluß von Vorder- und Hinterrhein bei Reichenau entsteht. Fast zwei Drittel der Fläche des Kantons liegen in seinem Einzugsgebiet, lediglich das Engadin und die Täler südlich des Alpenhauptkamms bleiben außen vor. Dadurch entsteht aber die kuriose – und europaweit einmalige – Situation, daß die Gewässer eines relativ kleinen Gebietes in drei verschiedene Meere fließen: der Rhein in die Nordsee; der Inn (Engadin) über die Donau ins Schwarze Meer; Moesa (Misox), Poschiavino (Puschlav) und Maira (Bergell) über den Po und der Rom (Val Müstair) über die Etsch in die Adria. Um es noch etwas mehr zuzuspitzen: In der Nähe des Sep-

›Steckbrief‹ Graubünden

Lage: Zwischen 46° 10′ und 47° 4′ nördl. Breite, 8° 39′ und 10° 29′ östl. Länge; Nord-Süd-Ausdehnung 100 km, Ost-West-Ausdehnung 141 km
Fläche: Mit 7106 km^2 der größte Kanton der Schweiz (17,21 % der gesamten Landesfläche)
Höchster Punkt: Piz Bernina (4049 m)
Tiefster Punkt: Grenze zum Tessin bei San Vittore/Valle Mesolcina (260 m)
Einwohner: Etwa 186 000; davon ca. 14 % Ausländer
Bevölkerungsdichte: Mit etwa 26 Einwohnern/km^2 der am dünnsten besiedelte Kanton der Schweiz
Hauptstadt: Chur (ca. 33 000 Einwohner)
Verwaltungsgliederung: 213 Gemeinden, 39 Kreise, 14 Bezirke
Sprachen: Deutsch ca. 65 %, Rätoromanisch ca. 17 %, Italienisch ca. 11 %, Sonstige knapp 7 %; tendenziell deutlicher Rückgang von Rätoromanisch und Italienisch
Bodennutzung: Landwirtschaftliche Nutzflächen ca. 31 %, Wälder ca. 25 %, Siedlungsflächen knapp 2 %, Unproduktive Flächen ca. 42 %
Beschäftigungsstruktur: Landwirtschaft ca. 6 %, Industrie ca. 26 %, Dienstleistungen ca. 64 %; etwa jeder 5. Arbeitsplatz ist unmittelbar, jeder 2. mittelbar vom Tourismus abhängig
Tourismus: Jährlich ca. 3,5 Mio. Gäste, die im Durchschnitt 3–4 Tage an einem Ort bleiben
Pro-Kopf-Einkommen: Etwa 37 500 SFr. (Gesamt-Schweiz: etwa 42 500 SFr.)

timerpasses kann ein leichter Windstoß darüber entscheiden, ob ein Regentropfen seine Reise zur Nordsee, zum Schwarzen Meer oder zum Mittelmeer antritt.

Über weite Strecken orientiert sich die politische Grenze Graubündens an natürlichen Gegebenheiten: im Norden an der Gipfelkette der Glarner Alpen, im Süden am Alpenhauptkamm. Ausnahmen bilden Val Müstair, Puschlav, Bergell und Misox, die die Südflanken von Ofen-, Bernina-, Maloja- und San-Bernardino-Pass sichern. Ihnen stehen zwei kleine italienische Enklaven nördlich der Wasserscheide gegenüber: das zollfreie Livigno und das unbesiedelte Valle di Lei, deren Gewässer jedoch mit Hilfe großer Stauseen seitens der Schweiz zur Stromerzeugung genutzt werden.

Auch in anderer Hinsicht spielt der Alpenhauptkamm für Graubünden eine entscheidende Rolle: als Trennlinie zwischen dem kontinentalen **Klima** auf seiner Nord- und dem mediterran beeinflußten auf seiner Südseite, der in diesem Fall auch das Engadin zuzurechnen ist. Durch die inneralpine Lage sind die Niederschläge insgesamt relativ niedrig, und das Unterengadin gehört neben dem mittleren Rhonetal zu den trockensten Regionen der Schweiz. Typisch für das kontinentale Klima sind auch die starken Temperaturunterschiede zwischen Sommer und Winter. Ansonsten spielt für die Temperatur aber vor allem die Meereshöhe eine entscheidende Rolle: Eine Faustregel besagt, daß sie pro 100 Höhenmeter um ca. 0,5 °C abnimmt – genaugenommen sind es im Herbst und Winter etwa 0,4 °C, im Frühjahr und Sommer 0,7 °C.

Ein aus dem gesamten Alpenraum bekanntes Phänomen ist der **Föhn.** Er entsteht, wenn sich die Luftmassen beim Aufsteigen an der Südseite der Bergkämme langsam abkühlen (ca. 0,5 °C pro 100 m) und dadurch abregnen. Haben sie den Kamm überschritten, erwärmen sie sich auf der anderen Seite deutlich stärker (ca. 1 °C pro 100 m) und bringen trockene Luft und gute Sicht mit sich. Im Winter führt ein Föhneinbruch zum rapiden Abschmelzen der Schneedecke, doch lassen die warmen Fallwinde auch im Domleschg Edelkastanien wachsen und ermöglichen in der Bündner Herrschaft Wein-, Mais- und Tabakanbau. Chur verdankt ihnen seine durchschnittlich nur sieben Nebeltage im Jahr, die Zürcher oder Berner vor Neid erblassen lassen – dort legt sich nämlich an 34 bzw. 70 Tagen im Jahr Nebel über die Stadt. Südlich des Alpenhauptkamms, so z. B. im Bergell, führt die Föhnlage aber oft zu starker Bewölkung, da sich die Luftmassen an den Bergen ›stauen‹.

Was kreucht und fleucht, was grünt und blüht – Flora und Fauna

Flora

Die extreme vertikale Ausdehung des Kantons – von den mediterranen Kastanienwäldern im Misox bis zum ewigen Eis in der Bernina –, zudem die unterschiedlichen klimatischen Verhältnisse bringen es mit sich, daß die Tier- und Pflanzenwelt Graubündens sehr vielfältig ist. Es lassen sich mehr oder weniger deutlich fünf Vegetationsstufen unterscheiden: kolline, montane, subalpine, alpine und nivale Stufe.

Die **kolline Stufe** (Hügel-, untere Waldstufe), unterhalb 800 m, macht nur einen sehr kleinen Bereich Graubündens aus: Bündner Rheintal, Domleschg und vorderes Prättigau sowie die unteren bis mittleren Regionen von Misox, Bergell und Puschlav. Ursprünglich waren diese

Täler von ausgedehnten Laubmischwäldern bedeckt, deren Eichen und Buchen aber größtenteils der landwirtschaftlichen Nutzung weichen mußten. So dominieren heute beispielsweise in der Bündner Herrschaft Äcker, Obstgärten und Weinberge, die Wälder finden sich nur noch an den Hängen oder sind zu Inseln geschrumpft. In den drei ›Südtälern‹ nehmen die Kastanien- und Flaumeichenwälder immer noch großen Raum ein. Dies ist einerseits auf die dünnere Besiedlung, andererseits auf die schlechtere Eignung des Geländes für den Ackerbau zurückzuführen. Aber auch die wirtschaftliche Bedeutung der Edelkastanie als Nahrungsmittel spielte eine Rolle.

Die meisten anderen Tal- und die unteren Hanglagen (800–1400 m) gehören der **montanen Stufe** (Berg-, mittlere Waldstufe) an. Die größtenteils aus Buchen bestehenden Laubwälder sind durchsetzt mit Weißtannen und Föhren. Die Obergrenze der Höhenstufe bildet zugleich die Laubwaldgrenze. Auch hier mußten die ursprünglichen Wälder der Landwirtschaft weichen, wobei mit zunehmender Höhe immer stärker die Viehzucht in den Vordergrund tritt. Nur in günstigen niedrigeren Lagen – z. B. im mittleren Prättigau und im Unterengadin – finden sich auch heute noch in größerem Maße Ackerflächen.

Silberdistel

Stengelloser Enzian

Den größten Anteil an der Fläche des Kantons hat die **subalpine Stufe** (Gebirgs-, obere Waldstufe), der die mittleren Hanglagen und die Hochtäler zwischen 1400 und 2400 m wie Engadin, Landschaft Davos und Rheinwald angehören. Die lichten Lärchen- und Arvenwälder wurden zur Schaffung von Weideland teilweise gerodet, was besonders deutlich in St. Antönien und im Rheinwald zu sehen ist, wo nun der Bannwald als Lawinenschutz fehlt. Erlen, Alpenrosen, Preiselbeeren und Alpenreben bilden einen dichten Un-

Das Wappentier Graubündens

Der Steinbock

Graubünden ohne Steinböcke? Unvorstellbar! Auf Schritt und Tritt begegnet einem das Wappentier des größten Kantons der Schweiz: auf Autokennzeichen, in Form von Brunnenfiguren oder gemalten Wappen an Hauswänden, als Name von Hotels oder Apotheken, in jeder erdenklichen Form von Souvenirkitsch, verwurstet als Salsiz und nicht zuletzt auch in natura in höheren, abgelegeneren Bergregionen.

Doch das war längst nicht immer so. 1809 war in der Schweiz der letzte freilebende Steinbock erlegt worden – wahrscheinlich ein ›Grenzgänger‹ aus Italien. Es folgte ein ›steinbockfreies‹ Jahrhundert, denn erst 1911 wurden die Tiere im Kanton St. Gallen wieder erfolgreich ausgewildert. Graubünden mußte sogar fast 300 Jahre ohne Wappentier leben, ehe 1914 am Piz Ela eine Wiederansiedlung vorgenommen wurde. Schon im 17. Jh. war vermutlich der letzte Bündner Steinbock einer übermäßigen Jagd zum Opfer gefallen, die auch durch rigorose Strafen nicht eingeschränkt werden konnte. Dabei lockte die arme Bevölkerung der hochgelegenen Täler nicht nur die Bereicherung des Speiseplans um eiweißreiche Kost. Verschiedenen Körperteilen der Tiere wurden auch heilende Kräfte zugeschrieben, so daß sie zu Arzneien verarbeitet wurden.

Heute sind die Steinböcke wieder zum festen Bestandteil der Bündner Tierwelt geworden. Gut lassen sie sich rund um den Piz Quattervals im Schweizerischen Nationalpark, im Schutzgebiet um den Piz Albris bei Pontresina oder am Flimserstein beobachten. Aber auch an zahlreichen anderen Stellen in Graubünden wurde das Wappentier erfolgreich ausgewildert, oder es haben sich durch Abwanderung eigenständig Kolonien gebildet. Insgesamt haben sich die Bestände so vermehrt, daß seit 1977 wieder ein kontrollierter Abschuß erlaubt ist, um eine Überpopulation einzelner Gebiete zu vermeiden.

Der Alpensteinbock *(Capra ibex ibex)* – so die korrekte Bezeichnung – ist ein enger Verwandter der Ziege. Er lebt die meiste Zeit des Jahres in

terwuchs, der der Tierwelt reiche Nahrung bietet. An Bachläufen breiten sich üppige Hochstaudenfluren aus, an feuchten Hängen Weidengebüsche, und oft bedecken Alpenrosen ganze Hänge und verwandeln sie im Frühsommer in ein rotes Blütenmeer. Überhaupt kann diese

größeren, getrenntgeschlechtlichen Rudeln zusammen. Nur in den ersten Wochen nach dem Wurf der Jungtiere Anfang Juni sondern sich die Geißen mit den Kitzen vom Rudel ab. Gefährdeten früher größere Raubtiere und die unkontrollierte Jagd das Steinwild, so sind heute die extremen klimatischen Bedingungen im Hochgebirge sein Hauptfeind, die zudem die mühsame Suche nach Gräsern und Kräutern erschweren. Gemessen daran ist es erstaunlich, daß die Tiere – besonders die Geißen – 15, selten auch 20 Jahre alt werden können. Ein Bock in der Blüte seines Lebens kann bei einer Schulterhöhe von bis zu einem Meter ein Gewicht von 90 kg erreichen; die Weibchen werden nur etwa halb so schwer. Auffälligstes äußeres Kennzeichen der Tiere ist das bis über einen Meter lange Gehörn, das bei den Männchen durch die ausgeprägten Knoten auch eine ungefähre Altersbestimmung zuläßt.

Leider waren diese imposanten Schmuckstücke auch einer der Gründe, die zur Ausrottung der Steinböcke in der Schweiz führten, wurden ihnen doch magische Kräfte nachgesagt.

Höhenstufe mit der reichsten und vielfältigsten Flora aufwarten. Dazu tragen natürlich auch die von Menschenhand geschaffenen Fettwiesen bei, die durch regelmäßiges Mähen und Düngen entstehen: Blaue Glokkenblumen, violette Storchenschnäbel, gelbe Trollblumen, weiße Paradieslilien und zahlreiche Orchideenarten – um nur ein paar Beispiele zu nennen – setzen hier vielfarbige Akzente. Auch die ausgedehnten Alpenampferbestände um viele Almhütten, die durch Überdüngung entstehen und alles andere erdrükken, gehören zur subalpinen Stufe.

Oberhalb von 2400 m ist kein Wald mehr anzutreffen. In der **alpinen Stufe** (Hochgebirgs-, Rasenstufe) fristen allenfalls noch einzelne Arven, Föhren oder Erlen ein karges Dasein. Aber auch hier entfaltet sich eine reiche Blütenpracht, deren prominenteste Vertreter, Stengelloser Enzian und Edelweiß, jedes Kind mit den Alpen verbindet. Kaum ist der letzte Schnee verschwunden, zeigen sich im noch braunen Gras die weißen Kelche der Krokusse und die ausgefransten violetten Glöckchen der Soldanellen – erste Boten des teilweise nur drei oder vier Monate langen Sommers im Hochgebirge. Je weiter es hinauf geht, desto lückenhafter werden die Rasen, nach und nach finden sich nur noch kleine Vegetationsinseln in Schutthalden und zwischen Gesteinsblöcken. Der Kampf gegen die widrige Natur ist den Pflanzen deutlich anzusehen: Sie kriechen nur noch am Boden, bilden Polster oder Rosetten mit ausgedehnten Wurzelsystemen, in denen die wertvollen Nährstoffe gespeichert werden. Stengelloses Leimkraut, verschiedene Steinbrech- und Hauswurzarten, Alpenazaleen, Silberwurz und Gletscher-Hahnenfuß sind typische Vertreter dieser Region. In den obersten und exponiertesten Lagen der alpinen Stufe können nur noch Flechten und Moose existieren, dort dominiert die Hochgebirgstundra.

Oberhalb von 3000 m geht dann nichts mehr: In der **nivalen Stufe** können selbst die anspruchslosesten und niedersten Pflanzen nicht mehr überleben – Fels, Eis und Schnee haben gesiegt.

Für die Vielfalt der Bündner Flora sprechen auch folgende Zahlen: Fast alle der 60 mitteleuropäischen Orchideenarten kommen im Kanton vor, dazu 3000 verschiedene Pilze – von denen etwa 100 giftig sind. Das Engadin ist zudem die Region der Schweiz mit der reichsten und vielfältigsten Pflanzenwelt, wobei besonders die Bernina und das Unterengadin hervorzuheben sind.

Fauna

Insgesamt ist die Tierwelt Graubündens nicht nur weniger vielfältig als die Pflanzenwelt, sondern sie ist auch weniger auffällig. Dies wird am Beispiel des Schweizerischen Nationalparks deutlich. Dort leben zwar über 5000 verschiedene Tierarten, darunter aber nur 135 Wirbeltiere. Zu den etwa 30 Säugetieren und 100 Vogelarten kommen Bergmolch, Grasfrosch, Bergeidechse, Kreuzotter und Bachforelle hinzu. Den Großteil der Fauna machen Insekten, Spinnen, Tausendfüßler, Würmer und noch kleinere Lebewesen aus, die man gemeinhin nicht wahrnimmt. Eine Ausnahme unter ihnen bilden lediglich die bunten Schmetterlinge, die über die Blumenwiesen flattern.

Zu den auffälligsten Vertretern der Tierwelt gehört das Wappentier Graubündens, der **Steinbock**, der in den unzugänglichen Felsregionen oberhalb der Baumgrenze lebt (s. S. 16 f.). Sein deutlich weniger klettergewandtes Gegenstück in den etwas tieferen Lagen ist die **Gemse**, die auch noch in den lichteren Wäldern der subalpinen Stufe vorkommt. Sie ist etwas kleiner als der Steinbock, und sowohl Männchen wie Weibchen tragen die charakteristischen, an der Spitze gebogenen, kurzen Hörner. Oft zu hören, aber weitaus seltener zu sehen bekommt man das **Murmeltier**, das nur oberhalb der Waldgrenze vorkommt. Schon bei der geringsten Gefahr stoßen die halbmetergroßen, kräftigen Nager ihre gellenden Pfiffe aus und verschwinden in ihrem Bau. Im Winter sieht man in den Schneefeldern der mittleren bis höheren Lagen häufig die Spuren der **Schneehasen**, die in dieser Jahreszeit ein weißes Fell tragen, im Sommer unauffällig braun gefärbt sind.

Wie bei den Säugetieren, kommen auch bei den Vögeln in den unteren und mittleren Lagen die gleichen Arten vor wie im restlichen Mitteleuropa. In den alpinen Regionen gibt es aber einige ›Spezialisten‹. Die auffälligsten – wenn auch seltenen – unter ihnen sind der seit Anfang der 90er Jahre im Schweizerischen Nationalpark wiederangesiedelte **Bartgeier** (s. S. 205) und der etwas kleinere, aber immer noch 2 m Flügelspannweite messende Steinadler. Mit etwas Glück kann man beide hoch über den Gipfeln kreisen sehen. Zwei andere typische Angehörige der alpinen Vogelwelt haben sich erstaunlich gut auf das Vordringen des Menschen eingestellt. Überall trifft man die schwarzgefiederten **Alpendohlen** mit ihrem gelben Schnabel und den roten Beinen, die sich besonders gerne über das hermachen, was vom Mittagstisch der Wanderer fällt. Der etwas kleinere **Tannenhäher** ist zwar seinem Leibgericht, den Samen der Arve, treu geblieben, doch verschmäht er auch Nüsse und ähnliche Leckereien nicht, die ihm von Spaziergängern angeboten werden.

Naturgemäß ist unter den wechselwarmen Lurchen und Kriechtieren die Artenvielfalt in den kühleren Höhenlagen nicht ganz so reich wie in den Tälern. Am häufigsten stolpert man über den Grasfrosch, dessen Kaulquappen im Frühsommer zu Tausenden die kleinen Bergseen und -tümpel bevölkern. Weniger häufig trifft man Alpensalamander, Bergmolch und Bergeidechse, die auf das Hochgebirge spezialisiert sind.

Welche Fischarten in Graubünden leben, läßt sich recht gut an den Speisekarten der Restaurants ablesen, wo Bachforelle und Egli prominente Positionen einnehmen. Seit dem Bau einer Fischtreppe bei Domat/Ems 1998 können auch Seeforellen wieder in ihre alten Laichgründe am Vorder- und Hinterrhein gelangen. Insgesamt ist die Artenvielfalt im Kanton nicht sehr groß, doch trifft man selbst im 2823 m hoch gelegen Lej dai Rosatsch im Val Roseg noch Fische an – weiter oben kommen sie dann aber wirklich nicht mehr vor.

Alpidylle im Schatten von Staumauern – Wirtschaft

Fast möchte man meinen, Graubünden habe das industrielle Zeitalter verschlafen. Kaum ein anderer Kanton der Schweiz ist so wenig industrialisiert, was natürlich zu einem großen Teil an den bereits beschriebenen topographischen Bedingungen liegt. Der einzige nennenswerte Industriebetrieb ist die Ems-Chemie im Bündner Rheintal, die vor allem Fasern für die traditionell in der Ostschweiz – besonders um St. Gallen – starke Textilbranche herstellt. Von den mittelständischen Unternehmen, die sich größtenteils ebenfalls um Chur konzentrieren, ist sicherlich die zum Heineken-Konzern gehörende Calanda-Brauerei eines der bekanntesten.

Die wichtigste ökonomische Stütze des Kantons ist nach dem Tourismus (s. S. 22 ff.) die **Stromwirtschaft.** Nur in Österreich und Skandinavien wird ein ähnlich hoher Anteil des gesamten Energiebedarfs wie in der Schweiz (ca. 15 %) durch Wasserkraft erzeugt. Die größten und lei-

Heuernte in Innerarosa

stungsfähigsten Kraftwerke liegen im Wallis und in Graubünden und erzeugen zusammen etwa die Hälfte der hydroelektrischen Energie in der Schweiz. Die meisten der insgesamt 36 Speicherseen Graubündens liegen versteckt in abgeschiedenen, hochgelegenen Seitentälern. Einige andere, wie z. B. Lago Bianco am Berninapass, Sufner See im Rheinwald und Marmorera-See im Oberhalbstein, wurden so gut in die Landschaft eingepaßt, daß sie ihr einen besonderen Reiz verleihen; der Heidsee auf der Lenzerheide ist als Freizeitfläche außerdem für den Tourismus von Bedeutung. Die beiden Talsperren mit dem größten Fassungsvermögen, Lago di Lei und Lago di Livigno, liegen zwar auf italienischem Gebiet, die Stromerzeugung erfolgt jedoch in der Schweiz.

Bei aller Freude darüber, daß Megaprojekte bei Sils und im Rheinwald in der ersten Hälfte des 20. Jh. am Widerstand der Bevölkerung scheiterten, und allem Bedauern über die teilweise Zerstörung des Spöltals Ende der 50er Jahre oder die Verschandelung mancher Seitentäler sollte man nicht vergessen, daß die sehr ausgeprägte Nutzung regenerativer Energien auch einen wichtigen Beitrag zum Umweltschutz leistet. Einen weiteren – wenngleich nur minimalen – Schritt in diese Richtung stellt das 1993 eröffnete erste Solarkraftwerk der Schweiz bei Disentis dar.

Die lila Kuh kommt zwar aus dem Berner Oberland, doch auch in Graubünden gehören glückliche Kühe in einer idyllischen Alplandschaft zum Klischee. Immer noch ist die **Viehwirtschaft** hier ein wichtiger Wirtschaftszweig, in dem gleichwohl nur noch 6 % der Beschäftigten tätig sind. Der Ackerbau hingegen konnte mit der ausländischen Konkurrenz nicht mithalten. Das Idyll vom heuenden Senn in der freien und gesunden Natur ist aber heute genauso eine Illusion wie vor 100 Jahren. Die Mechanisierung, deren Beginn Ende des 19. Jh. eine erste Krise und damit eine große Abwanderungsbewegung aus den abgelegenen Tälern auslöste, hat einiges verändert: Die Rinder müssen nicht mehr aufwendig auf den Alpen gesömmert werden, sondern das Heu kann ins Tal transportiert werden, Käse- und Milchproduktion wurden vielfach rationalisiert. Dennoch hat sich vielerorts die traditionelle Alpwirtschaft erhalten. Das Käsen von Hand, auf der Alp Nuova in Morteratsch für die Touristen nostalgisch aufbereitet (s. S. 192 f.), kann durchaus noch zum harten bäuerlichen Alltag zählen.

Generell sind zwei Trends zu beobachten. Einerseits hat sich die Zahl der landwirtschaftlichen Betriebe in den letzten 50 Jahren etwa halbiert, da sie trotz umfangreicher Subventionen nur ab einer gewissen Größe konkurrenzfähig sind. Andererseits ist eine immer stärkere Ablehnung ›moderner‹ Errungenschaften in der Viehhaltung zu spüren. Was in den 70er Jahren damit begann, daß Aussteiger für einen oder zwei Sommer zum Senn mutierten,

Vielerorts in Graubünden wird noch mit Holz geheizt

hat sich konsequent weiterentwickelt: Heute ist etwa ein Drittel aller landwirtschaftlichen Betriebe Graubündens biologisch ausgerichtet. Der Vergleich mit der gesamten Schweiz, wo es nur 5 % sind, verdeutlicht die Vorreiterrolle des Kantons. Die Speerspitze des Fortschritts bildet dabei das Rheinwald, eine der am stärksten agrarisch geprägten Regionen, wo noch etwa ein Fünftel der Beschäftigten ihr Brot im Primärsektor verdienen. Seit 1991 wurden hier konsequent Milch- und Fleischproduktion nach biologischen Kriterien eingeführt. Andere Gemeinden folgten dem Beispiel, als sich zeigte, daß die Konsumenten für ›natürlichere‹ Qualität auch einen höheren Preis zu zahlen bereit waren. Und sie stellen ihr Licht nicht unter den Scheffel, sondern vermarkten die Produkte unter dem Gütesiegel ›Öko Grischun‹.

Doch der moderne Landwirt ist nicht nur Bauer, sondern er bekommt auch eine immer wichtigere Stellung im Tourismus – sei es als Veranstalter von Pferde- oder Maultiertrekking, als Betreiber einer touristisch erschlossenen Ziegenalp oder einfach, indem er ›Ferien auf dem Bauernhof‹ anbietet. Wer neue Wege geht, soll aber nicht nur durch den wirtschaftlichen Erfolg belohnt werden. Einen zusätzlichen Anreiz stellt der 1995 ins Leben gerufene, alle zwei Jahre verliehene ›Innovationspreis Landwirtschaft und Tourismus‹ dar. Und schon der erste Preisträger hat – in doppelter Hinsicht – das geschafft, was auch Ziel der Auszeichnung ist: Graubünden in aller Munde zu bringen. Denn der Scarnuz Grischun enthält schließlich kulinarische Köstlichkeiten aus dem gesamten Kanton.

Baden, Wandern, Biken – Die Entwicklung des Tourismus

Die Wurzeln des Tourismus im heutigen Graubünden reichen bis ins 16. Jh. zurück, als Papst Leo X. allen Gläubigen beim Besuch der Quellen von St. Moritz die »volle Absolution sämtlicher Sünden« versprach und der berühmte Arzt Paracelsus selbige Quellen sowie die von Scuol in den höchsten Tönen lobte. Insofern hat sich eigentlich bis heute nichts geändert: Die Mineralbäder von Scuol werden mehr denn je zur Steigerung des Wohlbefindens aufgesucht, und St. Moritz ist immer noch Pilgerziel – allerdings läßt sich dort wohl eher sündigen, als daß die Absolution erteilt würde …

Über Jahrhunderte blieben zunächst die Quellen Hauptanziehungspunkte in Graubünden. Neben dem Baden wurde besonders dem Trinken des mineralhaltigen Wassers eine große Bedeutung zugemessen. Immerhin dürfte jemand, der, wie teilweise im 17. Jh. verordnet, 10 l Wasser am Tag trank, zumindest nicht mehr an Nierenfunktionsstörungen gelitten haben. Bis Mitte des 19. Jh. zog Graubünden aber insgesamt nur wenige Gäste an, sondern war aufgrund seiner Pässe vor allem ein Transitland. Auch Goethe gönnte sich 1788 auf seiner Rückreise von Italien dort keinen Aufenthalt, obwohl er immerhin die Viamala passierte. Die wenigen frühen Reisenden, die aus Interesse an Land und Leuten kamen, waren zumeist Engländer.

Ihrem Reisedrang ist es zu verdanken, daß in den 1860er Jahren in den Alpen überhaupt ein Tourismus entstand. Ein Gipfel nach dem anderen wurde von ihnen ›erobert‹. Das Goldene Zeitalter des Alpinismus, das auch an Orten wie Davos, St. Moritz und Pontresina nicht spurlos vorüberging, erlebte mit der Erstbesteigung des Matterhorns durch Ed-

Mountainbiker in der Bergwelt bei Arosa

ward Whymper 1865 seinen Höhepunkt. Im selben Jahr begann in St. Moritz der Siegeszug des Wintersports, ausgelöst durch den Hotelier Johannes Badrutt. Er hatte mit seiner Wette richtig gelegen, daß es seinen britischen Gästen auch in der kalten Jahreszeit im Engadin gefallen werde (s. S. 179 ff.).

Um die gleiche Zeit aber begann es auch wieder vermehrt Patienten in die Berge zu ziehen, denn der Arzt Alexander Spengler hatte die heilende Wirkung des trockenen Hochgebirgsklimas für Tuberkulosekranke erkannt. Besonders um die Jahrhundertwende schossen die Sanatorien in Davos und Arosa wie Pilze aus dem Boden, und Thomas Mann setzte ihnen mit dem ›Zauberberg‹ ein unsterbliches Denkmal.

Bereits um 1900 war so aus dem Tourismus ein wichtiger Wirtschaftszweig für den Kanton geworden, der jedoch durch die beiden Weltkriege deutliche Einbrüche erlitt. In den 50er Jahren setzte dann der Boom ein: Das deutsche Wirtschaftswunder machte Auslandsreisen erschwinglicher, in den Bergen lockte eine vermeintlich heile Welt, und schließlich wurde auch der Wintersport immer populärer. Die folgenden goldenen Jahrzehnte verhalfen Graubünden zu einer guten allgemeinen Infrastruktur, doch hinterließen Sie auch tiefe Narben: Autolawinen schieben sich vielfach durch die Orte, planierte Skipisten ziehen sich die Hänge hinunter und zerstören die Bergflora, Staudämme riegeln entlegene Täler ab, historische Bausubstanz mußte neuen Hotel- oder Apartmentkomplexen weichen. Inzwischen kommen auf jeden Bündner sechs Gästebetten. Doch man hat glücklicherweise aus Fehlern gelernt, versucht heute mehr Rücksicht auf die Umwelt zu nehmen.

Natürlich sind nicht alle Sünden der vergangenen Jahrzehnte rückgängig zu machen. Aber seien wir ehrlich: Wer möchte schon auf die Bequemlichkeit verzichten, die die vielen Bergbahnen bieten, deren Bau mit dem Boom des Tourismus in den 60er Jahren einherging? Und bei allem Jammern sollte man auch nicht vergessen, daß dieser Aufschwung viele Bergdörfer gerettet hat, die andernfalls entvölkert dem Verfall preisgegeben wären. Man möge nur die wirtschaftlich bedingte Abwanderungswelle Ende des 19. Jh. bedenken ...

Jahrzehntelang war Graubünden im Sommer ein Land der Wanderer und Bergsteiger, im Winter der Skiläufer. Daß sich aber mit einem beschränkten Angebot immer weniger Menschen hinter dem Ofen vorlokken lassen, war die bittere Erkenntnis der späten 80er und frühen 90er Jahre. Mancher Ort hängt zwar sicherlich noch den Träumen an vergangene goldene Zeiten nach, mancher Hotelier sehnt sich nach den Tagen zurück, in denen es den Gästen reichte, ein warmes Bett und gutes Essen zu bekommen – andernorts aber wurden die Ärmel hochgekrempelt, modernisiert, verändert, um den Gästen zu zeigen, daß die

›Ferienecke der Schweiz‹ mehr zu bieten hat als schöne Landschaft. Und so hat die Fun-Generation auch Einzug in die Berge gehalten: Mountain- und Downhillbiking, Surfen, Rafting, Canyoning und Hydrospeed, Paragliding und Deltafliegen sind nur einige der Trendsportarten. Und im Winter tummeln sich heutzutage Snowboarder, Carver und Skwaler auf den Pisten. Die Vielfalt ist verwirrend, aber letztlich auch nur Ausdruck der Diversifizierung und Individualisierung der Gesellschaft insgesamt.

Aber nicht alles wird schneller, bunter und spektakulärer, sondern auch eine gegenläufige Entwicklung ist zu beobachten – eine Art ›Entdeckung der Langsamkeit‹, des ruhigen, teils nostalgischen Genießens. In Alvaneu, Sedrun und Domat/Ems entstanden neue Golfplätze, im Bereich Wellness haben das Bogn Engiadina in Scuol und die Felsen-Therme in Vals neue Maßstäbe gesetzt. Die Rhätische Bahn mit ihrer beeindruckenden Streckenführung und den traditionell roten Zügen gewinnt immer mehr Freunde. Und beim Pferde-, Maultier- und Lamatrekking folgt man gemächlich den Spuren der Säumer.

Die Verbindung von Landwirtschaft und Tourismus wird auch immer enger, ›Ferien auf dem Bauernhof‹ sind wieder in. Die Bauern verpachten nicht mehr nur im Winter ihre Wiesen an die Bergbahngesellschaften, sondern sie haben ihre Chancen entdeckt, schalten sich immer aktiver in das Geschehen ein, versuchen Marktlücken aufzuspüren (s. S. 22). Und schließlich hat eine ebenso große Vielfalt wie im Freizeitbereich in der Hotellerie Einzug gehalten. Viele Betriebe warten mit einem besonderen Angebot auf, sei es eine konsequente ökologische Ausrichtung, Wellness-Angebote und der direkte Zugang zum Golfplatz oder die Einrichtung in besonders originellen oder historischen Gebäuden – alles ist möglich.

Aber nicht allein das Angebot wurde erweitert, sondern auch die Strukturen mußten sich verändern. Größere Hotels öffnen teilweise wegen der immens hohen Personalkosten ausschließlich in der rentableren Wintersaison oder nehmen zumindest im Sommer nur die Spitzenzeiten mit. Die Orte einer Region gehen eine engere Zusammenarbeit ein, um ihre Marktposition zu stärken, die einzelnen Orte werden immer mehr als Marken präsentiert. All diese Anstrengungen sind notwendig geworden, um das Überleben zu sichern, denn kantonsweit hängen über die Hälfte der Arbeitsplätze mehr oder weniger direkt vom Fremdenverkehr ab – in Arosa oder St. Moritz sind es sogar neun von zehn Stellen. Damit ist der Tourismus zum Lebenselixier einer ganzen Region geworden.

Zweitausend Jahre Geschichte

Römische Herrschaft und frühes Mittelalter

15 v. Chr. Das seit der Bronzezeit großflächig besiedelte Raetien wird durch römische Truppen unter Drusus und Tiberius, den Stiefsöhnen von Kaiser Augustus, erobert.

um 20 n. Chr. Organisation des eroberten Gebietes als Provinz Raetia mit Verwaltungssitz in Augsburg (Ausdehnung im Norden bis zur Donau, im Osten bis zum Inn, im Westen bis zu einer Linie von der Vorderrhein- zur Donauquelle, im Süden in etwa entlang des Alpenhauptkamms). In den folgenden Jahrhunderten kolonisieren die Römer das Gebiet nicht, sondern errichten nur militärische Stützpunkte, darunter Chur als *municipium* mit Stadtrechten.

um 284 Neuordnung des Römischen Reichs unter Diokletian: Das heutige Graubünden kommt zur Provinz Raetia Prima, die außerdem das Bodenseegebiet, Glarus, Vorarlberg, Tirol bis zum Zillertal, Südtirol bis Meran, das Veltlin und das obere Tessin umfaßt.

Mitte 4. Jh. Wahrscheinliche Gründung des Bistums Chur (451 erstmalige urkundliche Erwähnung).

um 700 Das Kloster Cazis wird als ältestes Kloster der Diözese Chur gegründet. Bis zum Ende des Jahrhunderts folgen die Klöster Pfäfers, Disentis und Müstair.

806 Nach dem Tod von Bischof Remedius führt Karl der Große die karolingische Grafschaftsverfassung in Rätien ein. In der Folge nimmt die Dominanz der deutschen Vasallen gegenüber den Romanen deutlich zu.

10. Jh. Das Bistum Chur dehnt seinen Machtbereich immer mehr aus und wird eines der bedeutenden Bistümer im Herzogtum Alemannien, zu dem Churrätien bis 1268 gehört.

Die Entstehung der Eidgenossenschaft und der Drei Bünde

12./13. Jh. Die Walser wandern in mehreren Gruppen aus dem Goms (oberes Rhonetal) nach Osten und lassen sich u. a. im Rheinwald, im Valsertal und Avers, in der Landschaft Davos und im Prättigau nieder (s. S. 121 ff.).

13. Jh. Der neu erschlossene Gotthardpass wird zum wichtigsten schweizerischen Alpenübergang; die neue Konkurrenz bringt auch eine bessere Instandhaltung der Bündner Pässe (Lukmanier, Splügen, Septimer) mit sich.

1289 Im Lehnsbrief Walters von Vaz erhalten die Davoser Walser sehr weitreichende Freiheiten zugesichert.

1291 Die drei Waldstätte Uri, Schwyz und Unterwalden erneuern ihren Landfriedensbund und legen damit den Grundstein zur Schweizer Eidgenossenschaft. In den folgenden beiden Jahrzehnten richtet sich dieses Bündnis immer stärker gegen die Eroberungspolitik des Hauses Habsburg.

1367 Domkapitel und Stadt Chur, die Gemeinden im Domleschg, Schams, Oberhalbstein, Bergell, Ober- und Unterengadin gründen den Gotteshausbund, um eine Anbindung des Bistums Chur an Österreich zu verhindern. Damit greifen erstmals die eidgenössischen Ideen auf das umliegende Gebiet über.

1395 Das Kloster Disentis, die Freiherren von Rhäzüns und Sax-Misox sowie die Talschaft Lugnez gründen in Ilanz den Grauen oder Oberen Bund als Verteidigungsbündnis allgemeiner Natur. Durch den Anschluß von Hohentrins, Obersaxen, Vals, Kästris, Flims und Laax im Jahre 1399 umfaßt der Bund praktisch die gesamte Surselva.

1400 Der Graue Bund schließt einen Pakt mit Glarus und bindet sich dadurch erstmals vertraglich an ein Mitglied der Eidgenossenschaft.

1406 Grauer Bund und Gotteshausbund schließen ein Verteidigungsbündnis gegen Angreifer von außen.

Helvetia mit den Wappen der Eidgenossenschaft und des Kantons Graubünden

1422 Die Bürger von Chur stürmen den Hof und befreien sich in der Folge von der bischöflichen Herrschaft.

1436 Nach dem Tod Friedrichs VII. von Toggenburg und dem Aussterben des Geschlechts gründen die Gemeinden des Prättigaus, Maienfeld, Davos und Churwalden nach Vorbild der anderen beiden Bünde in Davos den Zehngerichtenbund, da Zürich und Schwyz sich das Toggenburger Land einverleiben wollen.

1452 Im Schamserkrieg kommt es zur ersten gemeinsamen Aktion der Drei Bünde, die Heinrich von Rechberg aus dem Schams vertreiben und einige seiner Burgen im Domleschg erobern. Neun Jahre später findet die erste gemeinsame Tagung der Drei Bünde statt.

1464 In der Folge des Stadtbrandes wird Chur auch formal durch Kaiser Friedrich III. von der bischöflichen Herrschaft befreit.

1499 Schwabenkrieg: Im Januar fallen die Habsburger in das Münstertal ein und besetzen Maienfeld, werden aber durch Bündner und eidgenössische Kräfte vertrieben. Nachdem sie

Der Duonna-Lupa-Brunnen am Untertor in Chur ist einer Engadinerin gewidmet, die im Schwabenkrieg mutig die Freiheit des Landes verteidigte

Ende März das Unterengadin verwüstet haben, werden sie am 22. Mai in der Schlacht an der Calven von den Bündnern unter Benedikt Fontana endgültig geschlagen.

1512 Die Bündner besetzen das mailändische Veltlin und kaufen es den Franzosen 1516 endgültig ab.

Wappen der Drei Bünde: Zehngerichten-, Grauer, Gotteshausbund (v. l.)

Die Durchsetzung der Reformation

1523 Johannes Comander (eigentl. Johannes Dorfmann), ein Freund Zwinglis, wird zum Pfarrer an der Martinskirche in Chur berufen und verbreitet die Ideen der Reformation.

1524 Zusammenschluß der Drei Bünde (Freistaat der Drei Bünde) in Ilanz. Die Zuständigkeiten verlagern sich immer stärker von den Einzelbünden zum Gesamtbund; dennoch ist die Struktur sehr föderalistisch. Umschichtig werden die Landsgemeinden in Chur, Ilanz und Davos abgehalten. Das Veltlin wird als gemeinsames Untertanengebiet verwaltet.

1526 In der Folge der Disputation zu Ilanz, auf der am 7. Januar der Protestantismus der Verurteilung als Ketzerei entgeht, setzt er sich in weiten Teilen der Drei Bünde durch.

1527 Gian Travers veröffentlicht das erste im Engadiner Romanisch gedruckte Gedicht; 1534 folgt die Aufführung des ersten Dramas in Zuoz.

1527/28 Verbot der Heiligen Messe in Chur. In einigen Gemeinden kommt es zum Bildersturm.

16. Jh. Mit dem Lindauer Boten wird ein regelmäßiger Waren- und Personenverkehr über den Splügenpass nach Mailand eingerichtet, der bis 1826 bestehen bleibt. Mitte des 16. Jh. erlebt der Badebetrieb durch die neuen Erkenntnisse der Naturwissenschaften einen Aufschwung.

Ende 16./ Anfang 17. Jh. Zahlreiche Baumeister, Steinmetzen und Stukkateure aus dem Misox wandern aus und hinterlassen besonders in Bayern bedeutende Bauwerke. Zugleich erlebt der Transitverkehr, besonders über den Splügenpass, eine Blüte.

Die Bündner Wirren

1603 Der Abschluß einer auf zehn Jahre befristeten Militärkapitulation zwischen den Drei Bünden und Venedig stellt einen Affront gegenüber dem habsburgischen Mailand dar, dessen Statthalter Graf Alzevedo de Fuentes die Pässe sperrt, ein Kornembargo über Rätien verhängt und als ständige Bedrohung eine Festung an der Grenze zum Veltlin errichtet.

1607 Die Anhänger der Habsburger erheben sich unter Führung der Planta gegen die französisch-venezianische Partei in den Drei Bünden um die Familien Salis, Sprecher und Guler. Sie können sich vorübergehend durchsetzen.

1613 Das Bündnis mit Venedig wird nicht erneuert.

1618 Die reformierte Synode von Bergün verurteilt, unter maßgeblicher Beteiligung von Georg Jenatsch (s. S. 31 ff.), die Brüder Rudolf und Pompejus Planta als Parteigänger Habsburgs und Landesverräter und löst dadurch einen Aufstand der französisch-venezianischen Partei aus. Nach der Stürmung ihrer Schlösser Wildenberg und Rietberg weist ein Strafgericht in Thusis die Planta aus und verhängt die Todesstrafe gegen einige ihrer Anhänger.

1620 Im Heiligen Blutbad wird am 18./19. Juli mit Hilfe Mailands die reformierte bündnerische Oberschicht im Veltlin beseitigt; über 500 Menschen werden ermordet. Das Veltlin sagt sich von den Drei Bünden los und begibt sich unter österreichischen Schutz. Schließlich setzt sich auch in Chur die habsburgische Partei durch, die Planta kehren zurück.

1621 Unter Führung Georg Jenatschs wird Schloss Rietberg gestürmt und Pompejus Planta ermordet. Daraufhin besetzen die Habsburger Unterengadin, Prättigau und Chur, gliedern die Gebiete Österreich ein und verbieten die protestantische Lehre. Erst eine Pestepidemie vertreibt die Habsburger.

1624 Schweizerische Söldner unter dem Befehl des französischen Gesandten Marquis de Coeuvres befreien die besetzten Gebiete (inklusive Chiavenna und Veltlin, die 1627 formal zurückerstattet werden).

1629 Erneut besetzen habsburgische Truppen Teile der Drei Bünde. Die Gewaltherrschaft von Rudolf Planta wird 1631 durch das Eingreifen des schwedischen Königs Gustav II. Adolf in den Dreißigjährigen Krieg beendet. Nach dem Rückzug der Habsburger übernehmen die Franzosen unter dem Duc de Rohan die Herrschaft.

Georg Jenatsch

Patriot oder machtbesessener Intrigant?

»In einem Stücke wenigstens überragt Georg Jenatsch unsere größten Zeitgenossen – in seiner übermächtigen Vaterlandsliebe. [...] Sie ist der einzige überall passende Schlüssel zu seinem vielgestaltigen Wesen.«

So charakterisiert der Zürcher Bürgermeister Heinrich Waser in Conrad Ferdinand Meyers 1874 erschienenem Roman ›Jürg Jenatsch – Eine Bündnergeschichte‹ denjenigen, der wie kaum ein zweiter die Bündner Geschichte im frühen 17. Jh. geprägt hat: Georg Jenatsch. Aber war wirklich der Patriotismus die treibende Kraft hinter einer der schillerndsten Gestalten, die Graubünden je hervorgebracht hat, oder war es nur Machtbesessenheit? Anscheinend liegt der Schriftsteller mit seiner Einschätzung richtig, betrachtet man die Verehrung, die Jenatsch noch heute manchmal zuteil wird. Denn wer würde schon sein Hotel oder Restaurant nach einem rücksichtslosen Realpolitiker benennen? Ein Freiheitsheld macht sich da schon bedeutend besser ...

Der historische Jenatsch wird 1596 als Sohn eines Pfarrers geboren, wächst in Silvaplana auf und studiert in Zürich Theologie. Erstmals politisch tritt er 1618 auf der außerordentlichen Synode in Bergün und beim Strafgericht in Thusis in Erscheinung. Deren Ziel ist es, den Einfluß der Habsburger in den Drei Bünden zu schwächen, wobei selbst die Verurteilung Unschuldiger zum Tode in Kauf genommen wird. Als Reaktion auf das Wüten der ›Prädikanten‹ in Thusis erhebt sich aber die katholische Bevölkerung des Veltlins, angestachelt von Mailand, gegen die Bündner Unterdrücker: Im Heiligen Blutbad am 18./19. Juli 1620 werden fast alle im Tal lebenden Protestanten ermordet, nur einige wenige – darunter Jenatsch, inzwischen Pfarrer in Berbenno – können ins Engadin entkommen.

Im Roman befindet sich – anders als in der Realität – auch Jenatschs Frau unter den Opfern vom Juli 1620. So ist es auch nicht, wie Meyer suggeriert, der persönliche Verlust, der Jenatschs weiteres Handeln bestimmt, sondern nur sein Haß auf Habsburger und Katholiken. Von heute auf morgen beendet er seine Tätigkeit als Pfarrer. Und schon bald hat er den nächsten aufsehenerregenden Auftritt: An der Spitze von 30 Kumpanen überfällt er 1621 Schloss Rietberg und ermordet Pompejus Planta, den Anführer der ›spanischen Partei‹.

In den folgenden zehn Jahren kämpft Jenatsch, mal in Diensten Venedigs, mal Frankreichs, weiterhin für die Freiheit Graubündens. So sehr er dabei den eigenen Aufstieg im Visier hat, so wenig vergißt er die Leiden der einfachen Bevölkerung und vertritt deren Interessen. 1631 scheint er am Ziel. Die Franzosen befreien das Land von den Österreichern. Ihr Statthalter, der Duc de Rohan, bringt nicht nur den Blauburgunder in die Bündner Herrschaft, sondern der Bevölkerung eine Periode des Friedens und des relativen Wohlstands. Entsprechend beliebt ist der »gute Herzog« bei den Menschen.

Aber das alles ist Jenatsch zu wenig. Schließlich hat er 1635 geholfen, die Habsburger auch aus dem Veltlin zu vertreiben, das aber die Franzosen nicht an die Drei Bünde zurückgeben wollen. Rohan erweist sich als zu schwach, die vermeintlichen Interessen der Bevölkerung gegen Kardinal Richelieu durchzusetzen. Jenatschs Schlußfolgerung ist einfach: Wenn er von den bisherigen Verbündeten nicht die vollkommene Frei-

1637 Durch das Doppelspiel Jenatschs werden die Franzosen zur Kapitulation an der Rheinschanze (seither ›Rohanschanze‹) bei Malans und zum endgültigen Abzug gezwungen.

1639 Anhänger der Planta ermorden in Chur Georg Jenatsch.

1648 Im Westfälischen Frieden erlangen die Eidgenossenschaft und die Drei Bünde die vollständige Unabhängigkeit vom Deutschen Reich. Beide entwickeln sich in den folgenden Jahrzehnten völlig unabhängig voneinander, ohne sich zu verbünden.

heit der Drei Bünde erhalten kann, muß er sich eben an den Erzfeind Habsburg wenden.

Der einstige protestantische Pfarrer wirft alle bisherigen Überzeugungen über Bord, hintergeht seinen Gönner Rohan und läuft zu jener Macht über, »[...] die er von Kindheit an mit der ganzen Macht seines jungen Herzens gehaßt, die er dann [...] mit fast wahnsinniger, vor keinem Greuel zurückbebender Leidenschaft bekämpft, welcher er sein ganzes Leben als Todfeind gegenübergestanden und deren eigennützige und wortbrüchige Politik er auch heute noch tief verachtete [...]«. Schließlich – als ob das alles noch nicht reiche – tritt er auch noch zum Katholizismus über. Und er erreicht letztlich sogar sein Ziel: die Befreiung der Drei Bünde von der französischen Herrschaft 1637 und zwei Jahre später sogar die Anerkennung der Unabhängigkeit durch die Habsburger.

Aber zu welchem Preis das alles ... Von der Bevölkerung – im Gegensatz zum geliebten »guten Herzog« – gehaßt, wird er selbst für Meyer nicht nur zum »Verräter«, sondern sogar zum »bündnerischen Diktator«. Die Früchte seiner Bemühungen kann er nicht einmal mehr genießen, sein Leben endet konsequenterweise durch Gewalt. Bei einem Besuch in Chur wird er von Anhängern der Planta am 24. Januar 1639 in der Wirtschaft ›Zum staubigen Hüatli‹ ermordet.

Aber stirbt mit ihm wirklich der selbstlose Patriot, oder ist es doch nur der machtbesessene Intrigant? Die Wahrheit liegt, wie meistens, wahrscheinlich in der Mitte. Die Liebe zu Bünden, die bei Conrad Ferdinand Meyer das alles überstrahlende Motiv bildet, ist ihm sicherlich nicht abzusprechen. In ihr aber die einzige Ursache für den Verrat an Rohan, die Hinwendung zu den Habsburgern und sogar den Übertritt zum Katholizismus zu sehen, wäre dann doch zuviel des Guten. Und so bleibt Georg Jenatsch auch heute noch das, was er wohl schon zu Lebzeiten war: eine schillernde Figur, an der sich die Geister scheiden.

Das Zeitalter des Absolutismus

Ende 17./ Anfang 18. Jh.	Da die wirtschaftliche Situation in der Heimat keinen anderen Broterwerb zuläßt, gehen viele Bündner als Söldner ins Ausland, v. a. nach Frankreich.
1766	Venedig weist, durch die Anlehnung der Drei Bünde an Mailand und entsprechende Senkungen der Zölle provoziert, alle ca. 3000 Bündner Gewerbetreibenden aus. Nach kurzer Rückkehr in die Heimat lassen sich diese größtenteils in an-

	deren Gebieten Europas nieder, geben damit den Anstoß zu einer größeren Emigrationswelle.
1782–1785	Als erstes modernes Bündner Straßenbauprojekt wird die Reichsstraße über die St. Luzisteig gebaut.

Napoleonische Besetzung und Aufnahme in die Eidgenossenschaft

1794	Unter dem Eindruck der Französischen Revolution kommt es zum Aufstand der ›Patrioten‹ unter Johann Baptist von Tscharner gegen die österreichfreundlichen Salis; zwar wird die alte Oligarchie entmachtet, aber konsequente Reformen bleiben aufgrund des Widerstands der Gemeinden aus.
1797	Nach der Eroberung der Lombardei durch Napoleon spalten sich das Veltlin, Bormio und Chiavenna von den Drei Bünden ab und unterstellen sich französischem Schutz. Im Frieden von Campoformio am 17. Oktober gehen sie endgültig verloren. Die ausbleibenden Getreide-, Salz- und Weinimporte gefährden die Existenz der Drei Bünde.
1798	Französische Truppen besetzen ohne nennenswerten Widerstand die gesamte Schweiz.
1798–1800	Die Drei Bünde werden zum Spielball Österreichs und Frankreichs, die wechselseitig das Gebiet besetzen.
1803	In der Mediationsakte wird die vorrevolutionäre Ordnung wiederhergestellt, die Schweizerische Eidgenossenschaft wird umstrukturiert und erhält eine extrem föderalistische Verfassung. Graubünden wird mit Chur als Hauptstadt als einer von sechs neuen Kantonen aufgenommen; erstmals gibt es eine gemeinsame Haushaltspolitik des Kantons.
1813	Der Einmarsch der Alliierten beendet die napoleonische Besetzung der Schweiz.

Wirtschaftlicher Aufschwung im 19. Jahrhundert

1818–1823	Auf Betreiben Johann Friedrich von Tscharners werden die Straßen über Splügen- und San-Bernardino-Pass ausgebaut, um die Getreideversorgung sicherzustellen und eine erneute Hungersnot wie 1816/17 zu verhindern.
1840	Die ›Obere Strasse‹ von Chur über die Lenzerheide, Julier- und Malojapass nach Casaccia wird vollendet. Dadurch ent-

	steht eine Alternative zur ›Unteren Strasse‹ durch das Domleschg und über den Splügenpass, die 1834 von schweren Unwettern stark zerstört worden war. In den folgenden Jahrzehnten werden auch die Straßen über Albula- (1856–1873), Oberalp- (1864–1866), Bernina- (1864–1869), Flüela- (1867), Ofen- (1871–1872) und Lukmanierpass (1877) ausgebaut.
1840er Jahre	Saisonal verdingen sich Knechte und Mägde aus Graubünden (v. a. aus Valsertal, Val Lumnezia und Cadi) als ›Schwabengänger‹ in der Viehzucht Schwabens. Aufgrund der schlechten wirtschaftlichen Situation kommt es aber auch zu großen Auswanderungswellen (1846–1850 ca. 1500–2000 Bündner Emigranten in die USA).
1848	In der neuen, föderalistischen Bundesverfassung wird der Schritt vom Staatenbund zum Bundesstaat vollzogen. Wesentliche Elemente sind die starke Zentralregierung, Gewaltenteilung, Suprematie des Bundes, Repräsentativdemokratie und Zentralisierung von Post- und Zollwesen. Amtssprachen sind Deutsch, Französisch und Italienisch.
1854	Die Graubündener Kantonsverfassung vollzieht die Wandlung vom Föderativstaat zum demokratischen Einheitsstaat, indem der Einfluß der Gemeinden deutlich beschnitten wird. An ihre Stelle tritt die Gesamtheit der Stimmbürger als entscheidender Träger der Souveränität.
1858	Durch die Eröffnung der Eisenbahnlinie Rorschach–Chur wird Graubünden an das schweizerische Eisenbahnnetz angeschlossen
1863	Der Alpenclub wird gegründet. Ein Jahr später wird in St. Moritz der Wintertourismus geboren.
1879	Im Hotel Kulm in St. Moritz wird eine elektrische Beleuchtung installiert und Strom damit erstmalig in der Schweiz für den täglichen Gebrauch genutzt.
1882	Nach zehnjähriger Bauzeit wird die Gotthardbahn als schweizerische Antwort auf Brennerpaß (1867) und Mont-Cenis-Tunnel (1871) und zugleich kürzeste Nord-Süd-Verbindung über die Alpen eröffnet. Dadurch geht der Verkehr über die anderen Pässe drastisch zurück.
1888/89	Mit der Strecke Landquart–Klosters und deren Erweiterung bis Davos wird der Grundstein des Bündner Schmalspurbahnnetzes gelegt. 1896 werden die Bahnlinien Chur–Thusis und Landquart–Chur eröffnet, bis zum Ersten Weltkrieg hat das Netz der Rhätischen Bahn fast den heutigen Umfang.

1891 Im Engadin werden die ersten beiden Wasserkraftwerke Graubündens in Betrieb genommen.

1892 Rätoromanisch wird offizielle Landessprache in Graubünden.

Graubünden im 20. Jahrhundert

1918 Die Vereinigung Pro Grigioni Italiano (PGI) wird gegründet zur Erhaltung und Förderung der kulturellen Identität in den italienischsprachigen Tälern Valle Mesolcina (Misox), Val Bregaglia (Bergell) und Valle di Poschiavo (Puschlav).

1919 Als Dachverband aller romanischsprachigen Bündner wird die Lia Rumantscha gegründet.

1926 Gegen den Widerstand der Rhätischen Bahn und von Teilen der Bevölkerung wird Graubünden für den Autoverkehr geöffnet. Dieser Sieg der Hotellerie bringt eine Beschleunigung der touristischen Erschließung.

1928 In St. Moritz finden die II. Olympischen Winterspiele statt.

1938 Rätoromanisch wird durch nahezu einstimmigen Volksentscheid vierte Landessprache der Schweiz.

1948 In St. Moritz finden die VII. Olympischen Winterspiele statt.

1960 Mit der Walservereinigung Graubünden (WVG) gründen auch die Walser eine Institution zur Wahrung ihrer kulturellen Identität.

1971 In der Schweiz wird das Frauenwahlrecht eingeführt.

1982 Rumantsch Grischun wird als gemeinsame Schriftsprache der fünf rätoromanischen Idiome (Sursilvan, Sutsilvan, Surmiran, Puter, Vallader) geschaffen.

1992 Die Bevölkerung der Schweiz (v. a. die der Deutschschweiz) lehnt den Beitritt zum Europäischen Wirtschaftsraum ab.

1997 Rätoromanisch wird vierte Amtssprache in der Schweiz. Als erste romanische Tageszeitung erscheint ›La Quotidiana‹. Der extrem konservative Bischof Wolfgang Haas wird nach fast zehnjährigem Konflikt mit der Bevölkerung aus Chur in das neu gegründete Erzbistum Liechtenstein versetzt, wo er mit heftigem Protest empfangen wird.

1998 Unter dem Motto »Veloland Schweiz« wird ein nationales Radwegenetz mit neun Routen aus der Taufe gehoben, von denen zwei durch Graubünden führen.

Babylonische Vielfalt – Bevölkerung und Sprache

Graubünden, Grischa, Grigioni – die offiziellen Bezeichnungen machen bereits die sprachliche Vielfalt deutlich, denn Graubünden ist der einzige dreisprachige Kanton der Schweiz. Etwa zwei Drittel der Bevölkerung geben Deutsch als ihre Muttersprache an, jeder sechste Rätoromanisch und jeder neunte Italienisch. Diese Zahlen spiegeln nur einen Teil der Realität wider, denn ein großer Teil der Bündner wächst gezwungenermaßen zweisprachig auf.

Die Vielfalt hat historische Ursachen. Um die Zeitenwende war Graubünden von den Rätern bewohnt, über die so gut wie nichts bekannt ist – weder ihre Herkunft noch ihre Sprache. Die Eroberung des Gebietes durch die Römer brachte sie in Kontakt mit der lateinischen Sprache, und so entstand in den nächsten Jahrhunderten die Urform des Rätoromanischen, das als westromanische Sprache enger mit dem Französischen und Spanischen verwandt ist als mit dem Italienischen. Die Einführung des Lehnswesens durch die Karolinger brachte ab dem 9. Jh. weitreichende Veränderungen mit sich. Größtenteils kamen nämlich die Vasallen aus dem deutschen Raum und brachten ihre Sprache mit ins heutige Graubünden, wo erste deutsche Sprachinseln entstanden, deren Kern das Bündner Rheintal rund um Chur bildete. Weiteren Aufwind erhielt die deutsche Sprache durch die Wanderungen der Walser, die sich seit dem 13. Jh. im Kanton ansiedelten (s. S. 121 ff.). Sie verdrängten die Rätoromanen, und es entstanden mehrere walserdeutsche Sprachinseln, d. h., die Germanisierung des romanischen Sprachraums erfolgte unabhängig voneinander von zwei Seiten: hie spricht man Churertütsch, dort Walsertütsch. Hinzu kommt die Sonderstellung von Samnaun, das von Tirol aus besiedelt wurde und in dem ein ganz eigener Dialekt vorherrscht.

Durch die zunehmende Zersplitterung des rätoromanischen Siedlungsraums ohne zentralen Bezugspunkt zerfiel auch die Sprache immer weiter in regionale Dialekte: Am Vorderrhein wird Sursilvan gesprochen, im Domleschg und im Schams Sutsilvan, im Oberhalbstein und Albulatal Surmiran, im Oberengadin Puter und im Unterengadin und Val Müstair schließlich Vallader, wobei letztere beiden Idiome zum Ladin zusammengefaßt werden. Diese babylonischen Zustände veranlaßten den Vater des ›Lederstrumpf‹, James Fenimore Cooper, 1828 zu der Bemerkung, die Sprachenvielfalt in Graubünden sei »ärger als bei den Indianerstämmen in der Prärie«.

Eine Sonderrolle spielen die italienischsprachigen ›Südtäler‹: Valle di Poschiavo, Val Bregaglia, Valle Mesolcina und Val Calanca wurden vom heutigen Italien aus besiedelt. Dennoch wird beispielsweise im Bergell kein reines Italienisch gesprochen, sondern eine Mischung aus Rätoromanisch und Lombardisch, das *bargaiot* (Bergellisch). Die starke kulturelle Ausrichtung nach Süden hat aber dazu geführt, daß die sprachliche Durchmischung nicht so stark ist wie in vielen anderen Teilen Graubündens. Seit dem Ersten Weltkrieg versuchten ›Irredentisten‹, eine Angliederung ganz Graubündens an Italien zu erreichen. Besonders während der faschistischen Herrschaft Mussolinis wurden diese Bestrebungen durch pseudo-wissenschaftliche Belege für einen gemeinsamen italo-romanischen Sprachraum untermauert, doch konnte dadurch nicht die Zulassung des Rätoromanischen als vierte Landessprache 1938 verhindert werden.

Die Sprachgrenzen, die sich bis Anfang des 19. Jh. nur wenig verschoben hatten, gerieten durch den Ausbau der Verkehrswege und den beginnenden Fremdenverkehr wieder in Bewegung. Das Rätoromanische wurde immer weiter zurückgedrängt, so daß es beispielsweise in den touristischen Hochburgen des Engadins kaum noch existiert. So verschwand das, was die englische Schriftstellerin Helen Maria Williams Ende des 18. Jh. als »herben und barbarischen Dialekt« empfunden hatte, langsam aus dem öffentlichen Leben und wurde in den privaten Bereich verbannt.

Auch die Verankerung als offizielle Amtssprache auf Kantonsebene 1892 und die Erhebung zur vierten Landessprache 1938 konnten diesen Trend nicht umkehren. Denn welches Romanisch war nun Landessprache? Die nominelle Aufwertung half in der Praxis wenig weiter, denn die fünf romanischen Idiome unterscheiden sich so stark voneinander, daß teilweise zur Verständigung untereinander das Deutsche als gemeinsamer Nenner herhalten muß. Die einzige Möglichkeit, dieses Dilemma zu beseitigen, bot die Schaffung einer neuen Sprache, einer Art romanisches Esperanto. 1982 war es endlich soweit: Das Rumantsch Grischun wurde aus der Taufe gehoben. Im wesentlichen handelt es sich bei dessen Vokabular und Grammatik um eine Kreuzung aus Sursilvan und Vallader, doch wurden auch die kleineren Idiome und regionale Varianten berücksichtigt.

Nun hatte man zwar eine gemeinsame Sprache, doch niemanden, der sie beherrschte. Natürlich gab es – wie bei allen Neuerungen – auch Widerstände in der Bevölkerung. Kuriosestes Beispiel ist wohl eine Petition von 2500 Bündnern aus der Surselva, die ein Verbot von Rumantsch Grischun forderte, da es das Sursilvan zum Aussterben verdamme. Zum Glück blieben solche Kassandrarufe ungehört, und das Rumantsch Grischun konnte seinen Siegeszug antreten – aber nur auf dem Papier, denn nach wie vor unterhalten sich die Romanen auf Puter oder Vallader, Sursilvan, Sutsilvan oder Surmiran. Aber warum soll es ihnen auch anders ergehen als denen aus dem Unterland, die Schweizerdeutsch sprechen, aber in der Hochsprache schreiben?

Und in der Tat hat das Rätoromanische in den letzten Jahren eine regelrechte Renaissance erlebt. So entstehen Theaterstücke und Romane in der neuen Sprache (s. S. 41 ff.), auf der Beschilderung in vielen Orten tritt sie zunehmend in den Vordergrund, Zeitungen und Zeitschriften richten romanische Seiten ein, Radio- und Fernsehsendungen werden auf Rumantsch Grischun ausgestrahlt, Museen in romanischen Gebieten beschriften die Exponate nun zweisprachig in Deutsch und in Rumantsch Grischun. Aber auch auf Bundesebene hat diese Entwicklung ihren Niederschlag gefunden – z. B. auf den Geldscheinen und in den Pässen. Die beiden größten Erfolge konnten die Rätoromanen 1997 verbuchen, als ihre Sprache von der bloßen Landessprache zur Amtssprache ›befördert‹ wurde, die sich auf allen offiziellen Dokumenten findet.

Vielleicht noch wichtiger war aber, daß nach jahrzehntelangen Bemühungen endlich das Projekt einer romanischen Tageszeitung für den gesamten Kanton realisiert werden konnte: Am 6. Januar 1997 erschien die erste Ausgabe der ›La Quotidiana‹. Natürlich läßt sich darüber streiten, ob der Pressemonopolist Gasser damit den Rätoromanen endlich eine ›unabhängige‹ Zeitung gegeben und sie damit aus den Klauen der Lia Rumantscha befreit hat, wie der Herausgeber Hanspeter Lebrument stolz verkündet ... Vielleicht ist es aber auch einfach ein Schritt zur Normalität: Das Romanische ist nicht mehr das schwache Pflänzchen, das von der 1919 gegründeten Lia Rumantscha als quasi monopolistischer Förderin romanischen Kulturguts gepäppelt werden muß, sondern es hat sich wieder zu einer vollwertigen Alltagssprache entwickelt – mit allen Vor- und Nachteilen, die das mit sich bringt.

Nur ein Land der Inspiration? – Bildende Kunst und Literatur

Graubünden hat von altersher wenige bedeutende Künstler hervorgebracht. Vielmehr kamen die Maler, Schriftsteller und Komponisten von andernorts ins Gebirge, um in der Ruhe die Inspiration für neue Werke zu suchen. Viele von ihnen hielten sich dort nur kurze Zeit auf, kamen teilweise auch immer wieder, doch manche wurden auch seßhaft.

Thomas Mann verbrachte 1912 zwar nur vier Wochen im Landwassertal, doch setzte er Davos mit dem ›Zauberberg‹ ein literarisches Denkmal; mit **Conrad Ferdinand Meyers** ›Jürg Jenatsch‹ hat allenfalls ein weiterer Prosatext, dessen Handlung mit dem Kanton verbunden ist, Eingang in die Weltliteratur gefunden. Untrennbar ist der Name **Friedrich Nietzsche** mit Sils verbunden, in dessen Abgeschiedenheit er mehrere Jahre lang die Sommermonate verbrachte. In ähnlicher Weise haben der Impressionist **Giovanni Segantini** und der Expressionist **Ernst Ludwig**

Kirchner Spuren im Oberengadin bzw. in Davos hinterlassen, wo ihnen auch Museen gewidmet wurden. Segantini erreichte hier den Höhepunkt seines Schaffens (s. S. 170 f.), Kirchner konnte nach der persönlichen Krise, die der Erste Weltkrieg ausgelöste hatte, noch einmal an die alte Kreativität anknüpfen (s. S. 131).

Den Ruhm dieser Künstler konnten nur wenige Bündner erreichen. Außer bei den Hausformen, bei denen die Bedürfnisse des täglichen Lebens im Vordergrund standen, entwickelte sich zu keiner Zeit ein eigener Stil in Architektur oder Malerei. Die Gestaltung der bedeutenden Bauwerke – im wesentlichen Kirchen und Klöster – übernahmen Baumeister und Handwerker aus der Fremde, die ihren Stil einfließen ließen. Selbst Enrico Zuccalli, Giovanni Antonio Viscardi und Gabriele di Gabrieli, die, wie zahlreiche andere Zeitgenossen, um 1700 das Misox verließen und in die Fremde zogen, machten sich zwar in Bayern einen Namen als bedeutende Baumeister des Barock, doch hinterließen sie keine nennenswerten Spuren in der Heimat. Ende des 19. Jh. trat die Bergeller Künstlerfamilie **Giacometti** ins Rampenlicht (s. S. 42 f.), die zahlreiche Spuren im gesamten Kanton hinterlassen hat, unter denen an erster Stelle die Glasfenster von Augusto Giacometti in der Churer Martinskirche und in zahlreichen anderen Sakralbauten zu nennen sind.

Erst in den letzten Jahrzehnten haben es einige im Kanton verwurzelte Künstler mit ihrem jeweils sehr eigenen Stil zumindest teilweise zu internationaler Bedeutung gebracht. Populärster unter ihnen ist sicherlich **Alois Carigiet** (1902–1985), dessen ›Schellen-Ursli‹ (s. u.) jedem Bündner Kind in die Wiege gelegt wird. Er hat aber nicht nur zahlreiche Kinderbücher illustriert, sondern sich auch als Maler einen Namen gemacht. In seine Fußstapfen ist inzwischen der 1937 geborene **Rudolf Mirer** getreten, der zunächst als Textildesigner und Grafiker in Erscheinung trat, inzwischen aber auch Briefmarkenserien, Kalender, ein

Wandmalerei von Robert Indermauer am Untertor in Chur

Kinderbuch und eine Lok der Rhätischen Bahn gestaltet hat. Seine Werke findet man praktisch in jeder Galerie, Lithographien oder Reproduktionen hängen in vielen Hotels. Und wer einen echten Mirer erstehen möchte, fährt am besten nach Obersaxen, in den Heimatort des Künstlers. Ganz anderer Art ist die Präsenz des zehn Jahre jüngeren **Robert Indermauer**, der zurückgezogen im Domleschg lebt. Seinen Werken begegnet man aber dort und in Chur auf Schritt und Tritt – in erster Linie nicht in Galerien, sondern an Hauswänden und auf der Straße. Nicht nur seine charaktervollen Porträts in der Churer Altstadt, sondern auch seine originellen Werke in Thusis und am Schulhaus von Paspels lohnen einen Umweg. Während bei Mirer die Farben und das Graphische im Vordergrund stehen, widmet sich Indermauer ganz den Menschen und porträtiert sie liebevoll in meistens ganz alltäglichen Situationen.

Von ganz anderem Kaliber sind die Werke von **Peter Zumthor**. Mitglied der Berliner Akademie der Künste, wurde er zwar 1943 in Basel geboren, doch lebt und arbeitet er seit Jahren in Haldenstein bei Chur. Zu seinen originellsten Werken gehören die Holzkapelle Sogn Benedetg oberhalb von Sumvitg und die Felsen-Therme in Vals. Internationales Renommee erlangte er nicht zuletzt durch seine Entwürfe für das NS-Dokumentationszentrum ›Topografie des Terrors‹ in Berlin, den Neubau des Diözesanmuseums in Köln und den Schweizer Pavillon für die Expo 2000 in Hannover.

Auf literarischem Gebiet war Graubünden über Jahrhunderte Ödland – bis 1945 ein Bestseller erschien: Das **›Schellen-Ursli‹** hat es bis heute auf knapp 2 Mio. verkaufte Exemplare in gut einem Dutzend Sprachen, darunter alle romanischen Idiome, gebracht (s. S. 200 f.). In der ›richtigen‹ Literatur haben es erst in den letzten Jahren einige jüngere Schriftsteller geschafft, Aufsehen zu erregen – und das trotz eines gravierenden Hindernisses: Ihre Werke sind als deutlicher Ausdruck des wachsenden Selbstbewußtseins vielfach in rätoromanischer Sprache abgefaßt. So schreiben **Flurin Spescha**, dessen ›Fieu e Flomma‹ der er-

Die Giacomettis

Künstlerfamilie aus dem Bergell

Im Kreis der wenigen bildenden Künstler aus Graubünden, die auch über die Grenzen des Kantons hinweg zu Ruhm gelangt sind, nimmt eine Familie eine Sonderstellung ein: die Giacomettis. Die beiden Vettern zweiten Grades Augusto und Giovanni Giacometti sowie Giovannis Söhne Alberto und Diego stammten aus dem Bergell und wurden in Borgonovo geboren, wo heute auch alle vier auf dem Friedhof von San Giorgio begraben liegen. Und dennoch verlief ihr Leben völlig unterschiedlich, fanden sie ganz verschiedenartige künstlerische Ausdrucksmittel.

Der bekannteste von ihnen ist **Alberto Giacometti** (1901–1966), dessen Konterfei seit 1998 die 100-Franken-Scheine schmückt. Schon im Alter von 20 Jahren ging er nach Paris, wo er bis zu seinem Tod lebte. Nach dem Besuch einer Kunstakademie folgte zunächst eine mehrjährige Phase des Experimentierens mit verschiedenen Stilrichtungen – darunter auch ein kurzer Ausflug in den Surrealismus. Erst 1946 fand der Künstler dann zu seinem eigenen, unverwechselbaren Stil: Bleistiftdünne, skurril überlängte Figuren dominierten fortan sein Werk. Was bei der Betrachtung aus der Nähe fast grob und ungelenk modelliert scheint, entfaltet mit zunehmendem Abstand eine erstaunliche Wirkung. Dieses Phänomen ist wohl kaum treffender zu beschreiben, als es Jean-Paul Sartre einmal tat: Giacometti sei der erste Bildhauer, der »den Menschen so dargestellt hat, wie man ihn sieht, nämlich von weitem«.

Sehr stark von Alberto beeinflußt war dessen jüngerer Bruder **Diego Giacometti** (1902–1985). Erst nach Albertos Tod fand er Ruhe zur Umsetzung eigener künstlerischer Ideen, vorwiegend kunsthandwerklicher Art. Da beide Brüder den Mittelpunkt ihres Lebens nach Paris verlagert hatten, sind in Graubünden nur wenige Zeugnisse ihres künstlerischen Schaffens zu finden. Lediglich in den Museen in Chur und in Stampa sind einige Plastiken zu bewundern.

Ganz im Gegensatz zu seinen Söhnen blieb **Giovanni Giacometti** (1868–1933) zeitlebens seiner Heimat verbunden. Trotz aller stilistischer Veränderungen standen stets Landschaft und dörfliche Umgebung von Bergell und Oberengadin im Mittelpunkt seines Schaffens. Nicht nur thematisch, sondern auch künstlerisch ließ er sich von dem zehn Jahre älteren Giovanni Segantini beeinflussen. Sein vielfältiges Schaffen, das unter anderem 1908 zur Teilnahme an einer Ausstellung der ›Brücke‹ führte,

Das ›Flimser Panorama‹ von Giovanni Giacometti

machte ihn neben seinem Freund Cuno Amiet zum bedeutendsten schweizerischen Künstler der Jahrhundertwende. Neben den Gemälden in Stampa und der umfangreichen Sammlung in Chur ist besonders ein einzelnes Werk sehenswert: das ›Flimser Panorama‹, das in den Park Hotels Waldhaus in Flims hängt.

Der vierte Angehörige der Künstlerfamilie, **Augusto Giacometti** (1877–1947), kehrte auch schon in jungen Jahren dem Bergell den Rücken, studierte in Zürich und Paris, lebte dann in Florenz und schließlich bis zu seinem Tod in Zürich. Wie bei den Brüdern Alberto und Diego ist in seinen großenteils abstrakten Gemälden, die in der Nachfolge von Jugendstil und Symbolismus stehen, praktisch kein Bezug zur Heimat zu entdecken. Und dennoch ist Augusto derjenige, der die meisten und auffälligsten Spuren in Graubünden hinterlassen hat. Außer auf Leinwand arbeitete er nämlich auch auf Glas und wurde mit seinen meisterlichen Werken zum Erneuerer der Glasmalerei nach dem Ersten Weltkrieg. Die charakteristischen Blau-, Rot- und Grüntöne verleihen seinen Kirchenfenstern eine ungeheure Strahlkraft – und das nicht nur bei hellem Sonnenschein –, die in zahlreichen Gotteshäusern zu bewundern ist. Die bedeutendsten unter ihnen zeigen in der Churer Martinskirche die Geburt Christi, aber auch die Fenster der Kirchen von Davos, Klosters, Küblis und Zuoz sind sehenswert.

Der Kreis schließt sich in Borgonovo, dem Heimatort der Familie. Auf dem Friedhof der Kirche San Giorgio sind alle vier Künstler beerdigt. Im Chorraum der Kirche leuchtet ein halbrundes Glasfenster von Augusto Giacometti.

ste in Rumantsch Grischun verfaßte Roman ist, **Leo Tuor** (›Giacumbert Nau‹) und die Lyrikerin **Luisa Famos** (›Poesias‹) für ein kleines Publikum. Doch haben einige der Texte auch schon jenseits der (Sprach)Grenzen Beachtung und deutsche Übersetzer gefunden. In den meisten Fällen beschäftigen sich die Autoren mit dem Aufeinanderprallen von Tradition und Moderne, das gerade in der romanischen Bevölkerung eine wichtige Rolle spielt. Ausnahmen stellen **Silvio Huonder** (›Adalina‹) und **Gion Mathias Cavelty** dar, die ihre Werke auf Deutsch veröffentlichen. Besonders letzterer hat mit seiner grotesken Trilogie (›Quifezit‹, ›Ad absurdum‹, ›Tabula rasa‹) schon einigen Erfolg verzeichnen können.

Capuns, Pizzoccheri und Passugger – Essen und Trinken

Ist von der Schweizer Küche die Rede, so denkt man zuerst an Fondue und Raclette, Rösti und Zürcher Geschnetzeltes. Teilt nicht der Röstigraben die Deutschschweiz von der welschen? Sitzen nicht alle Schweizer abends gemütlich bei Käsefondue und Fendant beisammen? Natürlich ist die Gastronomie in Graubünden durchaus in der Lage, diese Klischees zu bedienen – auch wenn der Kenner zum Käsefondue nicht Wein, sondern Schwarzen Tee trinkt! Jahrzehntelang waren es vor allem das Solide und Verläßliche, sehr gute Qualität und hervorragender Service, die die eidgenössische Küche auszeichneten, der man – wie auch der deutschen – nicht gerade Originalität nachsagte. Doch hat auch hier inzwischen nicht nur die Nouvelle Cuisine Einzug gehalten, sondern auch eine Rückbesinnung auf Althergebrachtes eingesetzt. So ist auf vielen Speisekarten mittlerweile nicht nur das ›internationale‹ Standardrepertoire zu finden, bereichert um den unvermeidlichen Bündnerteller und die Gerstensuppe, sondern althergebrachte Bündner Gerichte wurden wiederbelebt. Auch hier, wie bei der Sprache, ist ein wachsendes regionales Selbstbewußtsein festzustellen.

In erster Linie zeichnet sich die Bündner Küche durch die Verwendung haltbarer Lebensmittel aus: Mehl, Reis und Kartoffeln, Trockenfleisch und -wurst, aber auch getrocknete Pilze oder Kastanien sind wichtige Bestandteile des Speiseplans. Das **Bündnerfleisch** – heutzutage eine beliebte Vorspeise – wird hauchdünn aufgeschnitten und meistens ›natur‹ serviert, manchmal aber auch nach Art des Carpaccio angemacht (s. S. 148 f.). Die verschiedenen Wurstsorten werden in Graubünden traditionell ebenfalls durch Trocknen oder Räuchern haltbar gemacht. Die bekannteste unter ihnen ist das **Salsiz,** das in seiner ursprünglichen Form zu je einem Drittel aus Rind-, Schweinefleisch und Speck hergestellt wird, es wandern aber auch Steinbock oder Gemse in

Zweisprachig werben die Bauernhöfe für ihre Produkte

die Wurst. Als weitere Gemeinsamkeit mit dem Bündnerfleisch wird auch das Salsiz – allerdings nur von Zeit zu Zeit – gepreßt, damit sich der Saft gleichmäßig verteilt.

Trockenwurst oder Speck sind auch ein wichtiger Bestandteil eines der populärsten Gerichte der Bündner Küche: **Capuns.** Grundlage ist ein mit Fleischstückchen und gehackten Kräutern verfeinerter Spätzleteig. Dieser wird portionsweise in jeweils ein Mangoldblatt gewickelt und in Salzwasser, Brühe oder Milch gegart. Auch in zahlreichen anderen, weniger ›exklusiven‹ Formen kommt der Spätzleteig auf den Tisch, darunter die geschabten Pizokels. Als ›Königin der Kartoffelspeisen‹ wird **Maluns** bezeichnet, das wie die Capuns aus dem Oberland stammt. Die Zutaten sind zwar simpel – Kartoffeln, Mehl, Salz und Butter –, die Zubereitung aber aufwendig: Unter langwierigem Rühren zerfällt der Teig in der Pfanne zu kleinen, braunen Kartoffelbröseln, die mit Apfelmus und einem Stück herzhaftem Bergkäse serviert werden.

Eine eigene Küche hat sich in den italienischsprachigen Tälern Graubündens entwickelt – und doch ist auch hier der Spätzleteig präsent. Die **Puschlaver Pizzoccheri** (oder Pizzöcar) werden aber nicht aus reinem Weizenmehl hergestellt, sondern dieses wird mit Buchweizenmehl vermischt, das über Jahrhunderte für das Valle di Poschiavo das wichtigste Nahrungsmittel war. Traditionell wird der Teig ins siedende Wasser geschabt, heute jedoch meistens ausgerollt und in Streifen geschnitten. Die Pizzoccheri werden mit kleingeschnittenem Saisongemüse – Erbsen, Bohnen, Möhren, Spinat, Kartoffeln etc. – gegart, anschließend mit Käse bestreut und mit gebräunter Butter übergossen. Ebenfalls aus Buchweizenmehl wird das **Puschlaver Ringbrot** gebacken, das früher in jedem Haus, an Stangen aufgehängt, als Vorrat zu finden war. Im Bergell und im Misox bestimmte hingegen der Mais die Ernährung der Bauern: Morgens, mittags und abends gab es **Polenta,** die sich heute vom Status des Armeleuteessens befreit und Einzug in die ›feinere‹ Küche gehalten hat – meistens nur noch als Beilage. Ebenfalls aus den Südtälern stammen die verschiedenen Formen des Risotto, das man auf der Speisekarte meistens mit Pilzen als Zutat findet. Auch Kastanien spielten eine wichtige Rolle – nicht zur Verfeinerung des Essens, die sie heute darstellen, sondern als Grundnahrungsmittel. Die allgegenwärtigen Pizokel wurden im Bergell aus Kastanienmehl hergestellt, das zwar inzwischen seinen Rückzug aus der Küche angetreten hat, aber immer noch überall zu kaufen ist.

Schon immer bereicherte **Wild** den Speisezettel der Bündner. Die geschrumpften Bestände haben dazu geführt, daß heute nur noch während und nach der dreiwöchigen Jagdsaison im Herbst Reh und Hirsch, Hase, Steinbock und Gemse aus heimischen Gefilden auf dem Teller landen – dann aber praktisch in jedem Gasthof oder Restaurant des Kantons. Früher ergänzten auch Bär und Murmeltier, Auer- und Birkhahn das Programm.

Auch die Bäcker und Konditoren in Graubünden haben Spezialitäten im Repertoire, von denen eine Weltruhm erlangt hat: die Engadiner oder **Bündner Nußtorte.** Wahrscheinlich wurde ihr Rezept erst im 19. Jh. von nach Süden ausgewanderten Zukkerbäckern mitgebracht. Wichtigster Bestandteil der Füllung sind Walnüsse, die nur in den unteren Regionen von Bergell, Misox und Puschlav wachsen. Sie werden karamelisiert, und die so entstehende zähe Masse wird auf einen Mürbeteig gestrichen und mit dünn ausgerolltem Teig abgedeckt. Die sehr haltbare, kompakte und kalorienreiche Torte gibt es heute überall zu kaufen, und sie stellt ein beliebtes Souvenir dar. Nur in der Weihnachtszeit wurde früher das **Birnbrot** gebacken. Der ›Teig‹ besteht aus zerkleinerten Trockenfrüchten und Nüssen, wird mit Wein, Zimt, Nelken und anderen Gewürzen verfeinert und von einem dünnen Brotmantel umhüllt. Was einst Festspeise war, findet sich heute auf den Frühstücksbuffets einiger Hotels.

Bei den Getränken haben sich in erster Linie die **Mineralwässer** einen Namen gemacht: Passugger, Rhäzünser, San Bernardino und Valser gibt es überall in Flaschen zu kaufen. Bald soll noch die Scuoler Quelle Lischana hinzukommen. Aber auch Bier- und Weintrinker kommen in Graubünden auf ihre Kosten. Rund um Chur reift der ›erste **Wein** vom Rhein‹ (s. S. 60 f.), im wesentlichen Blauburgunder und Riesling x Silvaner (Müller-Thurgau), zwar in recht guter Qualität, aber nicht gerade preiswert. Die einzige **Brauerei** des Kantons – zugleich zweitgrößte der Schweiz –, benannt nach dem Churer Hausberg, bietet inzwischen ein breites Repertoire guter Biere vom Lager bis zu ›Calanda Ice‹. Einziger Wermutstropfen für Patrioten: die Übernahme der Brauerei durch den niederländischen Multi Heineken vor einigen Jahren.

UNTERWEGS IN GRAUBÜNDEN

Chur und das Bündner Rheintal

Die Surselva

Die Hinterrheintäler

Prättigau und Landschaft Davos

Mittelbünden

Das Engadin und seine Seitentäler

Chur und das Bündner Rheintal

Älteste Stadt der Schweiz und Bündner ›Metropole‹ – Chur

Heimat des ›ersten Weins vom Rhein‹ – Die Bündner Herrschaft

Schweizer Alpidylle par excellence – Auf den Spuren von Heidi rund um Maienfeld

Mittelalterliche Bilderwelten – Sogn Gieri in Rhäzüns

Die Türme der Kathedrale und von St. Luzi in der Altstadt von Chur

Chur

Die einzige wirkliche Stadt Graubündens bildet das Eingangstor des Kantons. Hinter einem gesichtslosen Gürtel von Neubauquartieren verbirgt sich eine Altstadt, die malerische Gassen und Plätze, gemütliche Restaurants und Kneipen jeder Couleur zu bieten hat. Bis an den Stadtrand reichen die Weinberge, in denen das milde Klima des Bündner Rheintals die Trauben reifen läßt.

Wer nach Graubünden reist, sei es mit dem Auto oder mit der Bahn, wird in den meisten Fällen Chur kaum umgehen können – und wird fast ebenso sicher der Kantonshauptstadt Unrecht tun. Das Bild nämlich, das sich beim flüchtigen Passieren von der Autobahn aus bietet, bestimmen Hochhäuser und Wohnblocks aus den 60er und 70er Jahren. Und auch die Eisenbahn stößt nicht dorthin vor, wo das Herz Churs schlägt, wo seine gar nicht so verborgenen Reize liegen.

Die einzige wirkliche Stadt Graubündens erhebt den Anspruch, zugleich die älteste Stadt der Schweiz zu sein und auf eine 5000jährige Geschichte zurückzublicken. Doch obwohl sich nicht jede steinzeitliche Siedlung gleich ›Stadt‹ nennen sollte, ist die Übertreibung nicht ganz so schamlos, wie es zunächst scheint. Spätestens im 3. Jh. n. Chr. erhielt Chur die römischen Stadtrechte, und wahrscheinlich Mitte des 4. Jh. wurde hier das erste Bistum nördlich der Alpen gegründet. Im Mittelalter wuchs Chur immer stärker zum wirtschaftlichen und politischen Zentrum der Region heran, wobei zunächst die bischöfliche Macht eine entscheidende Rolle spielte. Erstmals wurde sie in der Folge des verheerenden Stadtbrandes von 1464 angetastet. Bis auf den Hof wurden damals fast alle Gebäude – und damit auch entscheidende Dokumente – zerstört. Bei der Erneuerung ihrer Privilegien verlieh Kaiser Friedrich III. der Stadt das Recht zur Einrichtung von Zünften und ermöglichte damit die Entstehung eines politischen Gegengewichts zum Bischof. Mit der Berufung Johannes Comanders an die Churer Martinskirche begann 1523 die Reformation ihren Siegeszug durch Graubünden. Aber weder der wachsende Einfluß der Protestanten in den folgenden Jahrhunderten noch die Auflösung des Fürstbistums unter Napoleon, durch die der Bischof 1803 seine weltliche Macht verlor, haben den Antagonismus zwischen Stadt und Bistum beseitigen können. Wie lebendig er noch immer ist, zeigte erst unlängst der Fall des Ende 1997 endlich abberufenen Bischofs Wolfgang Haas, dessen Eskapaden Bevölkerung und politische Entscheidungsträger so weit gereizt hatten, daß diplomatische Verwicklungen mit dem Vatikan drohten.

Äußerlich veränderte sich Chur vom 15. Jh. bis ins 19. Jh. nur wenig. Erst der Ausbau des Verkehrsnetzes und die Industrialisierung brachten eine Ausdehnung mit sich. Die Anlage neuer Viertel ging einher mit der Abtragung der alten Stadtmauer, die Mitte des 19. Jh. bis auf wenige Überreste abgeschlossen war. Mit dem Bahnhof erhielt Chur 1858 ein neues Zentrum. Die Altstadt wurde von alldem kaum beeinträchtigt, und obwohl es im 20 Jh. immer wieder Pläne für ihre großzügigere Gestaltung mit breiteren Straßen gab, hat sich bis heute ihr intimer, lebendiger Charakter weitgehend erhalten – sieht man davon ab, daß viele der Gebäude entkernt sind und historisierende Neubauten das Gewirr der Gassen durchsetzen.

Chur zählt zwar nur gut 30 000 Einwohner, kann sich aber, was Infrastruktur, kulturelles und gastronomisches Angebot betrifft, mit weitaus größeren Städten messen: Mehrere Museen und Bibliotheken, Stadttheater und Kleinkunstbühne, Kinos, Diskotheken und Bars, Restaurants von McDonalds bis hin zum kochmützengekrönten Feinschmeckertempel lassen kaum einen Wunsch offen. Aber auch im negativen Sinne hat Chur mehr zu bieten als die meisten Orte ähnlicher Größe: Der Verkehr quält sich mühsam durch das Nadelöhr Welschdörfli und bricht endgültig zusammen, wenn ein Ortsfremder von der Arosa-Bahn überrascht wird. Und auch das Drogenproblem läßt sich nicht verheimlichen, wenngleich es ein großer Teil der Einwohner gerne ignoriert.

Stadtrundgang

Die Mehrzahl der touristischen Attraktionen Churs befindet sich in der Altstadt, die seit Mitte der 80er Jahre nach und nach in eine Fußgängerzone umgewandelt wurde, oder läßt sich von dort bequem zu Fuß erreichen. Für den im folgenden beschriebenen Spaziergang sollte man (ohne Abstecher und Museumsbesuche) mindestens zwei Stunden veranschlagen, doch läßt er sich mit Einkaufsbummel, Besichtigungen und der einen oder anderen Pause auf einem der schönen Plätze auch ohne weiteres zum Tagesprogramm ausweiten.

Wer mit öffentlichen Verkehrsmitteln nach Chur reist, landet unweigerlich am **Bahnhof.** Dort endet das Netz der Schweizerischen Bundesbahnen (SBB) und hat Anschluß an das der Rhätischen Bahn (RhB). Vom glasüberdachten Busbahnhof ver-

Blick auf Chur mit (v. l.) Kathedrale und Hof, Rätischem Museum, Martinskirche und Sennhofturm

kehren Postautos in alle Ecken des Kantons. Eine Kuriosität sind die Gleise, die zur Zeit noch den Bahnhofplatz teilen. Sie gehören der Arosa-Bahn, die in der Innenstadt über keine eigene Trasse verfügt, sondern mitten auf der Straße fährt und dadurch manchmal für ein kleines Verkehrschaos am Obertor sorgt. Hinter dem Bahnhof erhebt sich auf der gegenüberliegenden Seite des Rheintals der Calanda (2806 m), der nicht nur der einzigen Bündner Biermarke seinen Namen leihen mußte.

Am alteingesessenen Café Maron beginnt die wichtigste Einkaufsstraße Churs: Während Kaufhäuser heute den unteren Bereich der **Bahnhofstrasse** prägen, sind zum Postplatz hin einige Gebäude aus der Zeit vor dem Ersten Weltkrieg erhalten, besonders auffällig das massige Verwaltungsgebäude der Rhätischen Bahn (Nr. 25) in einem Park mit schmiedeeisernem Tor.

Direkt daneben liegt die Villa Planta mit dem **Bündner Kunstmuseum** (Postplatz/Bahnhofstr. 35, ✆ 257 28 68; Di, Mi, Fr–So 10–12 u. 14–17, Do 10–12 u. 14–20 Uhr). Zwei Sphingen vor dem Eingang erinnern daran, daß der Bauherr, Jacques Ambrosius von Planta, in

den 1850er und 1860er Jahren als Kaufmann in Alexandria tätig war. Alleine die Parkettböden mit Intarsien (v. a. im Erdgeschoß), die Stukkaturen und bemalten Decken lohnen schon den Besuch. Die Kollektion konzentriert sich auf Bündner Künstler, beginnend mit der »nur durch Zufall in Chur geborenen« Angelica Kauffmann (1741–1807), einer der ersten Frauen, die sich als Malerin einen Namen machen konnten. Herausragend sind die umfangreichen Bestände an Werken von Giovanni Segantini, Augusto und Giovanni Giacometti sowie die Gemälde und Plastiken Ernst Ludwig Kirchners (zwei Säle im Obergeschoß) und der ihm nahestehenden Gruppe ›Rot-Blau‹. Einen weiteren Schwerpunkt stellt die im Kellergeschoß untergebrachte zeitgenössische schweizerische Kunst dar, darunter Werke von Lenz Klotz, Matias Spescha und Hans Ruedi Giger. Im architektonisch wenig ansprechenden Sulserbau von 1929 finden Sonderausstellungen statt.

Am **Postplatz** erreicht die Bahnhofstrasse den Rand der Altstadt. Mehrere Straßencafés liegen an dem verkehrsreichen Platz, der von dem Gebäude der Bündner Kantonalbank mit einer bunten Stilmixtur und ebensolchen Mosaiken dominiert wird. Links folgt die **Grabenstrasse** dem Verlauf des alten Stadtgrabens, doch von den Pappeln und den herrschaftlichen Häusern, die Ende des 19. Jh. ihren Charakter bestimmten, ist nur noch wenig zu sehen. An das 1861 abgebrochene **Untertor,** durch das der Warenverkehr von Norden in die Stadt kam, erinnert heute nur noch der Name des Platzes, an dem das Stadttheater liegt. Der Duonna-Lupa-Brunnen (s. Abb. S. 28) ist einer Engadinerin gewidmet, die im Jahr 1500 mit ihrer Courage ihr Dorf vor den habsburgischen Truppen rettete. Dahinter gerät der Passant mitten in einen Ehestreit (s. Abb. S. 40/41). Weitere ›lebendige‹ Wandmalereien des Künstlers Robert Indermauer aus den frühen 80er Jahren begegnen einem immer wieder in der Altstadt.

Vom Untertor aus bietet sich ein Abstecher stadtauswärts zu zwei Museen an: Das **Bündner Natur-Museum** (Masanserstr. 31, ✆ 257 28 41; Di–Sa 10–12 u. 13.30–17, So 10–17 Uhr) informiert sehr anschaulich über Geographie, Geologie und Mineralogie, Ökologie, Tier- und Pflanzenwelt Graubündens. Bemerkenswert sind besonders die Mineraliensammlung und die Kollektion präparierter Säugetiere und Vögel, die beide das gesamte Spektrum des Kantons widerspiegeln. Die verschiedenen Vegetationsstufen der Alpen lernt der Besucher im Treppenhaus kennen. Ganz in der Nähe wurde 1987 in einem Torkel von 1604 das **Weinbau-Museum** (Neubruchstr./Ecke Falknisstr., ✆ 252 20 96; Juni–Okt. Mi u. So 14–17 Uhr) eingerichtet. Die alte Kelterei, die noch bis 1962 in Betrieb war, wird von der größten Weinpresse der deutschsprachigen Schweiz mit einem 14,5 m langen Torkelbaum beherrscht. Die kleine, aber schön gestaltete Ausstellung erläutert die Weinproduktion vom Pflanzen der Reben bis zur Gärung anhand zahlreicher Gerätschaften.

Am Untertor beginnt die **Reichsgasse,** jahrhundertelang die Durchgangsstraße für den Transitverkehr, der dann weiter der Rathausgasse und der Unteren Gasse oder Oberen Gasse folgte, um am Obertor die Stadt wieder zu verlassen. Direkt neben dem über 300 Jahre alten Hotel Stern steht, etwas zurückversetzt, die **Regulakirche** (Schlüssel im Hotel Stern). Der schlichte gotische Bau weist ausgesprochen farbenprächtige moderne Glasmalereien von Hanns Studer auf. Jedes Fenster ist einer anderen Figur des Alten oder Neuen Testaments gewidmet.

An der Ecke Reichsgasse/Planaterrastrasse warten wieder drei Indermauer-Figuren: links ein Mann im Mantel mit Blumen, rechts in der Storchengasse eine Frau und ein Hund. Die Reichsgasse öffnet sich am **Regierungsplatz** zu einer Grünanlage mit Bänken, in deren Mitte ein Obelisk der legendären Vereinigung der Drei Bünde im Jahr 1471 gedenkt. Der für die Altstadt ungewöhnlich große Platz – nach dem Fontanapark die größte Grünfläche – entstand 1829 durch einen Brand und wird an der Ostseite von dem klassizistischen **Neuen Gebäu** (oder Grauen Haus) begrenzt, in dem die Kantonsregierung ihren Sitz hat.

Bei der Verschwenkung der Reichsgasse am Hotel Freieck beginnt der ruhigere, engere Teil der Altstadt. Kurz hinter dem **Geburtshaus von Angelica Kauffmann** (Reichsgasse 57), deren Vater Mitte des 18. Jh. an der Kathedrale als Stukkateur beschäftigt war, passiert man die unscheinbare Rückseite des Rathauses. Eine schön geschnitzte und bemalte Tür zeigt zwei Drachen mit dem Churer Wappen, dem Steinbock innerhalb der Zinnen. Daneben eingelassen ist der Churer Schuh, der bis ins 19. Jh. als Maßeinheit Geltung hatte. Die **Löwenapotheke** (Reichsgasse 69) weist eine sehenswerte historische Einrichtung auf. Am übernächsten Haus ist in etwa 5 m Höhe als Überrest der mittelalterlichen Straßenbeleuchtung, die bis 1887 in Betrieb war, eine Pechpfanne zu sehen. In der Mitte wurde eine Fackel aufgesteckt, das Pech wurde durch den Rand daran gehindert, auf die Straße zu tropfen.

Die Reichsgasse endet am **Martinsplatz,** dessen Bild empfindlich vom Hotel City gestört wird. Diese Bausünde aus dem Jahr 1960 hatte aber immerhin ein Gutes: Um die Errichtung weiterer derartiger ›Schmuckstücke‹ zu verhindern, wurde mit dem später mehrfach ergänzten Altstadtgesetz 1962 die Baugesetzgebung massiv verschärft. Dennoch überwiegt das Malerische: Der **Martinsbrunnen** mit den Tierkreiszeichen am Brunnenbecken und der Ritterfigur (nicht etwa St. Martin!) auf der Säule ist – 1716 entstanden – der älteste noch in der Originalform erhaltene der zahlreichen Brunnen in der Churer Altstadt. Dahinter fällt ein dreigeschossiger Turmerker ins Auge, nebenan läßt sich gemütlich bei den Drei Bünden in der Sonne sitzen.

Die Fenster der Martinskirche sind Werke von Augusto Giacometti

Als Wahrzeichen Churs überragt die **Martinskirche** mit ihrem spitzen Turm die Altstadt und unterstreicht damit ihre historische und architektonische Bedeutung. Von ihrer Kanzel predigte 1523 Johannes Comander die Reformation und untergrub damit die Autorität des nur gut 200 m entfernt residierenden Bischofs. Im schlichten Inneren der größten spätgotischen Kirche Graubündens beeindrucken neben dem Chorgestühl aus dem späten 15. Jh. besonders die 1918 entstandenen Fenster des Hauptschiffs. Sie illustrieren in leuchtenden Farben die Geburt Christi und gelten als der Höhepunkt des Schaffens von Augusto Giacometti. Vom Turm der evangelischen Stadtkirche, den der mantelteilende hl. Martin schmückt, bietet sich ein wundervoller Blick über ganz Chur und das Bündner Rheintal (Schlüssel beim Sekretariat der Evangelischen Kirchengemeinde, Kirchgasse 12, ✆ 252 22 92).

Die **Obere Gasse** ist die malerischste und lebendigste Einkaufsstraße Churs. Neben kleineren, alteingesessenen Lebensmittelgeschäften (z. B. die Metzgerei Schiesser) versuchen hier auch zahlreiche neuere Designerläden, ihre Produkte an den Mann zu bringen. Von Mai bis Oktober herrscht samstags vormittags reges Markttreiben. An ihrem Knick weitet sich die Obere Gasse zum **Gansplatz,** an dem einige bemerkenswerte alte Häuser stehen: Am Restaurant Gansplatz erinnert ein Hebebalken am Giebel daran, daß das obere Geschoß früher als Warenspeicher diente; das benachbarte graue Doppelhaus weist Sgraffiti auf, die sonst in Chur nicht zu finden sind; gegenüber (Nr. 31) steht eines von zwei Churer Häusern, deren Fassaden komplett bemalt sind. Durch das **Obertor** verließen früher die Wagen die Stadt, um weiter rheinaufwärts oder nach Süden zu ziehen. Leider hat das imposante, in den Churer Farben verzierte Stadttor in letzter Zeit etwas gelitten, begrenzt es doch die Altstadt an einer extrem verkehrsreichen Kreuzung.

Jenseits der Plessur befand sich das einzige Quartier, in dem im Spätmittelalter noch Romanisch gesprochen wurde, das **Welschdörfli.** Die gleichnamige Hauptstraße ist mit Diskotheken und wenig einladenden Nachtklubs das Vergnügungsviertel der Stadt. Tagsüber staut sich an diesem Nadelöhr der

Die Wassergeister des Arcasbrunnens

Straßencafé auf dem Arcas (im Hintergrund das Haus am Martinsplatz)

gesamte Durchgangsverkehr. Die Besiedlungsgeschichte des Viertels reicht bis in römische Zeit zurück. Ausgrabungen aus dem 1.–4. Jh. n. Chr. werden im **Schutzbauareal Ackermann** von einer wenig attraktiven ›Holzkiste‹ des renommierten Architekten Peter Zumthor geschützt (Führungen im Sommer etwa alle 2 Wochen Sa 14 Uhr). In der Nähe befindet sich die Talstation der **Brambrüesch-Bahn,** die nach mehrjähriger Pause seit dem Winter 1998/99 wieder auf den 1601 m hohen Hausberg Churs mit seinem ausgedehnten Wander- und Mountainbike-Revier und einem kleinen Skigebiet führt.

Malerisch fahren vom Obertor die inzwischen mehrheitlich blauen Züge der Arosa-Bahn unter Linden die kanalisierte Plessur entlang. Hier herrscht Ruhe, man kann kaum glauben, nur wenige Meter vom größten Verkehrschaos der Stadt entfernt zu sein. An der Praximergasse hat einer der wenigen Reste der mittelalterlichen Stadtmauer überlebt. Dahinter liegt der schönste und größte Platz Churs: der **Arcas –** die einzige Stelle, an der die Pläne für eine großzügigere Gestaltung der Altstadt umgesetzt wurden. An der Pflasterung sind noch die Umrisse der Lagerhäuser erkennbar, mit denen der Arcas bis 1970/71 überbaut war. Spielende Kinder und Straßencafés beleben den Platz, in dessen Mittelpunkt der originellste Brunnen Churs mit drei wasserspeienden dämonischen Gesichtern steht. An seinem oberen Ende wurden zu Ehren des Politikers und Pädagogen Johann Baptist von Tscharner ein Denkmal und ein kleiner Brunnen aufgestellt, über denen das massige **Haus am Martinsplatz** thront. Die bunten Verzierungen erhielt das 1546 erbaute Haus, dessen Fenster fast alle unterschiedliche Formen aufweisen, bei seiner letzten Renovierung 1982.

Ungewiß ist, woher der Name **Bärenloch** stammt. Dieser teils sehr niedrige Durchgang vom Arcas zur Kirchgasse, der rechts neben dem Haus am Martinsplatz beginnt, verbindet zwei enge Hinterhöfe miteinander. An einer Stelle ist der Fels erkennbar, auf dem die Fundamente der Gebäude im oberen Bereich der Altstadt ruhen. Auf der Südseite der Martinskirche stehen einige historisch interessante Häuser: Das **Antistitium** (Kirchgasse 12) diente seit der Reformation als Sitz des Hauptpfarrers von Chur. Direkt daneben macht ein bemalter Erker auf das ehemalige **Haus der Schneiderzunft** (Kirchgasse 14) aufmerksam. In dem einzigen original erhaltenen Zunfthaus Churs veranstaltet heute die Klibühni (✆ 252 48 04) Kleinkunstabende und Konzerte. Der **Obere Spaniöl** (Kirchgasse 16) war das erste freistehende Haus der Stadt. In den 1640er Jahren erbaute Carl von Salis mit dem in der spanischen Armee verdienten Geld diesen frühbarocken Herrensitz, der auch heute noch durch seine Größe und den prächtigen, terrassierten Garten beeindruckt.

Vis-à-vis befindet sich im etwa 30 Jahre jüngeren Haus Buol das **Rätische Museum** (Hofstr. 1, ✆ 257 28 89; tägl. außer Mo 10–12 u. 14–17 Uhr). Auf sechs Etagen werden Geschichte und Kultur Graubündens von der Steinzeit bis ins ausgehende 19. Jh. dokumentiert. Bedeutend sind die archäologischen Funde aus der Bronze- und der La-Tène-Zeit mit zahlreichen Schmuckstücken – darunter eine Scheibennadel von erstaunlichen 83 cm Länge – sowie die römischen Ausgrabungen aus dem Welschdörfli. Aber auch die Sammlung von Möbeln, Kleidung, Haushaltsgeräten, Waffen, Münzen und landwirtschaftlichen Geräten sucht in Graubünden vergeblich ihresgleichen.

Der **Torturm** schließt den bischöflichen Hof nach Westen ab. Lohnenswert ist eine Stippvisite in der Hofkellerei, doch findet das einmalige Ambiente der einstigen Chorherren-Trinkstube mit spätgotischer Holzdecke aus dem Jahr 1522 auch Eingang in die Preisgestaltung der Speisekarte. Trotz seiner Weite schafft die Geschlossenheit des Hofs eine Atmosphäre der Ruhe; der unter Bäumen gelegene Brunnen mit moderner Marienfigur und umgebenden Bänken eignet sich gut für eine Pause. Im Nordosten der Anlage kündet die reich stuckierte spätbarocke Fassade des **Bischöflichen Schlosses** noch von fürstbischöflicher Herrlichkeit im 18. Jh. Leider ist das Palais – symbolisch für die Haltung des 1997 abberufenen Bischofs Haas gegenüber den Churern

– für das gemeine Volk nicht zugänglich.

Der unzweifelhaft bedeutendste Sakralbau Churs ist die spätromanische **Kathedrale.** Von außen schmucklos und – nicht zuletzt aufgrund des unpassend barockisierten Turms – wenig beeindruckend, birgt ihr Inneres eine Vielzahl von Kostbarkeiten, zeigt aber gleichzeitig auch unübersehbare Spuren des Verfalls. Ungewöhnlich ist der Grundriß, dessen deutlicher Knick sich besonders gut vom Choraufgang erkennen läßt. Die Achsverschiebung wurde durch eine nachträgliche Änderung der Baupläne notwendig, für die die Felsen oberhalb der Plessur bei konventioneller Ausrichtung nicht genug Raum boten. Was im Gesamteindruck an Weite und Großzügigkeit fehlt, macht die Qualität der architektonischen Details und der Ausstattung mehr als wett. So weisen viele der Säulen und Pilaster wundervoll gearbeitete Kapitelle mit figürlichem Schmuck auf. Hoch oben schwebt gleichsam über dem Schiff die ehemalige bischöfliche Betloge, die der Kirchenherr früher über einen direkten Zugang vom Schloß aus ungestört betreten konnte. Größter Schatz der Kathedrale sind die sieben Altäre, von denen drei zwischenzeitlich gestohlen waren. Unversehrt blieb der 1492 fertiggestellte Hochaltar mit seinen reichen vergoldeten und bemalten Schnitzereien des Ravensburger Meisters Jakob Russ. Als Besonderheit befinden sich diese nicht nur auf der Vorder-, sondern auch auf der Rückseite des Flügelaltars, der nur im Rahmen einer Führung besichtigt werden kann. Vier romanische Apostelsäulen bewachen den Eingang zur Krypta, in der sich der Zugang zum kleinen **Dommuseum** befindet (Mo–Sa 10–12 u. 14–16 Uhr auf Anfrage bei Herrn Elsner, Hof 2, ✆ 252 92 50).

Oberhalb des Hofs liegt die schlichte Seminarkirche **St. Luzi.** Ihr kurioser Aufbau wird von Süden deutlich: Da die katholische Kirche zu Beginn des 19. Jh. keine Gebäude mehr in Chur errichten durfte, wurde das Gotteshaus einfach um zwei Stockwerke erhöht, um das Priesterseminar unterzubringen. Einzigartig ist die karolingische Ringkrypta, der später eine romanische Hallenkrypta vorgebaut wurde. Die sehr heterogene Ausstattung weist einen beachtenswerten spätgotischen Schnitzaltar auf.

Vom Beginn der **Arosastrasse,** wie auch vom Haldenhaus in ihrer ersten Kehre, bietet sich ein sehr schöner Blick über Chur: im Vordergrund die bischöflichen Weinberge, in denen die Trauben wachsen, aus denen der Churer Schiller gekeltert wird (s. S. 60 f.); unterhalb ein Rest der Stadtmauer mit dem Sennhofturm, der heute zum Gefängnis gehört; dahinter die gesamte Altstadt und in der Ferne der Calanda.

An der Rückseite des Rätischen Museums beginnt die gepflasterte **Süsswinkelgasse.** Sie erhielt ihren Namen, weil es dort so ruhig (›süss‹) war – was auch heute noch unein-

Der ›erste Wein vom Rhein‹

Ist vom Rheinwein die Rede, so denkt man an die Rieslinge aus dem Rheingau und Rheinhessen oder die badischen Weine des Kaiserstuhls und des Markgräfler Landes, vielleicht noch an die Rebberge rund um den Bodensee – aber Weinbau keine 100 km von der Rheinquelle entfernt, mitten in den Alpen? In Deutschland nahezu unbekannt, fristet der Bündner Wein auch in der Eidgenossenschaft ein Schattendasein, ist weniger populär als Fendant und Johannisberg oder die Tropfen aus der Waadt.

Dabei wurden vermutlich schon in spätrömischer Zeit die ersten Rebstöcke in der Umgebung von Chur gepflanzt. Und allzu schlecht können die Erträge auch nicht gewesen sein, mußte doch die Ortschaft Maienfeld im 9. Jh. 30 000 l Wein an den fränkischen König liefern. Auch die Churer Bischöfe ergriffen bald die Chance, ihren Meßwein sozusagen direkt vor ihrer Nase anzubauen, und so säumen noch heute die Rebberge des Bistums die Churer Altstadt. Hier wird nicht nur der ›erste Wein vom Rhein‹ angebaut, sondern auch eine Besonderheit produziert: der Churer Schiller. Bei ihm handelt es sich um rote und weiße Trauben eines Weinberges, die zusammen gekeltert werden, d. h., das Ergebnis ist zwar nicht sortenrein, stammt aber jeweils aus einer einzigen Lage.

Von Chur nordwärts ziehen sich die Rebberge an den sanften Osthängen des Rheintals bis zur Kantonsgrenze nach Fläsch. Gemeinhin werden die hier produzierten Weine als Herrschäftler bezeichnet, wenngleich ein Teil von ihnen aus Trimmis und vor allem aus Zizers stammt – also genaugenommen nicht aus der Bündner Herrschaft, sondern aus der Region der Fünf Dörfer. Die Bedingungen in diesem schmalen, nur gut 20 km langen Streifen sind für den Weinbau ideal. Durch die Nord-Süd-Ausrichtung des Tales kann der Föhn hier seine Wirkung voll entfalten

geschränkt gilt. Vorbei am Unteren Spaniöl (Nr. 20) aus dem 16. Jh. und dem mit Säulen und Ornamenten bemalten Schulhöfli aus dem 15. Jh. (Nr. 6) führt sie hinunter in die Altstadt.

Links um das Hotel Freieck herum, geht es durch Vazerolgasse und Bankstrasse in die **Poststrasse.** In der breitesten Straße der Altstadt floß früher offen der Mühlbach, im unteren Teil flankiert von Bäumen; heute reihen sich hier die Geschäfte aneinander. Im **Alten Gebäu** (Poststr. 14), das 1729 für Peter von Salis errichtet wurde, tagt das Kantonsge-

und die Herrschaft, trotz ihrer Lage auf 600 m Höhe, zur wärmsten Weinbauregion der Deutschschweiz machen. Zugleich ist sie eine der kleinsten, denn die 375 ha entsprechen ganzen 2 % der schweizerischen Anbaufläche. Klein, aber fein sind daher die Erträge – insgesamt etwa 2 Mio. l pro Jahr –, was sich natürlich auch im Preis niederschlägt.

Unter den Rebsorten dominiert der Blauburgunder, den Anfang des 17. Jh. der Duc de Rohan eingeführt haben soll – so hätten die Bündner Wirren wenigstens ein Gutes gehabt. Seine Verbreitung auf etwa 90 % der Anbaufläche verdankt er seiner Anpassungsfähigkeit, durch die er auf den unterschiedlichsten Böden gute Erträge liefert. In den letzten Jahrzehnten hat die Qualität der Weine beträchtlich zugenommen, unter denen sich zahlreiche Spitzentropfen finden. Dies wurde einerseits durch eine rigorose Beschränkung der Erträge und die Einführung der integrierten Produktionsweise auf inzwischen etwa zwei Dritteln der Fläche erreicht, andererseits dadurch, daß viele Winzer neue Wege gegangen sind und ihre Liebe zum Barrique-Ausbau entdeckt haben – allen voran Thomas Donatsch aus Malans. Die populärste der weißen Reben ist der Riesling x Silvaner, außerhalb der Schweiz als Müller-Thurgau bekannt; darüber hinaus werden noch einige weitere Sorten angebaut, unter ihnen als ausgefallene, aber alte ›einheimische‹ Sorten Completer und Freisamer, aber vereinzelt auch Chardonnay.

An dieser Stelle soll natürlich nicht verschwiegen werden, daß auch im unteren Misox Wein angebaut wird, in erster Linie Merlot. Immer noch nicht verwunden haben die Bündner den Verlust einer anderen, weitaus größeren Weinbauregion – wobei, wie in vielen anderen Fällen, natürlich auch hier Napoleon an allem schuld ist. Und so machte anläßlich des 200. Jahrestages der Spruch die Runde, man habe zwar 1798 das Veltlin an Italien verloren, hole es sich nun aber Flasche für Flasche zurück. Ein Blick auf die Speisekarten belegt es: Die Veltliner gehören immer noch zu den beliebtesten Bündner Weinen.

richt. Typisch für die Häuser der Altstadt sind die Fensterrahmungen aus grauem Scalärastein. Das schlichte Äußere und der schlechte bauliche Zustand lassen kaum auf das schöne barocke Treppenhaus mit Malereien und Stukkaturen schließen.

Das mächtigste profane Gebäude der Altstadt ist das nach dem Stadtbrand von 1464 entstandene **Rathaus.** Hier konzentrierte sich nicht nur die politische Macht des aufstrebenden Bürgertums als Gegenpol zum Bischof, sondern die Rathaushalle diente über Jahrhunderte auch

Turmofen im Churer Rathaus

als wichtigster Warenumschlagplatz der Stadt. Im Grossen Ratssaal, der ansonsten nur im Rahmen einer Führung zugänglich ist, finden immer noch die öffentlichen Sitzungen des Gemeinderates statt. Hier tagten früher die höchsten Gremien von Gotteshausbund und neu geschaffenem Kanton. In dem prächtigen Raum beeindrucken besonders die geschnitzte gotische Decke und ein Turmofen aus dem 18. Jh.

Lohnend ist ein kurzer Abstecher, vorbei am Haus Schwartz mit seinem auffälligen dreistöckigen Turmerker, zum Majoranplatz, den einer der schönsten Churer Brunnen – zudem der einzige mit Hundetränke – ziert: der Majoran- oder **Steinbockbrunnen.** Unter dem etwas putzig geratenen Wappentier des Kantons sind am Brunnenstock die Wappen der Drei Bünde angebracht. Durch die Rathausgasse floß der Verkehr früher zum Kornplatz. Weiter ging es dann durch die **Untere Gasse,** in der heute v. a. abends reger Betrieb herrscht, denn hier befinden sich Kneipen, Pubs, Schnellimbisse und Spielsalons. Dort wo die Kaufleute früher links zum Obertor abbogen, führt eine schmale Gasse zum **Malteserturm,** einem der ehemals neun Türme der mittelalterlichen Stadtmauer.

Schräg gegenüber vom Stadtpark, der durch eine Häuserzeile verdeckt wird, öffnet sich der **Fontanapark,** im 18. Jh. als Barockgarten des Alten Gebäus angelegt. Am Eingang erinnert ein Denkmal an Benedikt Fontana, der 1499 in der Schlacht an der Calven die habsburgischen Truppen besiegte. Heute ist die größte Grünfläche der Innenstadt Treffpunkt der Junkies. Vorbei an dem imposanten PTT-Gebäude im Neorenaissancestil geht es zurück zum Postplatz, wo sich Möglichkeiten zur gemütlichen Einkehr bieten.

Chur Tourismus, Grabenstr. 5, 7002 Chur, ✆ 252 18 18, Fax 252 90 76, E-Mail: churtourismus@gr-net.ch; Stadtführungen Mai–Okt. Mi 14.30 Uhr (Treffpunkt: Rathaushalle), Gruppen auf Voranmeldung. Neben dem üblichen Informationsmaterial ist dort auch der beste und aktuellste Stadtplan erhältlich.

Romantik Hotel Stern ($$$–$$$$), Reichsgasse 11, ✆ 252 35 55, Fax 252 19 15: am Rande der Altstadt, rundum komfortabel, geschmackvoll eingerichtet, sehr guter Service. **Freieck** ($$$), Reichsgasse 44/50, ✆ 252 17 92, Fax 253 34 19: mitten in der Altstadt, ein Teil der Zimmer modern und gemütlich mit Holzboden ausgestattet, Frühstück im postmodernen glasüberdachten Innenhof. **Chur** ($$–$$$), Welschdörfli 2, ✆ 252 21 61, Fax 253 34 92: zentral, aber etwas laut gelegen, ruhigere Zimmer zur Plessur hin; sehr großzügige Zimmer, freundliche Leitung. **Zunfthaus zur Rebleuten** ($$–$$$), Pfisterplatz 1, ✆ 257 13 57, Fax 257 13 58: mitten in der Altstadt, sehr gemütlich. **Ibis-Pyramid** ($$–$$$), Richtstr. 19, ✆ 252 60 60, Fax 253 50 22: ca. 1,5 km von der Altstadt entfernt, modern, neu, behindertengerecht.

TCS-Camping Camp Au, Felsenaustr. 61, ✆ 284 22 83, Fax 284 56 83: sehr schön fast direkt am Rhein gelegen; durch Bäume gut von der nahen Autobahn abgeschirmt.

Bodega Española ($$), Obere Gasse 41, ✆ 252 92 27: Tapas, spanische Spezialitäten, kleine Terrasse zur Plessur. **Bündner Stuben** ($$), Romantik Hotel Stern, Reichsgasse 11, ✆ 252 35 55: gemütliche Arvenstube, ausgezeichnete Küche und ebensolcher Service, Bündner Spezialitäten; gute Weinkarte, darunter auch viele Herrschäftler. **Obelisco** ($$), Vazerolgasse 12, ✆ 252 58 58: hervorragende italienische Küche in kühl-gediegenem Ambiente. **Weinstube Drei Könige** ($$), Reichsgasse 18, ✆ 252 92 29: alte, holzgetäfelte Gaststube; zahlreiche Pfannengerichte. **Calanda** ($–$$), Grabenstr. 19, ✆ 253 08 80: modern, offene Küche, viel Geflügel; schöne, aber laute Terrasse direkt am Postplatz. **Zum alten Zollhaus** ($–$$), Malixerstr. 1, ✆ 252 33 98: Bündner Küche, rustikale Einrichtung. **Controversa** ($), Steinbruchstr. 2, ✆ 252 99 44: kühles, postmodernes Ambiente, originelle Pasta-Kreationen. **Hoga's Rösti Pizzeria** ($), Vazerolgasse 19, ✆ 252 31 12: Die Pizza ist tot, lang lebe die Rösti! Über 20 verschiedene Rösti-Varianten in scheunenartiger Umgebung. **Zum Süssen Winkel** ($), Süsswinkelgasse 1, ✆ 252 28 56: sehr gemütliche Bistro-Atmosphäre, originelle Kleinigkeiten, ruhiges Gartenlokal im Hof.

Café Arcas, Obere Gasse 17: Straßencafé auf dem schönsten Platz von Chur. **Confiserie Maron**, Ottostr. 4/Bahnhofplatz: alteingesessenes Café, Bündner Nußtorten in Verpackung mit Carigiet-Motiven.

Barbar, Poststr. 5: Kellerbar mit gutem Musikprogramm (Soul, Jazz, Funk). **Giger-Bar,** Comercialstr. 23: Design des Churer Oscar-Preisträgers und ›Alien‹-Schöpfers H. R. Giger mit skelettartigen Barhockern, Terrasse; im Gewerbegebiet gelegen.

Kunsthandel Crameri, Regierungsplatz 40: Kunstwerke von Indermauer, Mirer-Drucke, historische Stiche. **Galerie Stampa**, Reichsgasse 45: Drucke und Lithografien von Mirer, Carigiet u. a. **Membrini Kristall,** Untere Gasse 22: teilweise sehr spektakuläre Mineralien, meistens aus der Surselva. **Libraria Il Palatin**, Reichsgasse 10: dreisprachige Buchhandlung (romanisch, deutsch, italienisch), spezialisiert auf Graubünden. **Bündner Kreuzstich,** Rathausgasse 8: typische Bündner Kreuzstikkerei. **Kaufhaus Globus,** Bahnhofplatz 8: sehr gut sortierte Delikatessen-Abteilung mit guter Weinauswahl. **Metzgerei Schiesser**, Obere Gasse 22: Bündner Spezialitäten wie Bündnerfleisch, Salsiz, Bergeller u. Puschlaver Mortadella etc., Herrschäftler Weine. **Zanolari Söhne,** Salvatorenstr. 88: gute Auswahl von Weinen aus dem Veltlin und der Bündner Herrschaft. **Confiserie Fässler,** Reichsgasse 21: Birnbrot.

Die meisten kleineren Geschäfte in Chur (auch Chur Tourimus) öffnen montags erst um die Mittagszeit.

Stadttheater Chur, Zeughausstr. 6, ✆ 252 25 03: Tournee-Aufführungen aus allen Theaterbereichen; seit 1997 Churer Theatersommer (2–3 Wochen im Herbst). **Churer Fest** (Aug.): größtes Volksfest Graubündens.

Vom Churer Postbahnhof fahren die gelben Postautos bis in die hintersten Ecken von Graubünden

Das Bündner Rheintal

Vom Zusammenfluß von Vorder- und Hinterrhein bei Reichenau bis zur Kantonsgrenze bei Bad Ragaz erstreckt sich das Bündner Rheintal. Die günstige klimatische Lage mit warmen Südwinden hat es zur Wein- und Obstbauregion gemacht. An sanften Hängen finden sich nicht nur viele mittelalterliche Burgen, auch Heidi ist hier zuhause.

Landquart und die Fünf Dörfer

Nördlich von Chur erstreckt sich, bis nach Landquart, die Region der Fünf Dörfer. Igis, Zizers, Trimmis, Untervaz und Haldenstein liegen heute abseits der Durchgangsstraße in einem touristischen Dornröschenschlaf. Von der Autobahn sieht man die drei rechtsrheinischen malerischen Weindörfchen Igis, Zizers und Trimmis vorüberziehen, auf beiden Talseiten erinnern ein Dutzend Burgruinen daran, das im Mittelalter hier der Warenverkehr manch einem Adelsgeschlecht ein einträgliches Auskommen sicherte.

Das attraktivste und lebendigste Dorf ist **Zizers,** das vor allem für seinen Blauburgunder bekannt ist. Oberhalb der Hauptstraße liegt das Wahrzeichen des Ortes: das Untere Schloss mit seinem markanten achteckigen Turm mit runder Haube. Ende des 17. Jh. für Rudolf von Salis gebaut, dient die großzügige Anlage mit illusionistisch bemalten rot-weißen Fensterläden heute als Altersheim und ist nicht zugänglich.

Etwas außerhalb von Igis liegt malerisch in den Feldern das einzige Wasserschloß des Kantons, **Schloss Marschlins.** Leider befindet sich die gut erhaltene Anlage, die sich zwischen mächtigen Bäumen versteckt, in Privatbesitz und ist daher ebenfalls nicht zugänglich.

Zur Gemeinde Igis – mit gut 7000 Einwohnern die drittgrößte des Kantons – gehört auch der wenig attraktive Industrieort und Verkehrsknotenpunkt **Landquart.** Hier begann 1889 die Eisenbahngeschichte Graubündens mit der Eröffnung der Linie nach Klosters, und heute noch ist in Landquart die technische Zentrale der Rhätischen Bahn beheimatet.

Fünf Dörfer ($$), ✆ 322 69 00, Fax 322 69 03: Sporthotel zwischen Trimmis und Zizers; nicht sehr attraktiv gelegen, aber mit umfassendem Sportangebot; eine Alternative zu den Stadthotels in Chur.

Die Bündner Herrschaft

Nördlich des Zusammenflusses von Landquart und Rhein beginnt die Bündner Herrschaft, das wärmste Weinbaugebiet der Deutschschweiz. Über 300 Winzer, der größte Teil von ihnen Selbstkelterer, produzieren die ›Herrschäftler‹ – inzwischen renommierte, aber nicht ganz billige Weine, unter denen die Blauburgunder deutlich dominieren. Hauptsaison ist in der Herrschaft der Herbst, die Zeit der Lese, wenn sich die Rebhänge golden verfärben, die Winzer ihre Torkel öffnen und in den kleinen Orten ein Weinfest das andere jagt. Aber nicht nur dann ist es lohnenswert, auf den Wirtschaftswegen zwischen Reben und Obstbäumen herumzuradeln und so die Landschaft – im wahrsten Sinne des Wortes – ganz neu zu erfahren.

Früher führten die Hauptverkehrswege durch die Weindörfer, da das Rheintal oft überschwemmt war, und verhalfen ihnen zu einigem Reichtum, den man ihnen heute noch ansieht. Mit der Kanalisierung des Rheins und dem Aufstieg von Landquart verloren aber die Orte und der Markt in Malans deutlich an Bedeutung.

Das erste, zugleich auch vornehmste und vom Ortsbild her attraktivste der Weindörfer ist **Malans.** Hier erinnert manches an die einst mächtigsten Geschlechter Graubündens: Salis und Planta. Das oberhalb gelegene, mehrheitlich barocke Schloss Bothmar ist noch heute im Besitz der Familie Salis und daher leider nicht zugänglich, aber auch von außen sehenswert. Am Dorfplatz, beim Steinbockbrunnen, stehen drei Plantahäuser (Privatbesitz), die von Rudolf Olgiati zurückhaltend modernisiert wurden. Auch auf den Grabtafeln in der Vorhalle der schlichten Kirche sind die Wappen beider Dynastien präsent. Östlich von Malans führt ein kleiner Weinweg mit malerischer Aussicht durch die Rebhänge. Auf Schautafeln werden die verschiedenen Rebsorten und die Arbeiten des Winzers im Verlauf der Jahreszeiten vorgestellt.

Das Bündner Rheintal

Auch das etwas verschlafene **Jenins** hat sich seinen ursprünglichen Charakter bewahrt, wenn auch die Häuser weniger prächtig sind als in den Nachbarorten. Gegenüber vom Gasthof Zur Bündte erinnert ein Denkmal an den Duc de Rohan, der im 17. Jh. die Blauburgunderrebe in die Herrschaft gebracht haben soll und damit ein neues Kapitel des dortigen Weinbaus einläutete (s. S. 60 f.). Wesentlich bekannter ist aber ein anderer Gast des Ortes: Mitte des 19. Jh. verbrachte hier Johanna Spyri mehrere Sommer auf Einladung der Familie Salis und ließ sich zu ihrem Bestseller ›Heidi‹ inspirieren.

Dieser Inbegriff der schweizerischen Bergwelt ist allerdings in **Maienfeld** beheimatet und hat dem Städtchen durchaus zu Kultstatus verholfen, was nicht zuletzt an den allgegenwärtigen japanischen und amerikanischen Touristen abzulesen ist. Heidiweg und -brunnen, Heididorf, -haus und -alp – und natürlich der Heidi-Shop im Zentrum – demonstrieren: Hier ist »Heidi's Heimat« (s. S. 68 f.). Aber Maienfeld hat mehr zu bieten: nicht nur das einzige nennenswerte Galopprennen des Kantons, sondern auch einen äußerst malerischen historischen Ortskern rund um Kirche und Rathaus. Letzteres fällt durch eine monumentale Wandmalerei aus dem Jahr 1930 ins Auge. Im zweiten Stock befindet sich die ohne weiteres zugängliche, wunderschön getäfelte Ratsstube mit Intarsien-Holzboden und farbenprächtigem Kachelofen von 1724, der Landschaftsszenen zeigt. Auffälligstes Gebäude von Maienfeld ist Schloss Brandis, in dessen massigem Bruchsteinturm heute ein gediegenes Restaurant residiert. Am Ortsrand, auf dem Weg zum Heidibrunnen, liegt Schloss Salenegg mit einem kleinen französischen Garten (Privatbesitz).

Von Maienfeld führt die Straße über die **St. Luzisteig** nach Liechtenstein. Früher diente dieser nur 713 m hohe Übergang mehrfach den Habsburgern als Einfallstor nach Graubünden und wurde daraufhin im 19. Jh. befestigt. Doch die Anlagen sollen, inzwischen selbst in den Augen der vorsichtigen Schweizer überflüssig geworden, in nächster Zeit vom Militär aufgegeben und der Öffentlichkeit zugänglich gemacht werden. In welcher Form, bleibt abzuwarten – in jedem Fall dürfte damit das Gasthaus auf der ›Paßhöhe‹ weiter an Attraktivität als Ziel einer Radtour gewinnen.

Der kleinste Ort der Bündner Herrschaft ist **Fläsch,** dessen Häuser sich malerisch unter einer Felswand inmitten der Rebhänge aneinanderdrängen. Besonders einladend wirkt das Dorf im Herbst, wenn die Winzer ihre Torkel zu Degustationen öffnen und am Wochenende die erfolgreiche Weinlese entsprechend gefeiert wird. Die Kirche mit Zwiebelhaube und Barockausstattung birgt einen ganz unerwarteten Schatz: In ihrem Turm lebt die größte, aus über 1000 Tieren bestehende Mausohr-Kolonie der Schweiz. Von daher lohnt auch ein abendlicher Besuch des Ortes, bei dem man viel-

Heidi

Kultfigur aus der Alpidylle

Ende der 70er Jahre hüpfte ein pausbäckiges, schwarzhaariges kleines Mädchen durch deutsche Flimmerkisten und verhalf der japanischen Zeichentrickindustrie zu einem der ersten großen Erfolge in Westeuropa – begleitet von einem empörten Aufschrei all jener, die sich als Hüter abendländischer Kultur sahen. Konnte man eine solche Verkitschung des blondgelockten Inbegriffs der schweizerischen Bergwelt zulassen? Hatte Heidi nicht etwas anderes verdient?

Aufstand hin, Kitsch her – letztlich war der Zeichentrickfilm nur logische Konsequenz einer beispiellosen Erfolgsgeschichte, die ihren Ursprung im Weindörfchen Jenins hatte. Bei einem Besuch der befreundeten Familie von Salis ließ sich die verwitwete Zürcher Kinderbuchautorin Johanna Spyri (geb. Heusser, 1827–1901) von der dortigen Bergwelt zu ihrer 1880 erschienenen Erzählung ›Heidi's Lehr- und Wanderjahre‹ inspirieren, der nur ein Jahr später ›Heidi kann brauchen, was es gelernt hat‹ folgte. Die etwas pathetische Geschichte, deren zentrales Thema die reinigende Kraft der unverdorbenen Bergwelt und ihrer Menschen ist, traf den Geschmack der Zeit und entwickelte sich bald zum Bestseller.

Wer kennt nicht das Heidi, den Geissenpeter und den Alpöhi? Zu dieser Popularität haben einerseits die Übersetzungen des Buches in über 30 Sprachen beigetragen, deren Gesamtauflage inzwischen weit jenseits der 20 Mio. Exemplare liegt. Andererseits wurden im Zuge der nostalgischen Heimatfilmwelle der 50er und 60er Jahre auch mehrere Filme zu diesem Thema gedreht. Diese Faktoren haben Heidi inzwischen zum Inbegriff der heilen schweizerischen Bergwelt gemacht. Wer ›Heidi‹ sagt, denkt unwillkürlich an bunte Wiesen, glückliche Kühe und schneebedeckte Berge – womöglich noch mit einem Alphornbläser davor.

Aber wo liegt das sagenhafte ›Heidiland‹? Im Gegensatz zu vielen anderen literarischen Werken, die immer wieder Anlaß zu neuen Interpretationen bieten, ist die Antwort recht einfach, denn Johanna Spyri gibt sie bereits selbst im ersten Satz des Buches: »Vom freundlich gelegenen Städtchen Maienfeld aus führt ein Fussweg durch grüne, baumreiche Fluren […] direkt zu den Alpen hinauf.« Folglich hat sich der Ort inmitten der Rebberge zum Pilgerziel entwickelt, wo es jede Menge Souvenirs zu kaufen gibt und man im ›Café Heidi‹ ein Stück Kuchen ißt und im ›Heidihotel‹ nächtigt. Das war's aber auch schon mit der Vermarktung.

Man bleibt bodenständig in Maienfeld, führt die Gäste auf dem Kleinen und dem Grossen Heidiweg zu den vermeintlichen Schauplätzen der Geschichte, vorbei am seitlich der Straße zur St. Luzisteig 1953 errichteten Heidibrunnen, fabuliert aber nichts hinzu.

Eine Wende kam erst, als sich die Verantwortlichen im benachbarten Sarganserland sagten, daß auch sie von Heidi profitieren könnten. Ein ›Heidi-Dorf‹ hatte es dort schon lange gegeben, woran sich niemand gestört hatte. 1996 mutierte dann die Region zum ›Heidiland‹, denn clever – rückblickend vielleicht allzu clever – hatte man sich die Rechte am Namen gesichert. Damit aber waren die schlafenden Hunde in der Bündner Herrschaft geweckt, wo schließlich »Heidi's Heimat« – so nun der offizielle Slogan – liegt. Im Frühjahr 1998 wurde dort das authentisch restaurierte ›Heidihaus‹ im ›Heididorf‹ Oberrofels eröffnet, dessen spartanische Einrichtung, dekoriert mit Heidi-, Geissenpeter- und Alpöhi-Puppen, allerdings allenfalls wirkliche Fans begeistern kann.

Woher diese Fans in erster Linie kommen, deutet sich schon bei aufmerksamer Beobachtung in Maienfeld an und wird am Heidibrunnen zur Gewißheit, wenn dort gerade ein Bus mit japanischer Reisegesellschaft stoppt. Alles strömt zum Brunnen, schießt das unvermeidliche Erinnerungsfoto und fährt weiter. Ähnliches ist auf dem Heidiweg und im Heididorf zu beobachten. Heidi ist in Japan zum Kultobjekt geworden, Maienfeld zum Pilgerziel. Nirgendwo sonst hat die romantische Geschichte aus der heilen Bergwelt eine so große Anhängerschaft gefunden. Japanisch ist auch die einzige Sprache, in der eine komplette Ausgabe der Werke von Johanna Spyri existiert, die hierzulande ansonsten schon in Vergessenheit geraten sind. Und so war es auch folgerichtig, daß der erfolgreiche Zeichentrickfilm im ›Land des Lächelns‹ produziert wurde.

leicht ein paar der Fledermäuse zu sehen bekommt.

Tourismus Bündner Herrschaft, 7304 Maienfeld, ✆ 302 58 58, Fax 302 63 83.

Weisskreuz ($$$–$$$$), Malans, ✆ 322 81 61, Fax 322 81 62: renovierter Gasthof mit eleganter Einrichtung. **Hirschen** ($$), Maienfeld, ✆ 302 66 46, Fax 302 64 76: direkt am Bahnhof, preiswert, moderne Zimmer.

Krone ($$), Malans, ✆ 322 14 55: gemütlich-rustikale Gasträume, in weitem Umkreis für den Spargel bekannt, gute Wildgerichte. **Weisskreuz** ($$), Malans, ✆ 322 81 61: Torkel und gemütliche Bündner Stuben, große Dachterrasse, regionale Küche, sehr gute Weinkarte. **Schloss Brandis** ($$), Maienfeld, ✆ 302 24 23: stilvoller Rittersaal und ausgefallene Turmstube. **Adler** ($$), Fläsch, ✆ 302 61 64: hervorragende regionale Küche, eigene Weine, gutes Preis-Leistungs-Verhältnis. **Zur Bündte** ($$), Jenins, ✆ 302 12 23: Ausflugslokal mit großer Terrasse, sehr schöner Blick über die Rebhänge. **Hirschen** ($–$$), Maienfeld, ✆ 302 66 46: gutbürgerliche Küche. **Falknis** ($), Maienfeld, ✆ 302 18 18: typische Dorfbeiz.

Winzer: Weinhaus Cottinelli, Malans, ✆ 300 00 30: große Auswahl an lokalen und internationalen Weinen, teilweise aus Selbstkelterung. **Thomas Donatsch**, Gasthof Zum Ochsen, Malans, ✆ 322 11 17: Spitzenweine, Vorreiter des Weinbaus in der Herrschaft, als erster Ausbau im Barrique. **Andrea Lauber**, Malans, ✆ 322 14 65: Wein- und Obstbauer, einer von nur zwei Freisamer-Kelterern, Completer und alle üblichen Weine der Herrschaft, Obstbrände.

Heidi-Tours, Maienfeld, ✆ 302 13 44: Veranstaltung von geführten Wanderungen rund ums Thema Heidi. **Rössliposcht,** Bad Ragaz, ✆ 302 31 75: Kutschfahrten durch die Bündner Herrschaft und das angrenzende ›Heidiland‹, teilweise mit Weinprobe.

Kultur Herbst Bündner Herrschaft (Sept.): klassische Konzerte in Schlössern und Kirchen der Bündner Herrschaft sowie im Kurhaus Bad Ragaz. **Pferderennen** in Maienfeld (Okt.): großes Galopprennen.

Von Domat/Ems nach Rhäzüns

Westlich von Chur, d. h. flußaufwärts, hat das Bündner Rheintal nur wenig Sehenswertes zu bieten. **Domat/Ems** wird vom Industriebetrieb der Ems-Chemie dominiert. Der größte privatwirtschaftliche Arbeitgeber des Kantons stellt vor allem Textilfasern her. 1995 wurde als neue Attraktion des Ortes ein 18-Loch-Golfplatz (Golf Club Domat/Ems, ✆ 633 32 12) eröffnet, der geschickt in die mit bewaldeten Hügeln durchsetzte, naturgeschützte Landschaft integriert wurde. Er ist zwar längst nicht so spektakulär gelegen wie die Plätze in Arosa oder Sedrun, doch hat er seit 1998 einen entscheidenden Vorteil zu bieten: einen zusätzlichen *public golf course* für jedermann mit 9 Löchern ...

Am Rande der weiten Ebene zwischen Vorder- und Hinterrhein liegt **Rhäzüns,** das in erster Linie durch

Mittelalterliche Bildergeschichten: die Fresken in Sogn Gieri bei Rhäzüns

sein Mineralwasser überregional bekannt wurde. Am Ortsrand eröffnet Schloss Rhäzüns (Privatbesitz) den Reigen der Burgen und Schlösser, die im Domleschg den Weg entlang des Hinterrheins säumen.

Noch etwas weiter außerhalb erhebt sich auf einem bewaldeten Hügel oberhalb des Hinterrheins das unscheinbare Kirchlein **Sogn Gieri** (10–15 Min. Fußweg vom Parkplatz). Bis auf den Altar weist es keinerlei Ausstattung auf, so daß nichts von der unvergleichlichen, kompletten Ausmalung ablenken kann. Deutlich sind bei den hochgotischen Fresken, die allesamt aus dem 14. Jh. stammen, zwei völlig verschiedene Stile zu unterscheiden: Auffälliger sind die lebendigen und originellen Szenen der Georgs-Legende im Chor und an der Chorschulter, die Schutzmantelmadonna und der monumentale Kampf des Kirchenpatrons mit dem Drachen, die von Dunkelblau und Rostrot dominiert werden und unverwechselbar dem Waltensburger Meister zugeschrieben werden können. Weniger spektakulär, aber in ihrer Art der rötlichen Umrißzeichnung einmalig, ist die restliche Ausmalung des Schiffes mit Szenen aus dem Alten und Neuen Testament, deren Urheber als Rhäzünser Meister bezeichnet wird. Alleine die Fresken lohnen den Umweg nach Rhäzüns!

Winzer: Gian-Battista von Tscharner, Schloss Reichenau, ✆ 641 11 95: einer der renommiertesten und aktivsten Winzer Graubündens mit Weinen aus Rebbergen in der Herrschaft; große Vielfalt vom Barrique-ausgebauten Blauburgunder bis zum Completer.

GR3021

Die Surselva

Im Schatten des Flimsersteins – Die ›Alpenarena‹

Fun-Sport rund um den ›Grand Canyon der Schweiz‹

Die erste Stadt am Rhein – Ilanz

Walsersiedlung und Wellness-Oase – Vals

In die wilde Bergwelt der südlichen Seitentäler – Safiental, Val Lumnezia und Valsertal

Barocke Klosterherrlichkeit – Disentis/Mustér

Zur Rheinquelle am Lai da Tuma

Rafting-Tour durch den ›Grand Canyon der Schweiz‹

Die Surselva

›Oberhalb des Waldes‹, so die Bedeutung des romanischen Namens Surselva, erstreckt sich das Bündner Oberland. In grandioser Landschaft wie der Rheinschlucht oder der Alpenarena locken attraktive Freizeitangebote – und auf dem Speisezettel die legendären Krautwickel, die Capuns.

Rheinschlucht und Safiental

Am Zusammenfluß von Vorder- und Hinterrhein trennen sich die Straßen in die Surselva: Die Kantonsstraße führt auf der nördlichen Seite in weitem Bogen über Flims und Laax nach Ilanz, die Nebenstrecke schlängelt sich im Süden oberhalb der Rheinschlucht entlang, in die sich immer wieder Ausblicke bieten. Wer Zeit hat oder mit dem Fahrrad unterwegs ist, sollte sich auf jeden Fall für diese verkehrsärmere, spektakulärere Variante entscheiden.

Beide Strecken führen über erdgeschichtlich sehr junges Terrain, nämlich jene Gesteinsmassen, die sich im **Flimser Bergsturz** vor 10 000–15 000 Jahren über das gesamte Tal ergossen und dem Rhein den Weg versperrten. Was heute auf einer Fläche von 50 km^2 angehäuft ist, würde, entsprechend verteilt, den gesamten Kanton etwa 2 m hoch bedecken. Noch imposanter sind aber die Berechnungen, die ergeben haben, daß die 12–15 km^3 Gestein – ein Würfel mit einer Kantenlänge von knapp 2,5 km! – von einem etwa 7000 m hohen Berg abgerutscht sein müssen! Der zunächst gestaute Vorderrhein hat sich im Laufe der Jahrtausende seinen Weg durch das Geröll gefressen und dabei eine etwa 200–300 m tiefe, von bizarren Felszacken gerahmte Schlucht geschaffen. Zwar ist ihr werbewirksamer Beiname ›Grand Canyon der Schweiz‹ etwas sehr anmaßend, aber spektakulär ist sie allemal. Die schönste Aussicht für Autofahrer bietet sich im Bereich der Tunnel vor Versam. Noch beeindruckender aber ist der Blick hinunter auf das wilde, türkise Wasser, neben dem die Bahnlinie verläuft, von dem Fußweg auf der anderen Talseite bei Conn.

In Versam zweigt die Straße in das **Safiental** ab, das touristisch am wenigsten erschlossene der größeren Täler Graubündens. Eng eingeschnitten, weitet es sich erst am En-

Die Rheinschlucht bei Valendas

de zu einer Arena. Hier findet man fast ausschließlich die typischen sonnenverbrannten Walserhäuser in der charakteristischen Strickbauweise (s. S. 121 ff.). Wie das Valsertal wurde auch das Safiental von Süden her besiedelt, d. h., die Walser stießen auf ihren Wanderungen vom Rheinwald im 14. Jh. über den 2486 m hohen Safierberg dorthin vor, die Verbindung zum Vorderrheintal ist erst weitaus jüngeren Datums.

Der erste nennenswerte Abzweig führt steil hinauf nach **Tenna** mit seiner abseits auf einem Hügel gelegenen Kirche mit Bleistiftturm, von wo sich ein phantastischer Blick über das Safiental und hinüber auf die andere Seite des Rheintals bietet. Hier, auf immerhin 1650 m Höhe, wurde, wie in früheren Zeiten, im Zweiten Weltkrieg aus Not Getreide angebaut. Vorbei an **Safien-Platz,** dessen Kirche kurios am jenseitigen Hang und Ausgang einer Schlucht postiert ist – angeblich, damit der Klang der Glocken weiter zu hören war –, schlängelt sich die teilweise geschotterte Straße 24 km weit bis **Safien-Thalkirch** (ca. 40–45 Min. Fahrzeit). Malerisch liegt am Ortseingang der ältesten Siedlung im Tal das kleine Kirchlein, daneben ein paar Häuser. Bei schlechtem Wetter kann hier leicht der Eindruck entstehen, daß man sich am Ende der Welt, jenseits jeglicher Zivilisation, befindet.

Verkehrsverein Safien, 7107 Safien, ✆ 647 12 03, Fax 647 12 09.
Verkehrsverein Tenna, 7106 Tenna, ✆ 645 11 23.

Kanuschule Versam, ✆ 645 13 24: Kanu- und Kajakkurse, Rafting auf dem Vorderrhein.

Die ›Alpenarena‹: Flims, Laax, Falera

Was als ›Weisse Arena‹ begann, ist inzwischen zur ›Alpenarena‹ expandiert: Nicht mehr nur im Winter, sondern inzwischen auch im Sommer präsentieren sich die drei Orte Flims, Laax und Falera als touristische Einheit. Das hochtrabende Attribut ›Alpenarena‹ zeugt von einem gesunden Selbstbewußtsein, scheint aber zu viel zu versprechen. Sind nicht Namen wie Arosa, Klosters, Davos und St. Moritz viel klangvoller? Wer zweifelt, wird schnell eines Besseren belehrt: Im Winter erstreckt sich zwischen Cassonsgrat und Vorabgletscher mit etwa 220 Pistenkilometern das größte zusammenhängende Skigebiet Graubündens, das auch an Vielfalt kaum zu übertreffen ist. Am Crap Sogn Gion finden die Snowboarder ihr Eldorado, der 1997 eröffnete ›Arena Express‹, ein Ausbau der Beschneiungsanlagen und Skiverleihstationen mitten im Gebiet steigern dessen Attraktivität immer mehr – ein Ende der Entwicklung ist kaum abzusehen. Aber auch im Sommer finden Wanderer, Mountainbiker und Paraglider hier ein weitläufiges Betätigungsfeld.

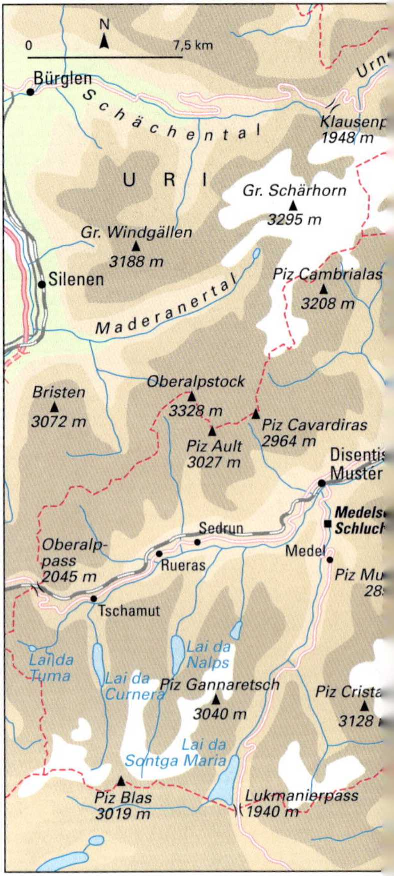

Die Surselva

Die Stärke der drei Orte liegt in ihrem völlig unterschiedlichen Charakter. **Flims** ist der größte von ihnen, aber zugleich der am stärksten vom Durchgangsverkehr gezeichnete. Die Kantonsstraße zerschneidet ihn regelrecht, so daß im Zentrum während der Hochsaison zeitweise gar nichts mehr geht. Abhilfe soll ein Umgehungstunnel schaffen, mit dessen Bau zwar begonnen wurde, der aber wohl erst 2007 fertiggestellt sein wird. Der Kern von Flims-Dorf mit seinen schmalen Gassen liegt oberhalb der Hauptstraße. Rund um die Kirche St. Martin scharen sich

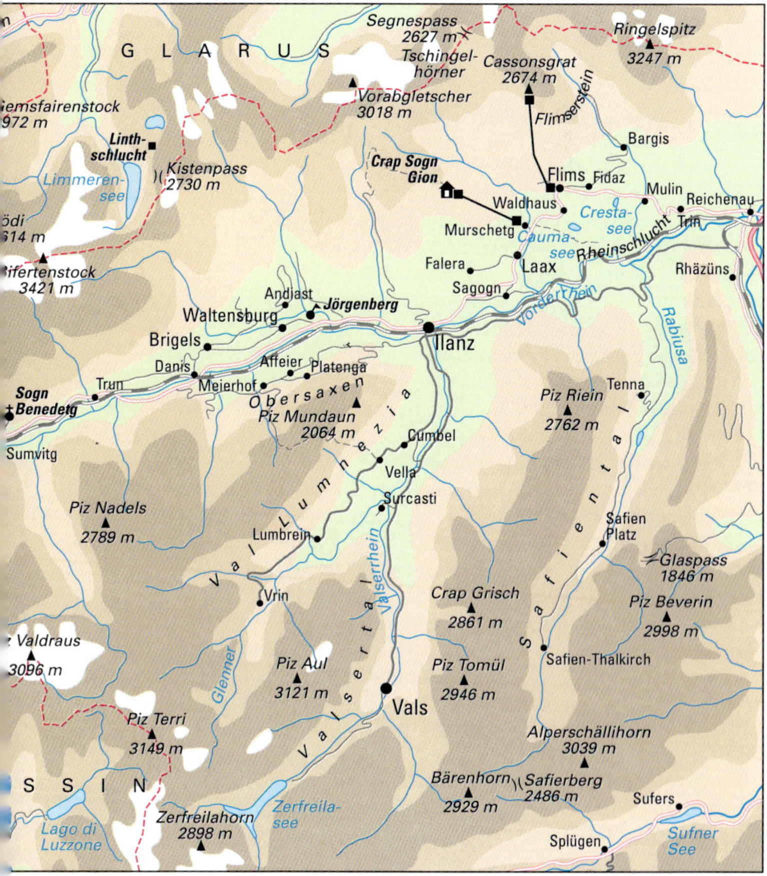

Fun-Sport

Biking, Rafting, Paragliding

Die ›Ferienecke der Schweiz‹ gibt Gas! Wo früher nur gemächlich gewandert und skigelaufen wurde, wo Bergsteigen schon als Extremsport galt, befindet sich nun der Sport im Geschwindigkeitsrausch. Die Suche nach dem ultimativen Kick hat in den letzten Jahren immer neue Kreationen hervorgebracht, von denen sich aber nur wenige haben durchsetzen können.

Das Snowboard hat einen Siegeszug sondergleichen angetreten, aber wer kann sich noch an das Swing-Bo erinnern, das etwa zeitgleich auf dem Markt auftauchte? Auch Monoski haben sich nicht gerade zum Renner entwickelt, und ihrem snöberkompatiblen Pendant, dem Skwal, scheint es ähnlich zu ergehen. Mountainbikes und Inline-Skates kann man sich heute nicht mehr wegdenken, aber wie wird es Sidewalker und Blade Cross ergehen? Auf dem Tretroller oder auf Inline-Skates mit übergroßen Rollen schmale Bergwege hinunter? Bei diesem Gedanken scheint der Ausspruch »Hals- und Beinbruch« eine neue Dimension zu gewinnen.

Wer sich ein bißchen in Graubünden umschaut, wird immer neue Möglichkeiten entdecken, sich durch die Natur zu bewegen. Für den einen ist das Neue reizvoll, für den anderen eher abschreckend. Arrangieren kann man sich aber trotzdem, wie ein Beispiel zeigt: Als die MTBs Ende der 80er Jahre begannen, die Bergwelt zu erobern, brach ein regelrechter Krieg zwischen Bikern und Wanderern aus. Letztere wurden von ›wildgewordenen Pedalrittern‹ von ›ihren‹ Wegen gejagt und zwangen die Biker dafür aus Rache teilweise zum unfreiwilligen Absteigen über den Lenker. Inzwischen hat sich das Verhältnis normalisiert, vielerorts wurden getrennte Wege eingerichtet – man liebt sich nicht, aber akzeptiert immerhin die Existenz des anderen.

Zu einem Zentrum der Fun-Sportarten hat sich Laax-Murschetg entwickelt, wo eine der spektakulärsten Downhill-Strecken Graubündens – beginnend auf dem Crap Sogn Gion – endet (8 km, 1100 Höhenmeter). Ähnlich attraktiv sind auch die Routen vom Weissfluhjoch nach Klosters (14 km, 1460 HM), vom Parpaner Rothorn nach Lenzerheide (10 km, 1400 HM), von Motta Naluns nach Scuol (7,7 km, 700 HM), am Piz Lagalb bei Pontresina (5,5 km, 800 HM) oder am Hörnli-Express bei Arosa (4,2 km, 670 HM). Einen entscheidenden Vorteil hat aber Laax für dieje-

Paraglider am Gotschnagrat bei Klosters

nigen, die nur mal schnuppern wollen: Direkt an der Talstation werden Bikes und entsprechende Ausrüstung verliehen – aus dem Geschäft in die Bergbahn bzw. auf die Piste. Generell geht der Trend hin zum Mieten der Sportgeräte, die schließlich immer aufwendiger, teurer und stärker von der Mode abhängig werden. Und wer kann sich schon jede Saison ein neues Bike leisten, um nicht als vollends out zu gelten?

Schnuppern ist auch in anderer Hinsicht in Laax angesagt, denn dort starten die Rafting- und Hydrospeed-Touren durch den ›Grand Canyon der Schweiz‹. Eingesetzt werden die Schlauchboote in Sagogn, von wo aus es dann in etwa zwei Stunden 17 km den Rhein hinab nach Reichenau geht. Die Strecke ist von der Landschaft her spektakulär, aber im wesentlichen für Rafting-Neulinge geeignet, denn die schwierigste Stromschnelle, das ›Schwarze Loch‹, gehört gerade mal der Kategorie 2+ an – Stromschnellen werden bis Kategorie 6 eingestuft, wobei diese als unbefahrbar gilt. Zwischendurch kann man in den ruhigeren Passagen immer mal wieder einen Sprung ins eiskalte Wasser wagen.

Wer den unmittelbareren Kontakt zum Naß sucht, sollte einmal Hydrospeed ausprobieren. Dabei liegt man – natürlich, wie beim Rafting, durch Neoprenanzug und Helm geschützt – halb auf einer Art dickem Schwimmbrett und bewegt sich mit Hilfe von Flossen fort. Wesentlich anspruchsvollere Rafting-Strecken als der Vorderrhein sind die Landquart bei Küblis und der Inn bei Scuol, wo auch jeweils Hydrospeed angeboten wird. Die Tour durch die Scuoler- und Giarsunschlucht gilt als eine der anspruchsvollsten Passagen Mitteleuropas überhaupt. Schließlich bietet sich als feucht-fröhliches Spaßabenteuer auch noch Canyoning in der Viamala an: Kletternd und springend, schwimmend und watend durch die sagenumwobene Schlucht des Hinterrheins.

Nicht nur auf der Erde und im Wasser läßt sich Graubünden erkunden, sondern auch aus der Luft. Während Segelflieger nur in Samedan starten können und Drachenflieger kaum anzutreffen sind, haben die Paraglider inzwischen die Lüfte im ganzen Kanton erobert. Die besten Startplätze sind Crap Sogn Gion (Laax) und Cassonsgrat (Flims), Gotschnagrat (Klosters) und Jakobshorn (Davos), Weisshorn (Arosa) und Parpaner Rothorn (Lenzerheide-Valbella), Furtschellas (Sils) und Motta Naluns (Scuol).

dort noch einige alte Häuser und Stadel. Ansonsten spiegelt die Architektur recht deutlich den touristischen Boom der 60er und 70er Jahre wider. Eine Ausnahme bildet nur das Schlössli aus dem 17. Jh. mit seiner reichen Ausstattung, wo heute die Gemeindeverwaltung untergebracht ist.

In der anderen Hälfte der Doppelgemeinde, **Flims-Waldhaus,** liegen die Wurzeln des Fremdenverkehrsortes. Die gesamte Siedlung liegt auf dem ehemaligen Areal der 1877 eröffneten **Park Hotels Waldhaus,** das inzwischen zwar deutlich verkleinert wurde, aber immer noch eine Welt für sich darstellt. Nicht nur durch die riesige Parkanlage nimmt das Luxushotel eine Sonderstellung im Kanton ein, sondern vor allem durch sein kulturelles Angebot. Das Aushängeschild ist die Wald Haus Musik, die inzwischen zu einem Fixum im Kammerkonzertprogramm geworden ist. Bemerkenswerter ist aber die Tatsache, daß im Pavillon des Hotels seit Beginn der 90er Jahre mehrere Kleinmuseen (Fr–So 16–18 Uhr) eingerichtet wurden. Auslöser war die Entrümpelung des Speichers im Hauptgebäude, bei der nicht nur das 1904 gemalte ›Flimser Panorama‹ von Giovanni Giacometti zum Vorschein kam, das inzwischen die Lobby ziert, sondern auch zahlreiche Gerätschaften aus der Zeit um die Jahrhundertwende. Und so wurde 1992 das Hotelmuseum eröffnet, in dem vom silbernen Kaffeekännchen über riesige Kupfertöpfe bis zur ersten Telefonanlage vieles an die Blüte der Hotelkultur erinnert. Inzwischen sind Kristallkluft, Schlitten- und Olgiati-Museum hinzugekommen, und die einzige offene Frage scheint zu sein, welchem Thema der nächste Raum gewidmet und wann er eröffnet wird.

Unterhalb von Waldhaus liegt der **Caumasee** im Wald versteckt, dessen Buchten in der Sonne türkis leuchten. Auch er gehörte früher zum Areal der Park Hotels, und aus dieser Zeit stammt auch noch der Ursprung des Strandbades, dessen Besuch ein absolutes Muß ist. Nur so kann man nämlich den schönsten See des Kantons richtig genießen. Von hier bietet sich eine Wanderung nach Conn an, von wo man den schönsten Blick hinab in die Rheinschlucht hat. Bequem kann man sie zur Tagestour (ca. 4 Std.) ausdehnen, die dann am jenseitigen Rheinufer parallel zur Bahnlinie über Versam und Sagogn nach Laax führt.

Wahrzeichen von Flims ist der **Flimserstein,** der bedrohlich über dem Ort aufragt. Inzwischen scheint die Gefahr eines Bergsturzes, wie Satellitenmessungen zeigen, nicht mehr akut zu sein, doch am Ostermontag des Jahres 1939 brach ein großes Stück aus der Felswand und verschüttete das Kinderheim von Fidaz. Elf Kinder starben, vier von ihnen konnten nie gefunden werden. Auf dem Rücken, der das leicht hängende Plateau am oberen Ende abschließt, wurde ein Naturlehrpfad eingerichtet, dessen Tafeln Geologie, Flora und Fauna gewidmet sind. In erster Linie lohnt sich der Ausflug auf den Cassonsgrat (2674 m) – übrigens ein idealer Startpunkt für Paraglider – aber wegen der hervorragenden Aussicht über die Gipfel des Kantons, in die Seitentäler der Surselva und auf die Kette der Tschingelhörner. An deren Ende befindet sich das Martinsloch, durch das zweimal im Jahr die Sonne für wenige Minuten genau den Kirchturm von Elm im Kanton Glarus beleuchtet. Der gesamte obere Bereich des Flimsersteins ist im Frühsommer übersät mit Gletscherhahnenfuß, Frühlingsenzianen und Stengellosem Leimkraut, an der Nordwand bieten sich hervorragende Möglichkeiten zur Beobachtung von Steinböcken, die hier in einer relativ großen Kolonie leben.

Wie Flims, zerfällt auch Laax in zwei Teile, die allerdings unterschiedlicher kaum sein könnten. In

Winteridylle in Flims

Murschetg gruppieren sich um die Talstation der Gondelbahn moderne Hotelbauten, hier enden Skipiste und Downhill-Strecke vom Crap Sogn Gion. Alles ist trendy, Halfpipe, Bike-Parcours, Kletterwand und entsprechende Bars locken ein junges Publikum an.

Ganz anders ist **Laax** selber. Der nette Ort ist um den namengebenden See (romanisch *laax* = ›Seen‹) herum angelegt, der mit Liegewiese, Grillplätzen, Badebetrieb und Bootsverleih vor allem der Erholung dient. An der Hauptstraße sind noch etliche historische Häuser erhalten, deren ältestes aus dem 17. Jh. stammt.

Höchstgelegener Ort der ›Alpenarena‹ ist das vom Autoverkehr befreite **Falera.** Von der Muota, einem etwas abseits gelegenen Hügel, öffnet sich ein wunderbarer Blick ins Rheintal und hinüber ins Valsertal. Auf dem Weg bergan fallen einige in Reihe angeordnete Menhire auf. Sie sind Teil einer bronzezeitlichen Kultstätte (1500–1100 v. Chr.), zu der außerdem noch etliche Schalen- und Opfersteine gehören. Sie sind so gesetzt, daß mit Hilfe der Sonne die Bestimmung für den Ackerbau wichtiger Daten (v. a. der Sonnwenden) möglich war. Unter den zahlreichen anderen Funden ist der bedeutendste eine 83 cm lange Bronzenadel, die heute im Rätischen Museum in Chur ausgestellt ist.

Kunsthistorischer Höhepunkt der Region ist die schindelgedeckte romanische Kirche St. Remigius. Mit der sie umgebenden Friedhofsmauer in Form eines Schiffes symbolisiert sie die Arche Noah, die einen Ankerplatz oben auf der Muota gefunden hat. In deutlichem Kontrast zum schlichten Äußeren steht der reichgeschmückte Innenraum, in dem im Sommer auch Konzerte stattfinden. An erster Stelle ist das monumentale Abendmahlfresko aus dem 17. Jh. an der Nordwand zu nennen, aber auch die musizierenden Engel im Sterngewölbe des Chores und ihre naiven Pendants an der Orgelempore sind sehenswert.

Flims Laax Falera Tourismus, 7018 Flims, ✆ 920 92 00, Fax 920 92 01, E-Mail: contact@alpenarena.ch.

Park Hotels Waldhaus ($$$$$), Flims-Waldhaus, ✆ 928 48 48, Fax 928 48 58: Luxushotel mit Tradition, eine Welt für sich mit riesigem Park, umfangreiches Sportangebot. **Romantik-Hotel Schweizerhof** ($$$$–$$$$$), Flims-Waldhaus, ✆ 911 12 12, Fax 911 31 76: stilvolles Belle-Epoque-Hotel mit Hallenbad und Wellness-Bereich. **Sporthotel Signina** ($$$–$$$$), Murschetg, ✆ 921 22 22, Fax 921 22 23: Tennis-Hotel im Chaletstil, großer Fitness- und Wellness-Bereich. **Fidazerhof** ($$$–$$$$), Fidaz, ✆ 911 35 03, Fax 911 21 75: malerische, ruhige Lage, Vollwertküche. **Posta Veglia** ($$–$$$), Laax, ✆ 921 44 66, Fax 921 34 00: alter Gasthof, kürzlich geschmackvoll renoviert, sehr individuell ausgestattete Suiten. **Bellaval** ($$), Laax, ✆ 921 47 00, Fax 921 48 55: klein, sehr gemütliche Aufenthaltsräume, Zimmer mit viel Holz ausgestattet, schöner Garten. **La Siala** ($$), Falera, ✆ 921 32 32, Fax 921 41 75: ruhig gelegenes Aparthotel, Hallenbad, Sauna, gutes Preis-Leistungs-Verhältnis. **Garni Cathomen** ($), Laax, ✆ 921 45 45, Fax 921 42 43: klein, einfach, sehr günstig. **Rider's Palace** ($), Murschetg, ✆ 921 22 22, Fax 921 22 23: einfaches Modulhotel, Mehrbettzimmer, junges Publikum.

St. Remigius auf dem Muota bei Falera

Barga ($$$), Hotel Adula, Flims-Waldhaus, ✆ 911 01 61: Feinschmeckerrestaurant, viel Fisch, originelle Gerichte, sehr gute Weinkarte. **Da Veraguth Carnetg** ($$$), Sagogn, ✆ 921 64 64: Bündner Küche vom Allerfeinsten, sehr viel Fisch, gemütliches holzgetäfeltes Restaurant und Terrasse mit Blick über das Rheintal. **Fidazerhof** ($$), Fidaz, ✆ 911 35 03: getäfeltes Restaurant und Terrasse mit hervorragendem Panorama, sehr gute (teils Bündner) Küche, aufmerksamer Service, große Auswahl an Zigarren. **Surpunt** ($$), Flims-Waldhaus, ✆ 911 11 69: Bündner Spezialitäten, 7 Sorten Capuns, sehr ruhig gelegen. **Clavau Vegl** ($–$$), Flims-Dorf, ✆ 911 36 44: Bündner Spezialitäten und Kleinigkeiten in einer ehemaligen Scheune, gemütlich. **Café/Restaurant Riva** ($–$$), Laax, ✆ 921 53 53: Kleinigkeiten, gute Salate, einige Bündner Spezialitäten. **Pizzeria Trattoria Veneziana** ($), Flims-Dorf, ✆ 911 01 03: gemütlich-rustikal; Pizza, Pasta, Fisch.

Crap Bar, Murschetg: Treffpunkt zu jeder Uhrzeit, Snacks, gemischtes Publikum.

Swissraft, ✆ 911 52 50, Fax 911 30 90: Riverrafting und Hydrospeed auf dem Vorderrhein als ideale Schnuppertour mit eindrucksvoller Szenerie.

Weisser Schuss (Jan.): eines der vier großen Volks-Abfahrtsrennen der Schweiz. **Wald Haus Musik** (Juli): Kammerkonzerte in gediegener Umgebung der Park Hotels Waldhaus und anderer Hotels. **Swiss Bike Festival** (Juli): Bike-Treffen mit BMX, MTB und Downhill; als Höhepunkt Swiss Downhill Cup am Crap Sogn Gion. **Fat Tire Laax** (Aug.): Motorradtreffen auf Alp Plaun (1626 m) mit Konzerten. **Internationale Alpine Heissluftballonwoche** (Sept./Okt.): Starts von gut einem Dutzend Heißluftballons vor eindrucksvoller Szenerie.

Ilanz

Die ›erste Stadt am Rhein‹ ist heute, wie schon vor Jahrhunderten, vor allem von der Funktion als Regionalzentrum und Verkehrsknotenpunkt geprägt. Was ihr früher Reichtum brachte, führt heute zum Verkehrschaos. Zwar haben sich einige schöne Gebäude aus dem 17. und 18. Jh. erhalten, vieles ist aber baufällig oder neueren Datums. Das heutige Zentrum liegt unterhalb der ummauerten Altstadt, in der Nähe von Bahnhof und Rheinbrücke, wo samstags auf dem Parkplatz, nach dem Motto »klein, aber fein«, ein Wochenmarkt stattfindet, den vorwiegend Biobauern beschicken.

Wahrzeichen von Ilanz ist das **Obertor** aus dem 16. Jh. mit seinem farbig bemalten barocken Aufsatz. Direkt daneben steht ein moderner Brunnen mit den Wappen der Drei Bünde und jenem von Ilanz (Krone über dem Rhein) am Brunnenstock. An der Südostecke der Stadtmauer ist ein reizvolles achteckiges Ecktürmchen erhalten. Nahe dem Obertor steht die Reformierte Kirche **St. Margarethen,** der ein benachbarter massiger Wohnturm heute als Kirchturm dient. Historisch interessant ist sie, weil hier 1526 die Disputation von Ilanz stattfand, aufgrund der die Stadt zum Protestantismus übertrat. Ein sehr origineller Totentanz ist in den Gewölbezwikkeln auf der linken Seite des Schiffs zu sehen, das auch sonst sehr üppig mit Malereien aus dem 16. Jh. geschmückt ist, die erst 1934 entdeckt wurden – in der Mitte der Decke übrigens die Symbole der vier Evangelisten.

Sehr sehenswert ist das **Regionalmuseum Surselva** (Juni–Okt. u. Ende Dez.–Ende April Di, Do, Sa, 1. So des Monats 14–17 Uhr) in der Casa Carniec, deren Fundamente aus dem Mittelalter stammen. Es gehört zu den größten Heimatmuseen des Kantons und repräsentiert alle Bereiche des täglichen Lebens der Bauern und Handwerker. Beachtlich ist nicht nur die Vielzahl der ausgestellten Gegenstände, sondern vor allem, daß auch komplizierte Gerätschaften oder Prozesse anschaulich erklärt werden. Ungewöhnlich sind die Fresken aus dem 16. Jh., die in einem Saal im ersten Stock freigelegt wurden und u. a. einen Narren und einen Affen zeigen.

Ilanz Tourismus, 7130 Ilanz, ✆ 925 20 70, Fax 925 24 74. Dort ist auch eine Broschüre mit Beschreibung eines Stadtrundgangs erhältlich.

Lukmanier ($$$), ✆ 925 61 44, Fax 925 62 41: First-Class-Hotel jenseits des Rheins, Zimmer teilweise direkt auf den Rhein hinaus.

Restaurant-Hotel Rätia ($–$$), ✆ 925 23 93: zahlreiche Bündner Spezialitäten, Pizokels in vielen Varianten (z. B. mit Streifen von Hirschfleisch oder Dörrpflaumen), Verwendung regionaler Produkte.

Val Lumnezia und Valsertal

In Ilanz beginnt das größte Seitental der Surselva: das **Val Lumnezia** oder Lugnez, von dem nach einigen Kilometern das Valsertal abzweigt. Beide Täler wurden von Süden her besiedelt und blieben bis ins späte 19. Jh. dorthin ausgerichtet – das Valsertal zum Rheinwald hin, das Val Lumnezia zum Val di Blenio im Tessin. Auch das Vieh wurde zum Jahrmarkt nach Lugano oder sogar nach Mailand getrieben.

Auch heute noch ist das Tal von der Landwirtschaft geprägt, die immerhin ein Viertel der Bevölkerung direkt ernährt, während der Tourismus – allenfalls in Form von Wandern und Pferdetrekking – nur eine untergeordnete Rolle spielt. In den 70er Jahren versuchte ein internationaler Investor, eine Skistation im Val Lumnezia zu errichten, was jedoch von der Bevölkerung verhindert wurde, indem der Erwerb von Grundbesitz für Ausländer per Gesetz untersagt wurde.

Charakteristisch für das Val Lumnezia, das als regelrechte ›Sakrallandschaft‹ bezeichnet wird, sind die insgesamt 32 Barockkirchen und -kapellen, die aus der Zeit der Gegenreformation stammen. Auf die erste von ihnen trifft man in **Cumbel.** Auffällig ist deren roter Turm mit hölzernem Aufsatz und achteckigem Helm, ungewöhnlich für die Region auch die Fensterrahmungen mit Sgraffiti. Beides wird aber an Originalität von dem 1858 erbauten Beinhaus übertroffen, an dessen Front acht Schädel jeweils in einer kleinen Nische plaziert sind.

Hauptort des Tales ist **Vella,** das sich durch einen sehr netten Dorfplatz auszeichnet, den teilweise prächtige Gotthardhäuser rahmen. An seiner Südseite fällt die Kirche St. Sebastian und Rochus ins Auge, deren Fassade Gemälde von Alois Carigiet schmücken, die die hll. Christophorus und Georg darstellen. Von der ursprünglich kompletten Ausmalung, die Hans Ardüser geschaffen hatte, sind nur noch Freskenreste an Chorschulter und Seitenwand erhalten. Direkt hinter der Kirche erhebt sich das prächtige Schloss de Mont, ein 1666 erbautes Herrenhaus, das nach seiner Renovierung auch wieder seinem Namen alle Ehre macht.

In **Lumbrein** sind noch zwei mittelalterliche Wohntürme zu entdecken, die allerdings später aufgestockt und verändert wurden. Neben etlichen ›gestrickten‹ Bauernhäusern ist die Kirche St. Martin sehenswert, die als Besonderheit eine barocke Darstellung des Jüngsten Gerichts aufweist, das die gesamte Innenwand über dem Hauptportal einnimmt.

Hinterste Siedlung des Val Lumnezia ist **Vrin,** das 1998 für sein schönes Dorfbild mit dem Wakker-Preis ausgezeichnet wurde, da viele der früheren Wirtschaftsgebäude zwar heute anderweitig genutzt werden, die Bausubstanz dabei aber vorbildlich erhalten wurde. Das unverfälschte, sehr geschlossene Ortsbild wird von Bauernhäusern in hölzerner Strickbauweise bestimmt, die sich über dem Steilhang aneinanderdrängen. Zu ihnen will die prächtigste Barockkirche des Tals nicht so recht passen, bei der der italienische Einfluß deutlich – nicht zuletzt am Campanile – zu erkennen ist. Besonders originell ist das bergseitig angebaute Beinhaus mit umlaufendem Schädelfries.

ⓘ **Uniun da traffic/Verkehrsverein Val Lumnezia**, 7144 Vella, ✆ 931 18 58, Fax 931 34 13.

Wesentlich enger eingeschnitten als das Val Lumnezia ist das **Valsertal**, das im 14. Jh. von Walsern besiedelt wurde, die vom Rheinwald herüberkamen und die romanische Bevölkerung verdrängten. Heute ist das Valsertal eine deutschsprachige Enklave im romanischen Gebiet, die sich zudem durch eine sehr selbstbewußte Haltung auszeichnet – was nicht selten zu Problemen mit den Nachbarn führt.

Von Ilanz führen zwei Straßen nach Süden: die eine auf der westlichen Talseite ins Val Lumnezia, die andere auf der östlichen ins Valsertal. Nur bei dem Örtchen Peiden stellt ein schmales Sträßchen eine Verbindung her. **Surcasti** gehört

Steinplattengedeckte Häuser in Vals

zwar zum Val Lumnezia, doch kann es nur über die Straße auf der anderen Talseite erreicht werden. Außerhalb des Ortes thront, hoch über dem Zusammenfluß von Valserrhein und Glenner, wo sich die beiden Täler trennen, die Kirche Sogn Luregn in phantastischer Lage auf einem Geländesporn. Eine ganz besondere Ausstrahlung verleiht ihr der Wohn- und Wehrturm aus Bruchsteinen, an den sie angebaut ist. Von dort führt die teils recht schmale Straße, an mehreren kleinen Walserdörfern mit den typischen steinplattengedeckten Häusern vorbei, zum Hauptort des Valsertals.

Der Grundstein für den ersten Aufschwung von **Vals** wurde 1961 gelegt, als erstmals das Mineralwasser der St.-Peters-Quelle in Flaschen abgefüllt wurde. Heute ist Valser in aller Munde, hat im Kanton eindeutig die Nase vorn gegenüber der Konkurrenz und belegt im gesamtschweizerischen Markt einen respektablen zweiten Platz. Unübersehbar steht die riesige Abfüllanlage am Ortsanfang.

Der Grundstein – in diesem Falle wörtlich zu nehmen – zu einem zweiten Aufschwung wurde etwa 30 Jahre später gelegt und hat einen neuen Fixstern am Bündner Architektur- und Bäderhimmel hervorgebracht: die **Felsen-Therme** (✆ 926 80 80; tägl. 11–20 Uhr), entworfen von Peter Zumthor, eröffnet im Dezember 1996. »Wohlbefinden auf allen Ebenen ist das übergeordnete Ziel. Die Therme Vals ist ein Zentrum der alpinen Badekultur, der

»Ganz schön nass«
Wellness

Im Jahr 1519 hatte noch die Ankündigung der »vollen Absolution sämtlicher Sünden« durch Papst Leo X. erste Gäste zu den Mineralquellen Graubündens gelockt. Wenig später war es dann die von Paracelsus entdeckte therapeutische Wirkung des Wassers, die Kranke und Gebrechliche in die Bergwelt zog und etlichen Orten zu einem bescheidenen Wohlstand verhalf. Dieser Trend erneuerte sich im 19. Jh. wieder, der Aufstieg von Bad Serneus, Alvaneu, Bad Schuls und St. Moritz begann.

Aber mit Bewegungsbädern und Trinkkuren lockt man heute niemanden mehr hinter dem Ofen hervor. Wer sieht sich schon gerne als Kranken, der sich mit anderen Leidensgenossen in therapeutische Behandlung begibt? Doch dann verhieß Anfang der 90er Jahre ein neues Zau-

berwort das Ende der Durststrecke: Wellness – die Vermittlung von körperlichem Wohlbefinden und geistiger Entspannung, die nicht Kranken, sondern gerade Gesunden oder Gesundheitsbewußten zukommen sollte. *Mens sana in corpore sano.*

Also: Weg mit dem angestaubten Image der Kurorte, her mit neuen Ideen und Angeboten. Als Prototyp für diesen Wandlungsprozeß fungierte Scuol. Dort ließ man mit neu aufkeimendem romanischem Selbstbewußtsein nicht nur den antiquierten Namen Schuls hinter sich, sondern legte gleich auch den Zusatz ›Bad‹ ab. Mit dem Etikettenwechsel war es aber nicht getan, und so eröffnete 1993 das Bogn Engiadina Scuol (s. S. 213 f.), das bis heute als Fixstern der Bündner Wellness-Kultur gilt. Dort finden sich Spaßbad, Sauna, Massage und Therapiezentrum harmonisch vereint – das Wohlbefinden ist garantiert, die Gesundheit kommt (oder bleibt) von alleine.

Der Schnitt in Vals war ähnlich radikal wie in Scuol: Das alte Thermalbad wurde abgerissen, um der neuen Felsen-Therme (s. Abb. links) zu weichen. Aber wie sollte man in diesem verschlafenen Seitental der Surselva neben der Konkurrenz im Unterengadin bestehen? Man wählte ein ganz anderes Konzept und landete einen Volltreffer: kein Spaß, sondern Ruhe; keine einladenden, runden Formen, sondern eckige Strenge; keine bunten Farben, sondern grauer Gneis. Das Ergebnis ist für den Besucher letztlich das gleiche – das Wohlbefinden von Körper und Geist.

So beeindruckend die beiden Extreme sind, so schwer machen sie es den anderen traditionellen Badeorten. In Andeer versuchte man die ›kleine Lösung‹ und fügte an das bestehende Hallenbad ein sehr ansprechendes Freiluftbecken mit zahlreichen Massagedüsen an. In Alvaneu wurde die Renaissance der Badekultur propagiert, das 1962 geschlossene Bad sollte durch einen spektakulären Neubau ersetzt werden – alleine, die Investoren blieben aus. In Klosters-Serneus und Bad Tarasp-Vulpera wurde lediglich das Angebot erweitert, St. Moritz plant den Umbau der Kuranlagen zu einem Bäderzentrum.

Natürlich paßte sich auch das Umfeld an, zahlreiche Hotels haben inzwischen eigene Saunen oder Massageräume, Whirlpools oder andere Wellness-Einrichtungen. Schnupperangebote und Gesundheitswochen schießen wie die Pilze aus dem Boden. Damit dies auch in der weiteren Umgebung wahrgenommen werde, gingen Scuol, St. Moritz, Vals, Andeer und Serneus 1997 gemeinsam als »Bü-les-Bains« auf Deutschland-Tournee. Unter dem Titel »Ganz schön nass« wurde gezeigt, daß Graubünden inzwischen wesentlich mehr zu bieten hat als nur eine schöne Bergwelt. Und so fehlt eigentlich nur noch der Segen des Papstes …

Gesundheit und der Lebensbesinnung«, so der Architekt. Aber sie ist ungleich sperriger als die anderen Wellness-Tempel Graubündens. Hier sprudelt es nicht überall fröhlich, das Wasser hat weniger eine unterhaltende als eine meditative Funktion. Ebenso streng und abweisend wie die Umgebung ist das Bad aus Quarzitplatten zusammengefügt und teilweise in den Berg hinein gebaut. Alles ist eckig, dunkel, schlicht – Messingstangen als höchstes der Gefühle. Hier wird das Baden im Mineralwasser, das mit einer Temperatur von 32 °C aus dem Berg kommt, auf das Wesentliche reduziert – Wasser, Stein und Licht statt Reizüberflutung. Die Therme polarisiert – man mag sie oder auch nicht, gleichgültig ist sie niemandem. Aber damit hat Peter Zumthor wohl sein Ziel erreicht – und die Gemeinde auch, die den 26 Mio. SFr. teuren Bau finanziert hat und unterhält. Vals ist wieder einmal in aller Munde.

Bei aller Begeisterung über die Felsen-Therme darf allerdings nicht vergessen werden, daß der Ort wesentlich mehr zu bieten hat. Nur ein paar hundert Meter weiter, jenseits des Valserrheins, präsentiert sich das andere, das ursprüngliche Vals. Rund um die Kirche mit reicher Barockausstattung und den Dorfplatz scharen sich die typischen Walserhäuser: Holzgebäude in der charakteristischen Strickbauweise, vielfach mit Schindeln verkleidet, allesamt steinplattengedeckt – darunter ein besonders prächtiges Doppelhaus direkt am Platz. Leider wurden immer wieder Häuser in moderner Bauweise zwischen die alten gebaut, die ein wenig das harmonische Bild stören. Auf die linke Seite des Valserrheins lohnt sich ein Abstecher zum Gandahus (✆ 935 12 42; Führungen April–Okt. Di, Fr 14 Uhr, nach Voranmeldung), einem kleinen Heimatmuseum. Das Bauernhaus aus dem 16. Jh. entspricht dem ältesten Haustypus des Tals und stand ursprünglich weiter taleinwärts oberhalb am Hang. In mühsamer Handarbeit wurde es abgetragen und am neuen Standort wiederaufgebaut – ein Schicksal, das es mit dem einzigen erhaltenen Speicher seiner Art aus Zerfreila teilt, der ihm nun Gesellschaft leistet.

Neben einem kleinen Familienskigebiet, das bis auf 3000 m hinauf reicht, bietet das Valsertal vor allem gute Möglichkeiten für Wanderer und Mountainbiker, deren Höhepunkte weiter hinten im Tal liegen. Für Mountainbiker ist schon die Fahrt auf der schmalen, 8 km langen Straße von Vals zum Parkplatz Kapelle Zerfreila, bei der 700 Höhenmeter zu überwinden sind, eine Herausforderung (der 1,9 km lange Tunnel kann auf der alten Straße umgangen werden). Doch sie lohnt sich, denn am Ende der Strapazen bietet sich ein phantastisches Panorama über den riesigen, türkisen **Zerfreilasee,** über dem wie ein Zahn das Zerfreilahorn aufragt – eine Kleinausgabe des Matterhorns. Der wohl spektakulärste Stausee des Kantons beeindruckt schon durch die nackten Zahlen: Die Staumauer ist 504 m lang und 151 m hoch, das Reservoir faßt bei einer maximalen Oberfläche von knap 2 km^2 bis zu 100 Mio. m^3 Wasser. Darüber hinaus hat er eine enorme wirtschaftliche Bedeutung für das gesamte Tal, dem er beträchtliche Einnahmen in Form von Wasserzinsen und Steuern beschert. Und trotzdem wurde 1989 der Bau eines weiteren Stausees von der Bevölkerung abgelehnt.

Kur- und Verkehrsverein Vals-Valsertal, 7132 Vals, ✆ 920 70 70, Fax 920 70 77, E-Mail: valsinfo@bluewin.ch.

Skulpturen von Robert Indermauer in Obersaxen-Meierhof

in Vals: **Therme** ($$$–$$$$), ✆ 926 80 80, Fax 926 80 00: besonderes Gesundheitsangebot, unbegrenzter Zugang zur Therme. **Rovanada Sporthotel** ($$$), ✆ 935 13 03, Fax 935 17 35: direkt am Valserrhein, Hallenbad, Tennisplätze. **Glenner** ($$–$$$), ✆ 935 11 15, Fax 935 18 68: zentral, neue, teilweise sehr großzügige Zimmer, phantastisches Frühstücksbuffet. **Alpina** ($$), ✆ 935 11 48, Fax 935 16 51: zentral, einfach.

in Vals: **Chessi** ($$), Hotel Therme: sehr gute regionale Küche, auch halbe Portionen. **Rovanda Sporthotel** ($$), ✆ 935 13 03: ausgezeichnete südlich inspirierte Küche. **Hotel Glenner** ($–$$): gemütliche getäfelte Gaststube, Treffpunkt von Einheimischen, sehr gute bodenständige Bündner Küche, bei allen Gerichten auch kleine Portionen.

Das Rheintal zwischen Ilanz und Disentis/Mustér

Von Ilanz aus gibt es zwei Möglichkeiten, mit Auto oder Fahrrad weiter in die Surselva vorzustoßen: die Kantonsstraße, die auf dem Talboden am Rhein entlang führt, oder die Nebenstrecke über Obersaxen, die in Danis wieder auf die Hauptstraße trifft. Wer Zeit hat, sollte schon alleine wegen der phantastischen Aussicht auf das von den Glarner Alpen mit dem Tödi überragte Rheintal letztere Alternative wählen.

Der Gemeinde **Obersaxen** sieht man noch heute ihren Ursprung als Walsersiedlung an: Weit sind die kleinen Dörfer in eine freundliche Wiesenlandschaft gestreut, die sich sanft den Hang hinaufzieht. Spektakulär ist hier allenfalls das Panorama – aber alleine das ist schon den Umweg wert. Und dann sind da noch die Spuren dreier der bedeutendsten zeitgenössischen Bündner Künstler: Alois Carigiet hat ein Haus in Obersaxen-Platenga außen mit Bemalungen verziert. In Obersaxen-Affeier stellt die Galerie Mirer (✆/Fax 933 10 29; Mo–Fr 16–19, Sa 15–18 Uhr) die Werke des derzeit populärsten Malers des Kantons aus. Und in Obersaxen-Meierhof schließlich schlagen fünf Figuren von Robert Indermauer, wie zum Abschied, eine Brücke über die Straße.

Demgegenüber hat die Kantonsstraße im Tal wenig zu bieten – außer der schnellen Fortbewegung. Ein Abstecher lohnt sich hinauf ins auf einer Terrasse am nördlichen Hang gelegene **Waltensburg,** dem der bedeutendste Künstler der Region aus dem 14. Jh. seinen Namen verdankt, der Waltensburger Meister. Als sein vollendetstes Werk gilt der sehr lebendige, von kräftigem Dunkelblau und Rostrot bestimmte Passionszyklus, der praktisch die gesamte Nordwand der Reformierten Kirche einnimmt. Angesichts dieser kunstgeschichtlichen Kostbarkeit, die man in dem etwas merkwürdig proportionierten Gotteshaus kaum vermuten würde, verblaßt sogar die größte Burganlage der Surselva: Unterhalb des Ortes zweigt von der Zufahrtsstraße der Weg zur **Burgruine Jörgenberg** (Munt Sogn Gieri) ab, deren langsamen Verfall man inzwischen durch umfangreiche Sicherungsmaßnahmen zu stoppen sucht. Von dem schmalen Sträßchen nach Brigels erreicht man eine andere, zwar wesentlich weniger imposante, dafür aber originell angelegte Verteidigungsstellung: Die Ruine Kropfenstein wurde unter einen Felsüberhang gebaut, den sie praktisch komplett einnimmt, und konnte von dort den Verkehr im Tal hervorragend kontrollieren.

Dem nur wenige Kilometer weiter rheinaufwärts gelegenen **Trun** sieht man nicht mehr an, daß hier einst die politischen Geschicke des Grauen oder Oberen Bundes entschieden wurden. Das ehemalige Versammlungshaus, die Cuort Ligia Grischa, beherbergt heute, als Gegenstück zur Chesa Planta in Samedan, ein romanisches Kulturzentrum und das Museum Sursilvan (Mitte April–Mitte Nov. Mo, Mi, Sa 14–17 Uhr). Interessant ist es in erster Linie als historischer Tagungs- und Gerichtsort, wovon der Ratssaal mit reichem Wappenschmuck und die mit prachtvollen Schnitzereien verzierten Räumlichkeiten des Abtes von Disentis zeugen. Ein gesonderter Raum ist den Werken Alois Carigiets gewidmet (u. a. die Originalzeichnungen von ›Zottel, Zick und Zwerg‹), der sowohl in Trun geboren wurde als auch dort starb. Ansonsten kann das Museum kaum mit denen in Ilanz oder Disentis mithalten.

Auf der Weiterfahrt nach Disentis lohnt noch ein kurzer Abstecher ins 2,5 km oberhalb von Sumvitg gele-

Fresken des Waltensburger Meisters in der Reformierten Kirche

gene **Sogn Benedetg.** Dort ist nach Plänen von Peter Zumthor 1988 als Ersatz für die mittelalterliche, von einer Lawine zerstörte Kapelle ein tropfenförmiges Gotteshaus errichtet worden. Wie fast alle Gebäude des Architekten polarisiert die schlichte, mit Schindeln verkleidete reine Holzkonstruktion, von der sich eine hervorragende Aussicht talabwärts bietet – aber urteilen Sie selbst …

Verkehrsverein Obersaxen, 7134 Obersaxen, ✆ 933 22 22, Fax 933 11 10. **Center turistic Brigels Waltensburg Andiast,** 7165 Brigels, ✆ 941 13 31, Fax 941 24 44.

Ucliva ($$–$$$), Waltensburg, ✆ 941 22 42, Fax 941 17 40: Ökohotel des Jahres 1997.

TCS-Camping Trun, ✆ 943 16 66: direkt am Rhein gelegen, daher ideal für Kanuten.

Von Disentis/Mustér zum Oberalppass

Seine Blütezeit hat **Disentis/Mustér** – kurioserweise entstammt auch der vermeintlich deutsche Name Disentis dem Romanischen – schon seit einem halben Jahrtausend hinter sich, und trotzdem ist es noch der bei weitem bedeutendste Ort der oberen Surselva. Zwei Faktoren haben ihm diesen Rang verliehen: das Kloster und der Paßverkehr.

Die Wurzeln der Siedlung reichen ins 8. Jh. zurück, als sich zunächst die Wandermönche Sigisbert und Placidus in der Region niederließen und bald darauf schon ein erstes Kloster gegründet wurde. Unaufhaltsam vollzog sich dessen Aufstieg. Der Einflußbereich des Klosters – der noch immer gebräuchliche Begriff ›Cadi‹ leitet sich von *Casa Dei* (Gotteshaus) ab – umfaßte schließlich die gesamte obere Surselva bis fast nach Ilanz sowie das Urserntal, also den Süden des heutigen Kantons Uri, zwischen Furka-, Gotthard- und Oberalppass. Die Äbte von Disentis übernahmen als Feudalherren die führende Rolle bei

der Gründung des Grauen Bundes und betrieben auch dessen Anlehnung an die Eidgenossenschaft. Reformation, Bündner Wirren und der Einfall der Franzosen 1799 markierten dann den schrittweisen Niedergang. Heute dominieren die Gebäude des Klosters zwar immer noch deutlich den Ort, doch es stellt weniger ein politisches als ein Zentrum der Bildung und Kultur dar.

Schon im Mittelalter spielte Disentis, aufgrund seiner Lage im Schnittpunkt von Lukmanier- und Oberalppass, eine Rolle als Verkehrsknotenpunkt. Während ersterer schon Anfang des 19. Jh. in völliger Bedeutungslosigkeit versank und heute allenfalls als Ausflugsstrecke von Interesse ist, erlebte letzterer durch den Straßenausbau 1862/63 einen neuen Aufschwung und stellt seit der Eröffnung des Furkabasistunnels 1982 die einzige winterfeste Verbindung zwischen Rhein- und Rhonetal dar. Von größerer wirtschaftlicher Bedeutung für den Ort ist allerdings, daß sich hier seit 1926 die Schnittstelle zwischen dem Netz der Rhätischen

Der mächtige Gebäudekomplex des Benediktinerklosters dominiert das Ortsbild von Disentis

Bahn und dem der Furka-Oberalp-Bahn befindet, wo die Loks umgekoppelt werden.

Die wichtigste Sehenswürdigkeit von Disentis ist natürlich das **Benediktinerkloster,** das seine heutige Gestalt im wesentlichen dem 17. Jh. verdankt. Die 1712 geweihte **Klosterkirche** ist nicht nur das größte, sondern auch das bedeutendste barocke Gotteshaus des Kantons. Nachdem die alten Gebäude in den Bündner Wirren eingeäschert worden waren, entstand ein Bau, den trotz aller Pracht eine gewisse Strenge kennzeichnet – was besonders die klare Linienführung der Fassade verdeutlicht. Das Innere ist nach dem Vorarlberger Münsterschema aufgebaut, so daß die Seitenschiffe fast die gleiche Höhe wie das Hauptschiff erreichen. Auffällig sind, neben den üppigen Stukkaturen und den neun reich vergoldeten Altären, besonders die vier riesigen pathetisch-historisierenden Deckengemälde, die Fritz Kunz 1924/25 schuf. Der lichte Gesamteindruck der Kirche basiert teilweise darauf, daß sie entlang einer Nord-Süd-Achse ausgerichtet ist, wodurch die Fenster beider Seitenschiffe direktes Sonnenlicht erhalten.

Das Kloster, in dem heute noch etwa 40 Brüder leben, beherbergt neben der Klosterschule und dem Internat, die einen großen Teil der Räumlichkeiten einnehmen, auch ein sehenswertes **Klostermuseum** (✆ 947 51 45; Juni–Okt. Di, Do, Sa 14–17 Uhr, Weihnachten–Ostern Mi 14–17 Uhr). Ein großer Bereich der kulturhistorischen Ausstellung ist der Geschichte der Abtei gewidmet, des weiteren enthält die Sammlung u. a. liturgisches Gerät, einige sehr schöne gotische Heiligenfiguren, koptische Stoffe und Pilgermitbringsel. Weit weniger würde man in dieser Umgebung den zweiten Teil der Ausstellung erwarten: In der naturgeschichtlichen Sammlung werden sehr anschaulich Geographie und Geologie, Flora und Fauna sowie die verschiedenen Ökosysteme der Cadi vorgestellt. Besonders interessant ist die kleine Kristallsammlung, die einige schöne Fundstücke umfaßt. Aber auch die Entstehung der Mineralien und Gesteine wird leicht verständlich erklärt.

Weniger spektakulär als das Klostermuseum, aber ebenfalls einen Besuch wert ist die direkt am Vorderrhein gelegene **Wollkarderei de Sax** (✆ 947 58 59 u. 947 52 10; Do 14–18 Uhr). In dem landesweit ältesten Betrieb seiner Art wurde seit 1890 die Wolle maschinell gekämmt und für das Spinnen vorbereitet. Bis 1967 wurde in Disentis auch die stärkste **Radonquelle** der Schweiz therapeutisch genutzt, die seither aber nur noch Trinkwasser liefert. Dafür wird eine andere natürliche Ressource heute ökonomisch ausgebeutet: Oberhalb des Ortes ist seit 1993 das größte Solarkraftwerk der Alpen in Betrieb.

Während Kristallsucher, die Strahler, schon seit Jahrhunderten ihr Eldorado am Oberalpstock und anderen Gipfeln des kristallinen Gotthardmassivs finden, lockt im Vorderrhein eine andere Kostbarkeit: **Gold.** Zwar löste der Fund des größten Nuggets der Schweiz im Sommer 1997 nicht gerade einen Goldrausch aus – dafür war er mit 123,1 g doch noch zu klein –, aber es zieht immer mehr Hobby-Goldwäscher in den Ferien in die Cadi. Wenngleich die Romantik meistens im Vordergrund stehen dürfte, so sind Funde durchaus nicht ungewöhnlich – allerdings meistens im Gramm-Bereich.

Disentis Tourismus, 7180 Disentis, ✆ 920 30 20, Fax 920 30 29.

Parkhotel Baur ($$$), ✆ 929 54 54, Fax 929 54 55: First-Class-Hotel an der Talstation der Bergbahnen, Hallenbad, gutes Sportangebot. **Montana** ($$), ✆ 947 45 65, Fax 947 42 77: sehr familiär, ruhig gelegen, Zimmer mit Balkon, Swimmingpool. **Alpsu** ($$), ✆ 947 51 17, Fax 947 43 66: sehr schön renovierte Zimmer in einem historischen Haus, gute Bündner Küche, sehr freundlich geführter Familienbetrieb. **Schuoler** ($), ✆ 947 52 46: einfach, sehr günstig.

TCS-Camping Fontanivas, ✆ 947 44 22: am Ende der Medelser Schlucht, idyllisch gelegen, mit eigenen Badeseen.

Hotel Alpsu ($–$$), ✆ 947 51 17: Bündner Küche und Weine, die wohl besten Capuns weit und breit. **Hotel Sax** ($–$$), ✆ 947 44 48: italienische Küche, im Herbst sehr gute Wildgerichte, Terrasse mit schöner Aussicht über das Rheintal. **Stiva Grischuna** ($–$$), ✆ 947 52 36: alte Bündner Stube mit einmaliger Ausstattung.

›Gold-Gusti‹ August Brändle, ✆ 0 79/611 03 45: Goldwaschen beim ›Camp Big Nugget‹, Verleih von Ausrüstungen zum Goldwaschen (Mai–Okt.).

Der letzte Ort am Vorderrhein ist **Sedrun,** ein wenig attraktives Straßendorf. Das Dorfmuseum La Truaisch

(Juli–Okt. Di, Fr, 1. So im Monat 15–18 Uhr) beherbergt neben dem üblichen Repertoire im Keller eine außergewöhnlich große Mineraliensammlung. Bergkristalle und Rauchquarze machen das Gros der sehr schönen Einzelstücke und teils riesigen Kristallstufen aus. Während die reichen Fundgebiete Anfang der 80er Jahre noch ca. 80 berufsmäßige Strahler anlockten, sind es heute in der gesamten Cadi nur noch etwa die Hälfte.

Auch eine weitere Ausstellung in Sedrun ist sehenswert: das Infozentrum AlpTransit (tägl. außer Di 10–12 u. 14–18 Uhr; Eintritt frei). Zunächst ist vielleicht kein Zusammenhang zwischen Sedrun und dem Gotthard-Basistunnel zu sehen, durch den etwa ab 2008 Hochgeschwindigkeitszüge mit 250 km/h von Altdorf nach Biasca flitzen sollen. Da der 57 km lange Tunnel aber in der Nähe des Ortes den Alpenhauptkamm unterquert, wird von Sedrun aus seit 1996 im Rahmen eines ›Zwischenangriffs‹ ein Teil des zentralen Stollens gebohrt. Dieses gigantische Projekt stellt das Infozentrum mit Hilfe vieler Modelle sehr anschaulich vor.

Sedrun Tourismus, 7188 Sedrun, ✆ 920 40 30, Fax 920 40 39.

Soliva ($$–$$$), ✆ 949 11 14, Fax 949 21 00: Mitte der 90er Jahre umgebaut, Zimmer mit Balkon, Sauna und Fitness. **La Cruna** ($$), ✆ 920 40 40, Fax 920 40 45: historisches Gasthaus, kürzlich umgebaut, familienfreundlich, mitten im Ort gelegen.

Hotel Cresta ($$), ✆ 949 10 93: oberhalb von Rueras bei der Talstation der Bergbahnen gelegen, viel Fisch, im Herbst sehr gute Wildküche. **Hotel Soliva** ($$), ✆ 949 11 14: Fisch, Capuns und Pizokel, preiswerte Mittagsmenüs. **Hotel Oberalp** ($$), ✆ 949 11 55: Bündnerstube, Gartenlokal unter hohen Bäumen.

Für Sportler hält Sedrun seit 1997 eine neue Attraktion bereit: den sehr geschickt in die Landschaft eingepaßten, unterhalb der Straße zum Oberalppass gelegenen **Golfplatz** (Golf Club Sedrun, ✆ 949 23 24). Zwar besteht er zur Zeit nur aus neun Löchern, doch ist er recht anspruchsvoll. Ein besonderes Highlight ist Loch 9, bei dem der Abschlag über den Vorderrhein erfolgt.

Bald darauf passiert man bei Tschamut das erste Haus am Rhein – übrigens wie das letzte, in Hoek van Holland, ein Gasthaus –, in dem 1874 Conrad Ferdinand Meyer seinen ›Jürg Jenatsch‹ (s. S. 31 ff.) vollendete. Die Straße schlängelt sich zunächst noch weiter leicht ansteigend am Hang entlang, überwindet dann aber in einigen Serpentinen das letzte Steilstück zur Paßhöhe des **Oberalppasses,** die gleichzeitig die Grenze zum Kanton Uri darstellt. Etwas unterhalb beginnt der Weg zum **Lai da Tuma** (Tomasee), in dessen Nähe sich die Rheinquelle befindet. Aber nicht nur diese Tatsache macht die Wanderung (2–2.30 Std.) lohnenswert, sondern der See liegt auch sehr malerisch in einem Kessel, von Bergzacken umgeben.

Die Hinter-rheintäler

Tal der Burgen und Schlösser – Das Domleschg

Durch die wilde Viamala

Fabeltiere und Bildgeschichten – Die Holzdecke von Zillis

Auf den Spuren der Walser – Splügen und das Rheinwald

Auf ins Tessin – Das Misox

Das ›Edelweisskirchlein‹ in Avers-Cresta liegt in einmaliger Lage an einem Steilabbruch

Die Hinterrheintäler

Auf seinem Weg nach Italien folgte schon Goethe dem Lauf des Hinterrheins und ließ sich von der wilden Landschaft beeindrucken. Domleschg, Schams, Rheinwald und Misox sind von jeher Täler, die vom Transitverkehr leben. Die Burgen des Domleschg sind noch Zeugen jener Zeit, und auch viele Dörfer haben ihren ursprünglichen Charakter bewahrt.

Das Domleschg

Kurz hinter Rhäzüns verengt sich das Tal, der Hinterrhein fließt durch eine Schlucht, an deren Ende sich das liebliche **Domleschg** öffnet. Die angeblich europaweit höchste Konzentration von Burgen auf relativ kleinem Raum – fast ausschließlich in Privatbesitz und nicht zu besichtigen oder zu Ruinen verfallen – erinnert an die Zeiten, als der rege Transitverkehr Raubrittern ein bequemes Auskommen sicherte. Heute ist das Domleschg – neben der Bündner Herrschaft und dem Prättigau – eines der wichtigsten Obstanbaugebiete des Kantons.

Als erster Höhepunkt – im wörtlichen Sinne – lockt **Feldis,** das nur auf spektakulärem Wege zu erreichen ist. Von Tomils schlängelt sich eine 8 km lange, schmale, größtenteils nicht asphaltierte Straße bergauf. Wem die abenteuerliche Fahrt mit dem eigenen Auto oder dem Postauto nicht Herausforderung genug ist, dem sei empfohlen, die 650 Höhenmeter mit dem Mountainbike zu überwinden. Eine bequemere, aber kaum weniger abenteuerliche Alternative stellt die nostalgische Seilbahn dar, die von Rhäzüns direkt hinauf in das malerisch auf eine Sonnenterrasse hingestreute Dorf führt. Von dem Bergrücken bietet sich eine sensationelle Aussicht über das gesamte Domleschg und in das vom Calanda und dem Flimserstein überragte Rheintal. Allein dieser Blick ist die beschwerliche Anfahrt wert.

Wer Zeit genug hat, sollte auf jeden Fall auf der Nebenstrecke durch das Domleschg fahren, die mehrere kleine Orte durchquert und dabei fast alle Burgen passiert. Wegen der

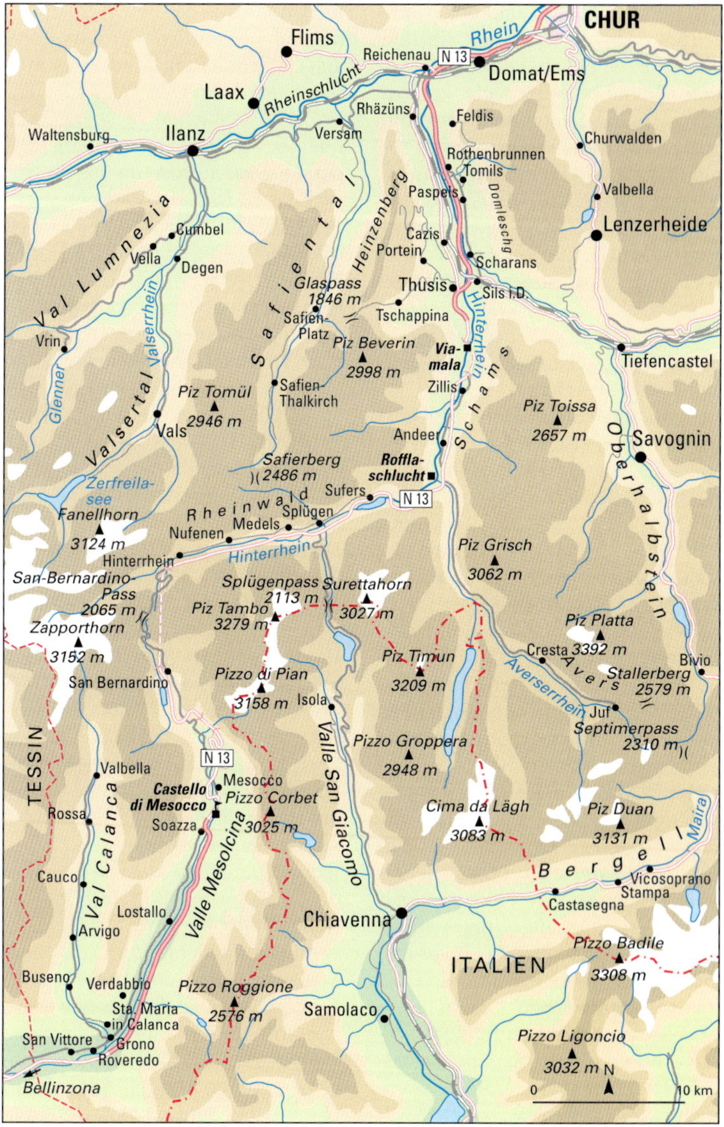
CHUR
Rhein
Flims
Reichenau
N 13
Domat/Ems
Laax
Rheinschlucht
Rhäzüns
Feldis
Waltensburg
Ilanz
Versam
Churwalden
Rothenbrunnen
Tomils
Safiental
Heinzenberg
Paspels
Domleschg
Valbella
Lenzerheide
Val Lumnezia
Cumbel
Vella
Degen
Cazis
Portein
Scharans
Glaspass
1846 m
Thusis
Sils i.D.
Safien-Platz
Tschappina
Hinterrhein
Vrin
Piz Beverin
2998 m
Via-mala
Tiefencastel
Glenner
Valserrhein
Safien-Thalkirch
Zillis
Schams
Valsertal
Piz Tomül
2946 m
Piz Toissa
2657 m
Vals
Andeer
Oberhalbstein
Savognin
Safierberg
2486 m
Roffla-schlucht
Zerfreila-see
Rheinwald
Sufers
N 13
Fanellhorn
3124 m
Splügen
Medels
Nufenen
Hinterrhein
Piz Grisch
3062 m
Hinterrhein
San-Bernardino-Pass
2065 m
Splügenpass
2113 m
Surettahorn
3027 m
Piz Tambo
3279 m
Zapporthorn
3152 m
Piz Platta
3392 m
Cresta
Avers
Piz Timun
3209 m
Bivio
Stallerberg
2579 m
San Bernardino
Pizzo di Pian
3158 m
Isola
Averserhein
Juf
Septimerpass
2310 m
TESSIN
Valle San Giacomo
Pizzo Groppera
2948 m
N 13
Valbella
Mesocco
Castello di Mesocco
Pizzo Corbet
3025 m
Cima da Lägh
3083 m
Piz Duan
3131 m
Maira
Rossa
Val Calanca
Soazza
Valle Mesolcina
Bergell
Cauco
Vicosoprano
Stampa
Castasegna
Lostallo
Chiavenna
Arvigo
Pizzo Badile
3308 m
ITALIEN
Buseno
Verdabbio
Pizzo Roggione
2576 m
Sta. Maria in Calanca
Samolaco
San Vittore
Grono
Roveredo
Pizzo Ligoncio
3032 m
N
Bellinzona
0
10 km

geringen Steigungen und des relativ schwachen Verkehrs bietet sie sich auch für eine Familienradtour an. Von Rothenbrunnen geht es zunächst an der Burgruine Innerjuvalt, an Schloss Ortenstein und dem romanischen Kirchlein Sogn Luregn mit gut erhaltenen Fresken (Schlüssel im Pfarrhaus von Paspels) vorbei nach **Paspels.** Neben Schloss Paspels und der Burgruine Alt-Sins lohnt vor allem das etwas oberhalb gelegene moderne Schulhaus einen Abstecher: Die beiden Schmalseiten sind mit Malereien von Robert Indermauer dekoriert, deren auffälligere eine Menschenpyramide darstellt, an deren Spitze ein Junge nach dem Regenbogen greift.

Oberhalb von Rodels liegt der Schauplatz einer der spektakulärsten Episoden der Bündner Geschichte: Auf **Schloss Rietberg** wurde 1621 Pompejus Planta unter Führung von Georg Jenatsch ermordet (s. S. 31 ff.). Von **Fürstenaubruck,** in dessen Zentrum ein auffällig mit Bibelszenen bemaltes modernes Haus steht, zweigt eine Straße nach **Scharans** ab. Mitten im Obstanbaugebiet hat sich hier viel vom ursprünglichen Dorfcharakter erhalten, doch sind einige der alten Häuser leider in relativ schlechtem Zustand. Hoch über dem Eingang zur Viamala thront am Talende die Burgruine **Hohenrätien** (Hoch Rialt), eine der größten Burganlagen Graubündens und Schauplatz von Conrad Ferdinand Meyers Novelle ›Die Richterin‹. Die erhaltenen Mauern stammen wohl größtenteils aus dem 12. Jh. Umfangreiche Rekonstruktionsmaßnahmen sollen der um 1400 aufgegebenen Burg wieder das Aussehen der damaligen Zeit verleihen.

Den westlichen Talhang des Domleschg, den **Heinzenberg,** soll der Duc de Rohan im 17. Jh. als »schönsten Berg der Welt« bezeichnet haben – trotz aller Schönheit doch ein wenig übertrieben ... Die kleinen Dörfer, die weit über den Hang verstreut liegen, kann man auf einem Tagesausflug am besten mit dem Mountainbike besuchen. Von den Sträßchen und Feldwegen bietet sich fast die ganze Zeit eine herrliche Aussicht über das Domleschg und ins Albulatal.

An der Hauptstraße im Tal liegt **Cazis,** das neben dem schlichten Frauenkloster seit 1998 ein neues Wahrzeichen hat: die moderne, aus drei eiförmigen Betonkörpern bestehende Kirche des Architekten Werner Schmidt. Von dort führt ein nur teilweise asphaltiertes Sträßchen ins 500 m höher gelegene **Präz,** einen kleinen Ort mit einigen älteren, wenn auch vielfach renovierungsbedürftigen Häusern. Etwa auf der gleichen Höhe liegt, gut 3 km weiter südlich, die nur 23 Einwohner zählende kleinste Gemeinde der Schweiz: **Portein.** Den besten Eindruck vom Heinzenberg vermittelt die Fahrt von Thusis über Masein, Flerden und Urmein nach Tschappina. Die Orte haben zwar allesamt keine herausragenden Kunstwerke zu bieten, doch machen die Lage und die Aussicht ins Domleschg das allemal wett. Für ambitionierte Mountainbiker bietet sich von Tschappina die Weiterfahrt zum Glaspass an, der hinüber in das wesentlich wildere Safiental führt (ab Thusis 14 km, 1100 Höhenmeter).

Thusis

Die meisten Besucher Graubündens kennen Thusis allenfalls als Verkehrsknotenpunkt, wo sich die Straßen über San-Bernardino- bzw. Splügenpass und Julier- bzw. Albulapass trennen und wo im Winter die Autoverladung ins Engadin erfolgt. Seiner zentralen Lage im Kanton verdankt der Ort auch das trotz der nur knapp 3000 Einwohner sehr städtische Gepräge, denn sein Einzugsgebiet umfaßt Albulatal und Oberhalbstein, die Hinterrheintäler und das Domleschg. Und so entspricht die Infrastruktur eher der einer Kleinstadt von 20 000 Einwohnern. Besonders in kultureller Hinsicht bietet Thusis viel: nicht nur das 1997 eröffnete, bislang einzige Frauenarchiv der Schweiz, sondern auch renommierte regionale Theater- und Filmfestspiele.

Seine sehr regelmäßige Anlage mit rechtwinkligem Ortskern und Schneisen zwischen den Häusern geht auf den großen Dorfbrand von 1845 zurück, dem nahezu die gesamte Bausubstanz zum Opfer fiel. So sind die originellsten Kunstwerke auch jüngeren Datums und stammen allesamt von Robert Indermauer: Bereits am Bahnhof wird man von drei lebensgroßen Plastiken im wahrsten Sinne des Wortes erwartet, bei Elektro Banzer (Untere Stallstrasse) schraubt ein Mann eine Glühbirne in die Fassung, und in der Kantonalbank (Neudorfstrasse) hat der Domleschger Künstler in unvergleichlicher Manier einen Treppenabgang für ein Gemälde genutzt.

Die ›Hauptattraktionen‹ von Thusis liegen in der unmittelbaren Umgebung: die legendäre Viamala und das burgenreiche Domleschg. Lohnend ist der einstündige Aufstieg zur Burgruine Obertagstein, der von einem Panorama über Domleschg und Heinzenberg honoriert wird. Als längere Variante bietet sich eine Wanderung vorbei an der Burgruine Hohenrätien zur Viamala an (ca. 2.30 Std.), die spektakulär, teils schwindelerregend oberhalb der Schlucht entlangführt.

Verkehrsverein Thusis, Neudorfstr. 70, 7430 Thusis, ✆ 651 11 34, Fax 651 25 63.

Weiss Kreuz ($$), ✆ 651 29 55, Fax 651 48 65: Velotel, Familienbetrieb mit freundlicher Atmosphäre.

TCS-Camping Via Mala, ✆ 651 24 72: im Wald, in der Nähe von Hinterrhein und Waldschwimmbad gelegen.

Canyoning Zentrum Thusis, ✆ 651 57 26: Canyoning in der Viamala (1 Std. Canyoning, gesamte Tour ca. 5–6 Std.).

Die Viamala

Vor 200 Jahren bezeichnete der englische Maler John Murray die Viamala als »erhabensten und gewaltigsten Hohlweg der Schweiz«. Ein wenig ist davon noch zu spüren, wenn man der alten Straße folgt, die sich über dem Hinterrhein durch die Schlucht windet, während die Autobahn geradlinig und mit zahlreichen Tunneln das Hindernis umgeht. Aber insgesamt ist wenig von dem Mythos übriggeblieben, der in Jahrhunderten durch die Berichte der Reisenden entstanden und von John Knittel in dem 1943 erschienenen gleichnamigen Roman ins Schauerlich-Triviale überhöht worden ist.

Vom Kiosk am Parkplatz (✆ 651 13 83; Ostern–Okt. 9–18 Uhr, Ju-

Die Viamala inspirierte Maler und Schriftsteller

li/Aug. 8–20 Uhr) führen 271 Stufen in die Tiefe bis fast zum Rhein hinunter, wo einige Strudeltöpfe zu sehen sind. Die betonierten Treppen und Galerien, die meistens von Menschenmassen bevölkert sind, nehmen der Viamala zwar das Bedrohliche, aber beeindruckend bleibt sie dennoch. Und mit etwas Phantasie kann man vielleicht auch nachempfinden, wie Leonhard Truog sie 1806 erlebte: »Ungeheure, steile, kahle Felsmassen, – riesenmässige, stolze Tannen, die von Stürmen bewegt, auf schwindelnden Höhen und in Abgründen schauerlich rauschen und schwanken! – Tief, im zerrissenen Schlunde brüllt der schäumende Rhein, der die verschiedensten Farben, in seinem Lauf und Fall darstellt! Wie muss dem Wanderer zu Muthe werden, wenn er hier von einer Gewitternacht überfallen wird, wenn fürchterliche Blitze diesen Schauplatz erhellen, und schnell folgende Donner die Grundfesten der Berge zu erschüttern scheinen! Wenn rollende Steinbrüche und der Kampf der Elemente seine Existenz bedrohen!«

Schon in römischer Zeit führte ein schmaler Weg mit Brücken und Galerien durch die Viamala, der aber erst im 15. Jh. so gut ausgebaut wurde, daß er mit Karren befahren werden konnte. Abenteuerlich blieb die Passage über Jahrhunderte, zumal immer wieder Bergrutsche Teile des ›üblen Weges‹ – so die Übersetzung des lateinischen Namens – mit sich rissen. Der Ausbau der Straße infolge der Hochwasserkatastrophe von 1834 machte dem ein Ende, obwohl auch seitdem immer wieder Menschen durch Unfälle in der Viamala ums Leben gekommen sind.

Das Schams (Val Schons)

An seinem oberen Ende weitet sich der enge Einschnitt der Viamala zu einem weiten, freundlichen Tal: dem Schams. Gleich der erste Ort, **Zillis,** hält eine Kostbarkeit bereit, die alleine schon eine Reise wert ist. Von außen schmucklos und durch zahlreiche Umbauten sehr merkwürdig in den Proportionen, weist die Pfarrkirche **St. Martin** eine bemalte romanische Holzdecke auf, die sich in ihrer Einzigartigkeit mit den Fresken des Klosters St. Johann in Müstair messen kann. Auf 153 Tafeln wird szenisch das Leben Christi geschildert, das aber erstaunlicherweise mit der Dornenkrönung abbricht, um einigen Darstellungen aus dem Leben des hl. Martin Platz einzuräumen. Gerahmt werden die beiden Zyklen von den Boten der Apokalypse: im Wasser lebende Fabelwesen und in den Eckfeldern Engel als Verkörperung der vier Winde. Bei der umfassenden Restaurierung 1938–1940 wurde nicht nur die Leuchtkraft der Malereien wiederhergestellt, sondern gleichzeitig wurde ›Ordnung geschaffen‹. Das war dadurch möglich, daß die Bildtafeln nicht fest am Gebälk montiert sind, sondern in Nuten laufen. So hatten sie schon um 1160 in der Werkstatt gemalt und später ausgebessert werden können. Dabei aber geriet offensichtlich auch so manches durcheinander. Um das unvergleichliche Kunstwerk zu konservieren, wird inzwischen das Raumklima mittels eines Lüftungssystems stabilisiert, und durch eine Verkleinerung der Kirchenfenster soll der Einfall schädlicher UV-Strahlung gemindert werden. Im Ort selbst wurde 1993 eigens die **Ausstellung Kirche Zillis** (✆ 661 22 55; April–Okt. tägl. 9–11.30 u. 13–17 Uhr) eröffnet, die anschaulich Konstruktion, Bemalung, Datierung, Symbolik und kulturellen Kontext der Bilderdecke erläutert.

ℹ **Verkehrsverein Zillis-Schamserberg,** 7432 Zillis, ✆ 661 21 21, Fax 661 21 20.

»Andeer isch andersch« – Dieser Slogan trifft nicht nur in bezug auf den Nachbarn Zillis zu, sondern er erscheint auch sonst durchaus angebracht. **Andeer** beeindruckt durch sein geschlossenes Ortsbild, in dem sich Bündner Behäbigkeit und italienische Eleganz zu einer ganz eigenen architektonischen Mischung vereinen. Der Reichtum – wie auch die neue Bauweise – kam mit dem Warenverkehr über den Splügenpass, konnte diesen aber mit Hilfe der Mineralquellen überdauern.

Schon seit dem 13. Jh. wird in Andeer gebadet, 1389 wurde das erste Badehaus errichtet, doch zur ersten Blüte kam es in dem Ort Ende des 19., Anfang des 20. Jh. Derzeit erlebt er dank des Wellness-Trends seinen zweiten Frühling. Das Schamser Heilbad (tägl. 8–21 Uhr) kann sich zwar nicht mit der Konkurrenz in Scuol oder Vals messen, doch gibt es kaum etwas Entspannenderes als sich im warmen Sprudelwasser zu aalen und dabei den Blick in die Bergwelt des Schams zu genießen. Umrahmt wird das Außenbecken von Andeerer Granit (Rofla-Gneis), dessen intensives Grün auch den sächsischen Landtag in Dresden verschönert.

Ob sich in Andeer tatsächlich, wie 1907 das ›Wiener Badeblatt‹ feststellte, »die ganze Romantik der Schweizerberge« konzentriert, sei dahingestellt, jedenfalls strahlt der Ort mit den kopfsteingepflasterten Gassen, den gepflegten Häusern und den bunten Gärten einen ruhigen Charme aus. Etwas versteckt hinter der Post liegt das prächtigste Sgraffito-Haus des Kantons, das eher im Unterengadin zu erwarten wäre. Wie eine Tapete bedecken Ornamente und Rankwerk die gesamte Nord- und Westseite des Hauses Padrun, erstere zieren außerdem die Wappen der Drei Bünde. Angesichts der breiten Fassade ist übrigens die geringe Tiefe des Gebäudes verblüffend.

Bemalte Holzdecke der Pfarrkirche St. Martin in Zillis

Prächtige Sgraffiti schmücken das Haus Padrun in Andeer

Etwa 3 km südlich von Andeer endet das Schams mit einer Viamala en miniature. Der Zutritt zur **Rofflaschlucht** (✆ 661 11 97; tägl. 8.30–23 Uhr) erfolgt durch das Restaurant des gleichnamigen Hotels. Mühsam schlug und sprengte der damalige Hotelbesitzer 1907–1914 die Galerie in den Fels, die schließlich hinter einem Wasserfall des Hinterrheins hindurchführt. Und so ist hier auch eher der Enthusiasmus des Wirts zu bewundern als ein grandioses Naturschauspiel.

Kur- und Verkehrsverein Andeer, 7440 Andeer, ✆ 661 18 77, Fax 661 10 80.

Fravi ($$$), ✆ 661 11 51, Fax 661 22 80: Haus mit langer Tradition, direkt neben dem Bad, gemütliche Zimmer mit viel Holz, behindertengerecht. **Weisses Kreuz** ($$), ✆ 661 15 22: einfaches Familienhotel, zentral, schöne Terrasse.

TCS-Camping Sut Baselgia, ✆ 661 14 53, Fax 661 10 80: nahe dem Hinterrhein.

Val Ferrera und Avers

Bei der Rofflaschlucht zweigt die Straße ins Val Ferrera und ins Avers ab – zwei Täler, wie sie unterschiedlicher kaum sein könnten. Zunächst führt sie, dem Averserrhein folgend, durch das eng eingeschnittene, stark bewaldete **Val Ferrera,** durchquert dabei zahlreiche Tunnel und passiert die beiden auf sonnigen Terrassen gelegenen Siedlungen Ausser- und Innerferrera. Hinter dem letzten Tunnel weichen die Hänge langsam zurück, und nach der Steilstufe bei Cröt wandelt sich die Landschaft deutlich.

Hier tritt der typische Charakter des **Avers** zutage: ein weites, baumloses Hochtal mit reicher Bergflora. Was bei schönem Wetter im Sommer vielleicht noch malerisch wirkt, wird im Winter öde und abweisend. Aber damit ist das Avers ein besonders gutes Beispiel für jene entlegenen, unwirtlichen Täler, die im 13. und 14. Jh. von den Walsern kolonisiert wurden (s. S. 121 ff.). Sie ließen sich in kleinen Siedlungen und Einzelgehöften nieder und lebten von der Viehwirtschaft. Herausragendes Bauwerk und inzwischen auch eine Art Wahrzeichen des Tals ist das ›Edelweisskirchlein‹ in **Avers-Cresta** (Schlüssel im Pfarrhaus). Angesichts seiner einmaligen Lage an einem Steilabbruch verblassen aber die künstlerischen Werte (Fresken der hll. Georg und Christophorus aus dem 15. Jh.) der im Kern romanischen Kirche mit untypischer, doch sehr reizvoller Turmhaube. Das **Podestatsch Hus,** das 1664 erbaute höchstgelegene Bürgerhaus der Alpen mit schönen Sgraffiti, macht einen stark renovierungsbedürftigen Eindruck. Ein weiterer Rekord wartet am Ende der Fahrstraße: die höchste rund ums Jahr bewohnte Siedlung Europas. Als Ort ist das 2126 m hoch gelegene **Avers-Juf** ein wenig enttäuschend – was vielen der Ausflügler, die hier voller Erwartung aus dem Auto steigen, auch deutlich anzusehen ist. Reizvoll ist Juf aber als Ausgangspunkt vieler langer Paßwanderungen ins Oberhalbstein, nach Maloja oder ins Bergell.

ⓘ **Verkehrsverein Avers,** 7447 Avers-Cresta, ✆ 667 11 67, Fax 667 12 02.

Splügen und das Rheinwald

Es hätte nicht viel gefehlt, und man könnte heute am Hinterrhein einen der größten Stauseen der Schweiz bewundern. Aber zum Glück scheiterte das Projekt Anfang der 40er Jahre am Widerstand der Bevölkerung, und Splügen, Nufenen und Medels verschwanden nicht unter dem Wasserspiegel. So blieb der Charakter des weiten, freundlichen Tals weitgehend unbeeinträchtigt – abgesehen von dem verhältnismäßig kleinen Stausee bei Sufers. Dies erscheint besonders bedeutend für die kulturelle Identität Graubündens, denn an den Sonnenhängen des **Rheinwald** liegen die ältesten Walsersiedlungen des Kantons.

Eine schweizweite Vorreiterrolle hat die Region in den letzten Jahren übernommen: Seit 1994 werden alle 50 landwirtschaftlichen Betriebe nach den Prinzipien des Bio-Landbaus bewirtschaftet, künstlicher

Dünger und chemische Herbizide sind tabu. Inzwischen haben sich Rheinwalder Bio-Käse und Natura Beef als qualitativ hochwertige Marken etabliert, die es beispielsweise bei der Milchzentrale und der Metzgerei Mengelt in Splügen zu kaufen gibt.

Der schönste und zugleich größte Ort des Rheinwald ist zweifelsohne **Splügen.** Ihm ist der Reichtum anzusehen, den bis ins späte 19. Jh. der Warenverkehr über Splügen- und San-Bernardino-Pass brachte. Nirgendwo sonst aber zeigte sich auch die fatale Abhängigkeit vom Saumhandel so deutlich, als die Kaufleute nach dem Bau der Gotthardbahnlinie andere Wege nach Italien einschlugen. Eine Auswanderungswelle nach Amerika belegte den wirtschaftlichen Niedergang. Die Eröffnung des San-Bernardino-Tunnels 1967 – damals die einzige wintersichere Nord-Süd-Verbindung der Schweiz – und der aufkeimende Tourismus brachten neuen Wohlstand, viele Häuser konnten wieder instandgesetzt werden, und zum Lohn erhielt Splügen für das intakte Ortsbild 1995 den Wakker-Preis verliehen. In der Tat ist der Kontrast zwischen den Susten und Patrizierhäusern der Familien Schorsch und Albertini im oberen und den Holzhäusern der Walser im unteren und westlichen Quartier reizvoll, die engen, kopfsteingepflasterten Gassen und die steinplattengedeckten Häuser im Ortskern harmonieren aufs Beste. Doch bei näherem Hinsehen zeigen sich immer noch deutlich Spuren des Verfalls – am offensichtlichsten am ältesten Schorsch-Haus, östlich des Sustenbaches.

Den zentralen Platz von Splügen, heute zum Parkplatz degradiert, beherrscht das 1722 erbaute Bodenhaus. Von seiner Nutzung als Hotel seit dem Ausbau des Splügenpasses zeugen illustre Namen im Gästebuch: Napoleon III., William Turner, Hans Christian Andersen, Friedrich Nietzsche, Michail Bakunin, Theodor Fontane, Conrad Ferdinand Meyer, Queen Victoria, Wilhelm Conrad Röntgen, Albert Einstein ... Goethe hingegen muß bei seiner Rückreise aus Italien 1788 in einem anderen Gasthof untergekommen sein.

Jenseits des Sustenbaches fallen am oberen Dorfrand die Schorsch- und Albertini-Häuser auf. Die prächtigen Susten, in denen die Waren umgeladen und gelagert wurden, entstanden nach dem Dorfbrand von 1716 und bilden ein sehr homogenes Ensemble. Das schönste der Schorsch-Häuser ist der ehemalige Palazzo des Johann Paul von Schorsch, in dem heute die Gemeindeverwaltung und das kleine Heimatmuseum Rheinwald (Weihnachten-April u. Juli–Mitte Okt. Di, Do, Sa 16–18 Uhr) untergebracht sind. Die Sammlung ist dem Verkehr über Splügen- und San-Bernardino-Pass gewidmet, zeigt Utensilien der Säumer und des Postwesens. In dieser Beschränkung liegt auch ihre Stärke. Ebenso sehenswert sind aber die Fresken und reichen Stukkaturen in der ersten Etage des Gebäudes.

Die Schorsch- und Albertini-Häuser in Splügen, davor typische Walserhäuser

Östlich des Sustenbaches steht das älteste der Schorsch-Häuser, das zwar den Dorfbrand überstand, sich heute aber in bemitleidenswertem Zustand befindet. Über dem Ort erhebt sich die schlichte Barockkirche, deren Inneres wegen des rundumlaufenden geschnitzten Gestühls (v. a. beiderseits des Eingangs sehr kunstvoll gearbeitet) sehenswert ist.

Seinen Reichtum verdankt Splügen dem gleichnamigen Paß. Vermutlich wurde er schon um 1000 v. Chr., sicher ab etwa 400 n. Chr. als Alpenübergang genutzt, und 966 überquerte ihn Otto I. bei seinem Italienzug. Seine Blütezeit erlebte der **Splügenpass** Anfang des 19. Jh., als ihn teilweise 400–500 Saumpferde pro Woche passierten. Auch nach dem Ausbau der Straße 1818–1823 war er der wichtigste und meistbenutzte Alpenpaß Graubündens. Zunächst verlor er dann durch die Eröffnung der Gotthardbahnlinie 1882 an Bedeutung, und auch heute führt er nur ein Schattendasein im Vergleich mit der Autobahn über den San Bernardino. Sehr beliebt ist er wegen seiner zahlreichen Kehren bei Motorradfahrern. Aber auch Nostalgiker haben den Übergang für sich entdeckt: 1994 wurde der historische Saumpfad wieder eröffnet und wird seitdem mit Maultieren begangen, bietet sich aber auch als Wanderweg an.

Splügen/Rheinwald Tourismus, 7435 Splügen, ✆ 650 90 30, Fax 650 90 31, E-Mail: info@splugen.ch.

Posthotel Bodenhaus ($$$), ✆ 650 90 90, Fax 650 90 99: Haus mit 175jähriger Tradition, doch etwas wechselhaftem Service. **Piz Tambo** ($$), ✆ 664 11 06, Fax 664 12 27: einfach, mitten im Ortskern. **Pratigiana** ($$), ✆ 664 11 01, Fax 664 12 88: gemütliche, mit viel Holz eingerichtete Zimmer.

Camping Auf dem Sand, ✆ 664 14 76: direkt am Hinterrhein.

Hotel Piz Tambo ($$), ✆ 664 11 06: gutbürgerliche Küche, gemütliche Gaststube, freundliche und gute Bedienung.

Wanderungen: Von Splügen auf dem in steilen Passagen gepflasterten historischen Saumpfad über den Splügenpass nach Isola; interessante Reise in die Vergangenheit, aber von der Paßhöhe keine Aussicht! (ca. 4.30 Std.; Rückfahrt mit dem Postauto)

Vom Ort Hinterrhein zur Quelle des Hinterrheins; anspruchsvolle Wanderung zum Ursprung des Rheins in der eindrucksvollen Moränenlandschaft unterhalb des Rheinwaldhorns. Achtung, häufig Sperrung des Weges wegen militärischer Schießübungen! (Hin- und Rückweg ca. 7.30 Std.)

Das Valle Mesolcina (Misox)

Am Ende des San-Bernardino-Tunnels, der 1967 den gleichnamigen Paß in die Bedeutungslosigkeit stürzte, liegt **San Bernardino.** Die alte Paßstraße wird zwar noch von einigen klassizistischen Häusern flankiert, die an den Stellenwert des Alpenübergangs im 19. Jh. erinnern. Heute bestimmen aber eher die in den 70er und 80er Jahren entstandenen Retortenbauten an der Peripherie das Bild der wichtigsten Skistation der italienischsprachigen Schweiz, die ihren Aufschwung der ganzjährigen Erreichbarkeit per Autobahn und Tunnel verdankt. Architektonisch hat der Ort, dessen bekanntester Bewohner mit Bart, Sonnenbrille und ›coolen‹ Sprüchen Werbung für Schokolade macht, wenig zu bieten. Das Innere der spätromanischen Kapelle San Bernardino mit Freskenschmuck ist leider nicht zugänglich, und die Neobarock- und Neorenaissance-Ausstattung der 1897 geweihten Rundkirche, die sich dominierend im Ortszentrum erhebt, ist durchaus Geschmackssache.

Ente turistico Pro San Bernardino, 6565 San Bernardino, ✆ 0 91/ 832 12 14, Fax 832 11 55.

Brocco e Posta ($$$), ✆ 0 91/832 11 05, Fax 832 13 42: gepflegter Gasthof aus dem frühen 19. Jh., Hallenbad, Sauna. **Ravizza National** ($), ✆ 0 91/832 12 72, Fax 832 17 97: Gasthof aus dem frühen 19. Jh., einfach, sehr preiswert.

Bei Mesocco erreichen die windungsreiche alte Paßstraße wie die geradlinige Autobahn, die nur zur Überbrückung der letzten Steilstufe einige Kehren benötigt, den Talboden des **Valle Mesolcina.** Das längste der Bündner Südtäler ist zugleich das ›italienischste‹, dem die Nähe zum Tessin deutlich anzumerken ist: Der Baustil der Häuser weist auf ihren Ursprung am Ende des Tals hin. Die Blockspeicher *(torbe)* und Ställe *(rustici)* erinnern sehr an das Valle Maggia bei Locarno, Grotti am Straßenrand und in den Rebbergen laden zum Weingenuß. Walnüsse und Eßkastanien, Essigbäume, Feigen und Granatäpfel zeugen von dem milden Klima, in dem bis in die 20er Jahre auch Seidenraupen gezüchtet wurden. 1997 geriet das Tal in die Schlagzeilen, als zunächst schwere Brände wüteten, die 450 ha Wald vernichteten, anschließend Unwetter und Erdrutsche die Verwüstung fortsetzten. Bei Sta. Maria im Val Calanca mußte auch der Rest des Waldes gerodet werden, um einer Borkenkäferinvasion vorzubeugen – die Spuren werden frühestens in 150 Jahren wieder beseitigt sein.

Mesocco selbst ist zwar wenig attraktiv, doch bietet sich von der reich barock ausgestatteten Kirche SS. Pietro e Paolo ein wundervoller Blick auf den Engpaß des Tals, den über Jahrhunderte eine mächtige Burganlage kontrollierte: Das **Castello di Mesocco** thront unterhalb des Ortes immer noch beeindrukkend auf einer Felsnase, doch sind von der einstigen Herrlichkeit nur noch Ruinen erhalten. Es wurde nicht etwa erobert, sondern 1526 von den Bündnern geschleift, um nicht Gefahr zu laufen, daß sich der Nimbus der Uneinnehmbarkeit eines Tages gegen sie kehren und sich ein von Süden vordringender Feind

Castello di Mesocco

– in erster Linie fürchtete man die Mailänder – hier festsetzen könnte. Beim Herumklettern auf den ungesicherten Mauerresten sollte man sich aber nicht zu sehr von der hervorragenden Aussicht ins untere Misox ablenken lassen. Unterhalb der Burg erhebt sich der sechsstöckige romanische Turm der Kirche Sta. Maria del Castello (Schlüssel bei der Gemeindeverwaltung), deren Inneres ein gut erhaltener spätromanischer Freskenzyklus schmückt.

Etwas abseits der alten Paßstraße liegt an einem steilen Hang **Soazza,** das einen wesentlich gepflegteren Eindruck als Mesocco macht. Von hier an zeigt sich das Typische des Misox: Der breite, flache Talboden wird eingefaßt von 1500–2000 m hohen Felswänden, Kastanien und Palmen verleihen der Vegetation ein südliches Gepräge.

Mit über 2000 Einwohnern ist **Roveredo** die größte Siedlung des Valle Mesolcina, zugleich südlichste Gemeinde Graubündens. Der städtische Charakter tritt besonders im Ortskern links der Moesa zutage, wo die Tische der Bars und Restaurants einladend auf der Straße stehen. Am oberen Ortsrand beginnen die ausgedehnten Kastanienwälder, in denen sich zahlreiche gemütliche Grotti verstecken, aber auch – am Beginn der Traversagna-Schlucht – die Barockkirche Madonna del Ponte Chiuso, die wohl üppigste ihrer Art im Misox.

Zwischen einigen kleinen Rebhängen liegt in **San Vittore** die Stiftskirche SS. Giovanni e Vittore, die, wie so viele Kirchen im Misox, eine reiche Barockausstattung mit üppigen Stukkaturen aufweist, darüber hinaus fällt an der Südwand ein großer Christophorus auf. Ein Unikum in der Schweiz ist die karolingische Rundkapelle San Lucio (nicht zugänglich). Der schlichte, weiße Bau mit schießschartenähnlichen Fenstern, dessen Innenraum nur einen Durchmesser von 3 m aufweist, erhebt sich auf einem Felsen direkt neben der Straße. Am Ortsende laden noch einmal einige Grotti zur Einkehr ein, bevor nach 3 km die Kantonsgrenze erreicht ist, wo bis 1965 noch ein Zollhäuschen stand. Von hier aus sind es noch 3 km bis nach Bellinzona, in die Hauptstadt des Tessins.

Organizzazione Regionale del Moesano, 6537 Grono, ✆ 0 91/820 38 10, Fax 820 38 12.

Al Cacciatore ($$), Soazza, ✆ 0 91/831 18 20 u. 831 18 69, Fax 831 19 79: historisches Gebäude mit antiken Möbeln, sehr gepflegtes, individuelles Hotel und Restaurant. **Santana** ($), Roveredo, ✆ 0 91/827 32 58: klein, ruhig am Rande der Kastanienwälder gelegen, Sauna, Fitneß.

Beer ($–$$), Mesocco, ✆ 0 91/831 12 82: hervorragende, unprätentiöse regionale Küche.

In Grono zweigt vom Misox das wilde, eng eingeschnittene **Val Calanca** ab, in dem sich ab und zu auf einer Hangterrasse ein Dörfchen um eine Kirche drängt. Hier ist alles viel ur-

Bogenbrücke in Arvigo

sprünglicher und bäuerlicher – ein kleines Paradies, in dem aber doch so manches Ferienhaus zu finden ist. Zahlreiche Wanderwege ziehen sich an den steilen, bewaldeten Hängen entlang und locken an schönen Wochenenden viele Ausflügler ins Tal. Von **Arvigo** mit seiner reizvollen Bogenbrücke aus Steinplatten führt eine kleine Gondelbahn in die Höhe. In der Nähe des Ortes wird Gneis gebrochen, der teilweise sogar exportiert wird und so einen Großteil der Arbeitsplätze des Tals sichert.

Die eigentliche Attraktion des Tales – und das schon seit über einem halben Jahrtausend – ist die Wallfahrtskirche **Sta. Maria Assunta,** hoch über dem Zusammenfluß von Calancasca und Moesa und damit eigentlich schon im Misox gelegen. Steil windet sich die Straße über Castaneda zu ihr und dem gleichnamigen Ort hinauf. Immer wieder wurde die Kirche umgebaut und die Ausstattung ergänzt, so daß sie heute gleichermaßen üppig wie stilistisch zusammengewürfelt ist, wobei jedoch Barockes dominiert – nennenswert auch die Renaissance-Kassettendecke. Oberhalb des Gotteshauses erhebt sich auf einem Felssporn die Torre di Sta. Maria, ein fünfeckiger Wohnturm, vermutlich aus dem 13. Jh. Von ihm schweift der Blick über Castaneda nach Grono, talaufwärts zum idyllisch zwischen Weinbergen liegenden Verdabbio und bis fast nach Lostallo. Alleine dieses Panorama lohnt den Ausflug nach Sta. Maria in Calanca.

Prättigau und Landschaft Davos

Der Obstgarten Graubündens – Das vordere und mittlere Prättigau

Kampf gegen die feindliche Bergwelt – Die Walser

Urlaub wie bei den Royals – Klosters

Kurort im Schatten des Zauberbergs und höchste Stadt Europas – Davos

Vom Panoramaweg bietet sich ein weiter Blick über Davos und den Davosersee

Das Prättigau

Schon im Spätmittelalter lockten die Mineralquellen Reisende ins Prättigau, doch lediglich Klosters hat sich zu einer Hochburg des Tourismus entwickelt. Obstgärten und Felder bestimmen weiterhin das Bild. Nirgendwo sonst haben die Walser so deutlich Landschaft und Orte geprägt.

Hinter der Chlus, einer Felsschlucht, die die Straße von Landquart mit Hilfe eines Tunnels überwindet, weitet sich das Tal: Verstreut liegen an den sanften Hängen Einzelgehöfte und kleine Dörfer, Getreidefelder und Obstbäume vervollständigen das Bild. Diese fruchtbare Landschaft, die schon in der Steinzeit Menschen anlockte, verdankt ihr heutiges Bild in erster Linie den Walsern (s. S. 121 ff.). Auf ihren Wanderung kamen sie im 13. Jh. ins Prättigau. Nirgendwo sonst in Graubünden ist ihre Kultur noch heute so hautnah zu spüren. Die Streusiedlungen im Tal von St. Antönien sind genauso typisch wie die Ortskerne von Jenaz oder Saas. Aber auch in fast allen anderen Orten finden sich alte Walserhäuser.

Das vordere Prättigau

Vom Talboden windet sich die Straße nach **Seewis** hinauf. Neben der Kirche mit ihrem Bleistiftturm fällt der heute als Schul- und Gemeindehaus genutzte ehemalige Salis-Palast mit achteckiger Dachlaterne auf. Das Kur- und Rehabilitationszentrum erinnert an die große Zeit des Ortes: Noch bis Anfang des 20. Jh. kamen viele Tuberkulosekranke hierher, um sich auf 950 m Höhe zu akklimatisieren, bevor sie zur Kur ins 1550 m hoch gelegene Davos weiterreisten. Lohnenswert ist der kurze Spaziergang auf den Pastoglia-Hügel, von dem sich ein herrliches Panorama bietet: im Norden, hinter dem in eine Mulde geschmiegten Ort, der massige Felsriegel der Schesaplana, im Osten das gesamte vordere und mittlere Prättigau und im Westen schließlich jene bewaldete Bergkette, die das Prättigau vom Bündner Rheintal trennt.

Die Hauptstraße in **Grüsch** wird von vier herrschaftlichen Häusern der Familien von Salis, von Ott und Sprecher von Bernegg aus dem 16. und 17. Jh. flankiert. Neben der Kirche, deren Turm sich als Campanile jenseits der Straße nach Fanas er-

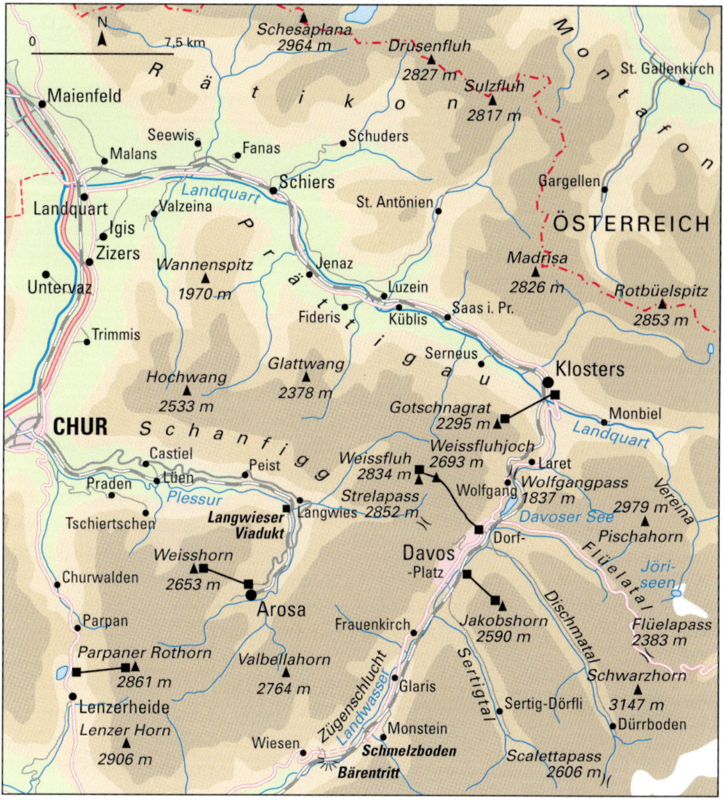

Prättigau und Landschaft Davos

hebt, steht das Haus Zum Rosengarten. In dem prachtvollen Doppelhaus (um 1650) sind heute das Prättigauer Talmuseum (✆ 325 16 82; Sa–So 14–17 Uhr) sowie ein Kulturzentrum untergebracht. Den Balkon über dem Eingang und die doppelte Freitreppe schmücken kunstvoll verschlungene schmiedeeiserne Geländer. Direkt nebenan befindet sich im Pfruondhaus (1699) mit seinem auffälligen Türmchen die Gemeindekanzlei. Schräg gegenüber fällt der Blick auf das wohl schönste der vier Häuser: das heutige Hotel Krone (1537) mit dem bunten, gedrehten Dachgebälk und teils illusionistischer Bemalung – besonders originell der ›Hausgeist‹, der aus einem kleinen Fenster über dem Eingang schaut. Etwas abseits steht das Hohe Haus (um 1590), das sich, trotz der architektonischen Ähnlichkeit zur Krone, nicht mit dieser messen kann, da es sich in einem sehr bemitleidenswerten Zustand befindet.

Oberhalb von Grüsch liegt inmitten der Wiesen **Fanas** – als Wandergebiet noch ein Geheimtip. Den Dorfplatz ziert das Sprecherhaus, ein Doppelhaus im Walserstil mit einem teilweise gemauerten Mittelteil, dunklen Balken und Fassadenbemalung. Für Mountainbiker und abenteuerlustige Autofahrer bietet sich von Fanas die Fahrt auf einer schmalen Alpstraße, zunächst durch Wiesen, dann durch den Wald, Richtung Schuders an.

Verkehrsverein Grüsch, 7214 Grüsch, ✆ 325 19 63, Fax 325 32 45.

Krone ($$$), Grüsch, ✆ 325 24 00, Fax 325 10 33: klein, aber fein; prächtiges Herrenhaus aus dem 17. Jh., fünf geschmackvolle Zimmer, moderne Einrichtung sehr gut in die historischen Räume integriert, jeder Raum mit eigenem Charakter; mehrere Prättigauer Stuben. **Hitsch-Huus** ($$–$$$), Fanas, ✆ 325 14 19, Fax 325 32 44: kleines Hotel mit ökologischer Ausrichtung (Warmwassergewinnung durch Solarenergie etc.), ausgezeichnet mit dem Siegel Öko Grischun; sehr engagierter Wirt; Restaurant mit biologischer Küche, Fleisch vom eigenen Hof.

Das mittlere Prättigau

Das schönste und typischste Prättigauer Dorf ist **Jenaz.** Besonders in den verwinkelten Gassen des oberen Ortsteils stehen zahlreiche, teilweise über 300 Jahre alte Walserhäuser in der charakteristischen Strickbauweise, mit gemauerten Sockeln und Küchentrakten. Besonders reizvoll ist ein Rundgang, wenn im Sommer die Balkons vor Geranien überquellen.

Welch ein Gegensatz dazu in **Fideris,** wo kaum etwas an die Walser erinnert. Im Ortskern haben einige stattliche Häuser den Prättigauer Freiheitskampf gegen die österreichische Herrschaft im Jahr 1622 überdauert, als die Habsburger knapp 100 Jahre nach der Reformation wieder den Katholizismus etablieren wollten. Den großzügigen Dorfplatz, der von einer uralten Linde beschattet wird, flankieren als gute Beispiele der Ritterhof und das Gasthaus zum Platz; besonders letzteres besticht durch eine schöne Bemalung. Ebenfalls originell dekoriert – darunter eine sehr schöne Version der Wappen der Drei Bünde – ist das angeblich auf das Jahr 1036 zurückgehende Haus Gujan, in dem die Raiffeisenkasse ihr Domizil bezogen hat. Wie bei den beiden anderen genannten, setzen auch bei ihm die bunten Fensterläden zusätzliche Farbtupfer.

Über Luzein und Pany führt die Straße von Küblis in das Tal von **St. Antönien,** aus dessen weiten, sanf-

Kolonisten im Hochgebirge

Die Walser

Kaum eine andere Bevölkerungsgruppe hat den gesamten Alpenraum so stark geprägt wie die Walser. In einem Gebiet von etwa 300 km Länge, das vom Rhonetal im Westen bis nach Vorarlberg im Osten reicht, haben sie sich niedergelassen, etwa 150 Orte lassen sich heute aufgrund ihrer Anlage oder Architektur als Walsersiedlungen charakterisieren. Ihre Bewohner aber haben sich längst eingegliedert und akkulturiert, ›den Walser‹ gibt es nicht mehr.

Was war das für ein Volk, das eine solche Leistung vollbrachte? Die Geschichte der hochmittelalterlichen Völkerwanderung begann im oberen Rhonetal, dem Goms. Ende des 12. Jh. wurde das karge Tal zu eng, viele der deutschsprachigen Bewohner mußten, um nicht zu verhungern, in andere Regionen abwandern. Dabei drangen sie größtenteils in Bereiche vor, die noch nicht besiedelt waren, da dort keine Existenz möglich zu sein schien. So ließen sie sich im Rhonetal hinab bis nach Leuk und in den Vispertälern bis nach Zermatt und Saas Fee nieder. Von dort stießen sie noch weiter in die hochgelegenen Seitentäler des Aostatales vor. Eine zweite Gruppe wandte sich nach Osten und erreichte über den Furkapass die Surselva. Eine dritte schließlich wanderte erst ins italienische Val Formazza, dann durch das Valle Maggia – wo sich noch heute die deutschsprachige Enklave Bosco Gurin befindet – und das Misox hinüber an den Hinterrhein und weiter nach Davos. So kam es, daß sich, unabhängig voneinander, etwa Mitte des 13. Jh. in Obersaxen, im Rheinwald und in der Landschaft Davos die ersten Walser niederließen.

Die Wanderung, die sich über mehrere Jahrzehnte hinzog, war aber nicht nur eine Flucht vor dem Hunger und der Überbevölkerung, sondern gleichzeitig ein Aufbruch in eine bessere, auch freiere Zukunft. Die Walser wanderten nämlich nicht nur planlos umher, sondern sie folgten dem Ruf verschiedener Feudalherren und ließen sich dort nieder, wo ihnen mehr als nur Land geboten wurde. In der Regel verdrängten sie nicht eine einheimische Bevölkerung, sondern erschlossen vollkommen neue Gebiete. Dies war ihnen möglich, da sie Viehwirtschaft betrieben und nicht Getreideanbau, wodurch sie auch in Lagen oberhalb von 1500 m noch ihr Auskommen finden konnten.

Von den lokalen Machthabern wurden sie so bereitwillig aufgenommen, weil sie nicht nur entlegene Ecken erschlossen, sondern zugleich

Territorien konsolidierten. Als Gegenleistung erhielten die neuen Kolonisten dafür von Grundherren wie dem Freiherrn Walter von Vaz im Rheinwald umfangreiche Rechte zugesichert: Sie konnten sich weitgehend selbst verwalten und selbst die Gerichtsbarkeit ausüben, hatten nur geringe Abgaben zu leisten und konnten ihr Hab und Gut frei vererben. Nachdem sie zunächst im Rheinwald seßhaft geworden waren, zog ein Teil der Walser bald weiter und drang ins Avers, ins Safien- und ins Valsertal vor. Von Davos aus wurde das gesamte Prättigau und, über den Strelapass, das Schanfigg besiedelt. So hatten sich die Walser Ende des Mittelalters, nicht den breiten Tälern folgend, sondern immer wieder ab-

Typisches Walserhaus in Saas

ten Wiesen jäh die schroffen Felswände von Sulzfluh, Schijenflue und Rätschenflue aufsteigen. Ende des 13. Jh. siedelten sich hier die Walser an und drückten der Natur ihren Stempel auf: Der Wald wurde größtenteils abgeholzt, um Viehweiden und Bauholz für die verstreuten Einzelgehöfte zu gewinnen, die heute das Landschaftsbild bestimmen. Doch die Erschließung hatte ihren Preis: Ungehindert konnten jetzt Lawinen zu Tal gehen, gegen die man die Häuser zu schützen suchte, indem sie bergseitig mit Lawinenkeilen versehen wurden. Dies

gelegene Pässe nutzend, über fast ganz Graubünden ausgebreitet. Und was ist davon übriggeblieben?

Während Obersaxen bis heute eine deutschsprachige Insel im romanischen Sprachraum geblieben ist, entwickelten sich das Rheinwald und Davos zu Keimzellen neuer Siedlungsbewegungen. Diesen Ursprung sieht man Davos heute kaum noch an, und auch in Obersaxen erinnern nur die weit über die Hangterrasse verstreuten Gehöfte und Siedlungskerne an die Entstehung im 13. Jh. Dahingegen hat sich besonders Splügen seinen Charakter weitgehend bewahren können, sonnenverbrannte, ›gestrickte‹ Holzhäuser bestimmen das Ortsbild. Am deutlichsten auf die Besiedlung einer Region durch Walser verweisen die Anlagen der Dörfer – die eigentlich gar keine sind. Locker sind die Einzelhöfe über die Hänge verstreut, um einen möglichst direkten Zugang auf die Weiden zu gewährleisten, wie man es idealtypisch im Rheinwald, in St. Antönien, aber auch im Randbereich von Klosters sehen kann. Auch die Häuser verweisen auf ihre Bauherren. Zwar lassen sie sich nicht einem einheitlichen Typus zuordnen, doch ist ihnen besonders ein Charakteristikum gemeinsam: die ›gestrickte‹ Blockbauweise aus Kanthölzern, die nur von der gemauerten Küchenecke durchbrochen wird.

Ihre ursprüngliche Sprache, das Walserdeutsch, hat sich nur dort als Dialekt bis heute erhalten, wo es nicht mit dem Hochdeutschen in Berührung kam, d. h. in erster Linie in den Sprachinseln der Surselva: Obersaxen, Valsertal und Safiental. Um das Sprach- und Kulturgut der Walser zu schützen und vor dem Untergang zu bewahren, wurde 1960 die Walservereinigung Graubünden (WVG) gegründet, die auch internationale Walsertreffen durchführt. Vielleicht kann sie die Sprache zwar retten, aus dem täglichen Leben wird sie aber wahrscheinlich immer stärker verschwinden. Überleben werden hingegen mit Sicherheit die stattlichen Holzhäuser, die teilweise schon seit Jahrhunderten Wind und Sonne, Regen und Schnee trotzen.

ist besonders gut in der Umgebung des kleinen Ortskerns von St. Antönien zu sehen. Erst in den 60er Jahren wurde neuer Bannwald aufgeforstet, gleichzeitig die Lawinenverbauungen errichtet, die jetzt die oberen Bereiche der Hänge ›zieren‹.

Das ›Zentrum‹ von St. Antönien besteht nur aus wenigen Häusern, die sich um ein spätgotisches Kirchlein mit unverputztem Turm scharen. Als Überraschung birgt der Innenraum ein hölzernes, ornamental bemaltes Tonnengewölbe und eine kleine barocke Orgel. Gegenüber

Streusiedlung in St. Antönien

der Kirche ist seit 1993 das kleine Talmuseum Poscht Chäller (in der Saison Mi, Sa 15–17 Uhr) untergebracht, das u. a. Beispiele lokaler Keramik zeigt.

Die bizarren Dolomitberge bilden nicht nur die reizvolle Kulisse eines schönen Wander- und Mountainbikegebietes, sondern im Laufe von Jahrmillionen hat das Wasser auch ein etwa 10 km langes Höhlenlabyrinth in das Kalkgestein gefressen, das auf geführten Ganztageswanderungen zu besichtigen ist. In den Sulzfluhhöhlen wurden die 50 000 Jahre alten Knochen von Höhlenbären gefunden, die im Talmuseum zu sehen sind.

Zwar sind auch in **Saas** etliche typische Prättigauer Häuser mit Spruchbändern an den Giebelseiten zu finden, doch können sie in der Gesamtheit kaum mit Jenaz konkurrieren. Schuld daran trägt nicht zuletzt die Kantonsstraße, die den Ortskern noch auf Jahre zerschneidet, denn erst um 2004 soll mit der konkreten Planung einer Umgehung begonnen werden – Klosters und Flims genießen Priorität.

St. Antönien Tourismus, 7246 St. Antönien, ✆/Fax 332 32 33.

Madrisajoch ($–$$), St. Antönien, ✆/Fax 332 12 06: kleines Hotel im Ortszentrum, Zimmer mit Balkon, kürzlich renoviert.

Hotel Rhätia ($–$$), St. Antönien, ✆ 332 13 61: Walser- und Bündner Spezialitäten, schöne Sonnenterrasse.

Swiss Bike Masters in Küblis (Juli): eines der härtesten Mountainbikerennen der Welt, 120 km mit 5000 m Höhenunterschied.

Klosters und das hintere Prättigau

Klosters, das aus den sieben Fraktionen Klosters-Platz und -Dorf, Selfranga, Aeuja, Monbiel, Serneus und Mezzaselva besteht, erhielt seinen Namen von einem Kloster, das Churwaldener Mönche zwischen 1208 und 1222 errichteten, Anfang des 16. Jh. jedoch wieder aufgaben. Ende des 13. Jh. ließen sich im hinteren Prättigau die Walser nieder, deren Spuren sich in Sprache, Architektur und Siedlungsform (z. B. in Monbiel, Aeuja) erhalten haben. Bereits im Spätmittelalter setzte in weiten Teilen des Prättigaus der ›Badetourismus‹ ein, der sich jedoch nur in Serneus bis heute hat halten können, während Orte wie Fideris und Jenaz wieder im Dornröschenschlaf versanken. Obwohl in Serneus eine der beiden Thermalquellen des Kantons sprudelt, hat das Schwefelheilbad noch nicht den Schritt ins ›Wellness-Zeitalter‹ vollzogen.

Eine deutliche Aufwertung wird Klosters in den nächsten Jahren durch den Bau der Ortsumgehung und des Vereinatunnels erfahren. Letzterer soll ab Ende 1999 das Prättigau per Bahn wintersicher mit dem Unterengadin verbinden und Klosters zu einem Verkehrsknotenpunkt machen. Und trotzdem wird davon im Ort selber nicht viel zu spüren sein, denn der Transitverkehr soll ab 2007 durch das 500-Mio.-Franken-Projekt Gotschnatunnel fließen und das Zentrum entlasten, das derzeit sehr unter der Kantonsstraße leidet.

Einziger noch bestehender Teil des Klosters St. Jakob ist der romanische Turm der **Reformierten Kirche** mitten in Klosters-Platz, dessen Bruchsteinmauerwerk seit 1831 ein bunt ummaltes Zifferblatt schmückt. Sehenswert ist das Kircheninnere, obwohl der größte Teil der Ausstattung, darunter die Kassettendecke mit ornamentaler Verzierung, aus den 20er Jahren stammt. Im Chor haben sich zwischen den Kreuzrippen spätgotische Freskenfragmente erhalten, die biblische Figuren zeigen. In leuchtenden Blau-, Gelb- und Rottönen hat Augusto Giacometti die Chorfenster Jakobs Traum von der Himmelsleiter gewidmet. Ihre ganze Pracht kommt nicht nur bei hellem Sonnenschein zum Tragen, sondern auch nachts, wenn die Glasmalereien von innen angestrahlt werden. Ein weiteres Kleinod birgt das Gotteshaus erst seit 1994: Die 1686 entstandene Orgel (auf der rechten Seitenempore) ist nächst dem Jenazer Orgelpositiv (heute im Rätischen Museum in Chur) aus dem 16. Jh. die zweitälteste im Kanton. Das einzige erhaltene Werk des vor allem im Bodenseeraum tätigen Meisters Elias Köberle, das sich vor der Restaurierung in der Kirche von Serneus befand, wird übrigens im Stehen gespielt.

Auf dem Platz vor der Kirche erhebt sich ein hübscher Steinbockbrunnen, den die Straße vom Haus Jeuch trennt. Dieses 1680 erbaute Walserhaus, das früher als Rathaus diente, ist nur eines von mehreren typischen Beispielen der Prättigauer Architektur in Klosters-Platz. Allesamt werden sie aber von der Kantonsstraße beeinträchtigt, die verhindert, daß das Ortszentrum ein eigenes Flair entwickelt.

Eines der schönsten Bündner Heimatmuseen ist an der Straße nach Monbiel zu besichtigen: das **Nutli-Hüschi** (Ende Juni–Mitte Okt. u. Ende Dez.–Mitte April Mi, Fr 16–18 Uhr). Alleine der 1565 enstandene Baukörper mit Laube ist schon sehenswert. Bis 1918 bewohnt, wurde er Balken für Balken 100 m weit an die heutige Stelle ›umgesiedelt‹, wo er seit 1925 als Museum zugänglich ist. Die Aufteilung des Erdgeschosses in Vorhaus, Stube und Küche ist typisch für das Prättigau. Die Ausstellungsstücke, von der unkonventionellen, Guillotine-artigen Mausefalle bis hin zur Prunktruhe, sind allesamt aussagekräftig beschriftet. Seit 1997 ergänzt ein 200 Jahre alter Prättigauer Stall, der vorher in Monbiel gestanden hatte, das Museum. In seinem Erdgeschoß wurden Zimmermannswerkstatt und Viehstall eingerichtet, der Heuboden dient wechselnden Ausstellungen. Interessant sind die unterschiedlichen Formen des Blockbaus bei Haus und Stall: hie die ›gestrickte‹ Bauweise mit Kanthölzern, dort die ›ufgetrölten‹ Rundhölzer.

Malerisch an einem Bach nahe der Monbielerstrasse liegt die kleine **Untere Rohrmühle** (im Sommer unregelmäßig Vorführungen). Die letzte erhaltene Klosterser Mühle war bis 1918 in Betrieb, doch wurde bereits im 19. Jh. nur in Krisenzeiten rund um Klosters Getreide angebaut, da auf 1200 m Höhe die Bedingungen dafür eigentlich zu ungünstig sind.

Etwa 3 km auswärts von Klosters liegt **Monbiel.** Bereits auf dem Weg dorthin passiert die Straße viele alte, in den Wiesen verstreute Walserhäuser, in dem kleinen Ort selbst stehen einige schöne Speicher. Lohnenswert ist der Abstecher aber nicht nur wegen der ländlichen Siedlung, sondern hier beginnt auch ein reizvolles Wander- und Mountainbikegebiet. Einen ersten Eindruck vermittelt ein Spaziergang entlang der Landquart zu vier Skulpturen des Mexikaners Juan Ríos Ce-Acatl, die die vier Elemente versinnbildlichen (Hin- und Rückweg 1.30–2 Std.). Monbiel ist aber auch Ausgangspunkt für hochalpine Touren ins Silvretta-Gebiet, auf die Dreitausender um den Piz Buin.

Aber nicht nur Alpinisten, Wanderer und Mountainbiker finden in Klosters ein reiches Betätigungsfeld, sondern auch sonst bietet der Ort eine reiche Auswahl an Sportmöglichkeiten – angefangen beim Sportzentrum mit Schwimmbad und Kunsteisbahn an der Landquart. Einen

Superlativ bietet die Downhill-Strecke vom Weissfluhjoch nach Klosters hinunter: auf 14 km Länge 1463 m Höhendifferenz. Im Winter ist sie übrigens die längste Abfahrt des Skigebiets Gotschna/Parsenn, das hinüber nach Davos führt und damit eines der größten und attraktivsten des Kantons darstellt. Ein Ausflug auf den Gotschnagrat ist nicht nur wegen der hervorragenden Aussicht in die Silvretta-Gruppe zu empfehlen, sondern hier finden auch Paraglider einen idealen Startplatz, um stundenlang über den Hängen des Prättigaus zu kreisen.

Kur- und Verkehrsverein Klosters, 7250 Klosters, ✆ 410 20 20, Fax 410 20 10, E-Mail: info@klosters.ch.

Romantik-Hotel Chesa Grischuna ($$$$), Klosters-Platz, ✆ 422 22 22, Fax 422 22 25: alter Landgasthof mit individueller Einrichtung, persönliche Leitung, zentrale, aber ruhige Lage. **Pardenn** ($$$$), Klosters-Platz, ✆ 422 11 41, Fax 422 40 06: altes Haus mit parkähnlicher Anlage, ruhige Lage, breite Balkone, 10 x 20 m großes Hallenbad. **Albeina Sporthotel** ($$$), Klosters-Dorf, ✆ 423 21 00, Fax 421 21 21: Sporthotel mit umfassendem Angebot, ruhig am Ortsrand gelegen, angenehme Atmosphäre. **Bad Serneus** ($$$), Serneus, ✆ 422 14 44, Fax 422 22 51: Kurhotel mit Thermalbad und Gesundheitszentrum, ruhige Lage, vielseitiges Angebot. **Rustico** ($$), Klosters-Platz, ✆ 422 12 12, Fax 422 53 55: klein, aber fein, sehr persönlicher Service; kleine, gemütliche Zimmer. **Silvapina** ($$), Klosters-Dorf, ✆ 422 14 68, Fax 422 40 78: gemütliches Familienhotel, Sauna. **Malein** ($), Klosters-Platz, ✆ 422 10 88: einfache Pension. **Chesa Selfranga** ($), Selfranga, ✆ 422 12 55, Fax 422 48 80: v. a. jüngere Gäste, sehr einfach, Mehrbettzimmer.

Jugendherberge Soldanella, Klosters-Platz, ✆ 422 13 16, Fax 4 22 52 09: ruhig oberhalb des Ortes gelegen.

Hotel Alte Post ($$–$$$), Aeuja, ✆ 422 17 16: eigene Lachsräucherei, Lachsmenü; ausgezeichnete Küche mit selbst hergestellten Produkten; Do spezielle Lachsdegustation. **Hotel Chesa Grischuna** ($$–$$$), Klosters-Platz, ✆ 422 22 22: ausgezeichnete internationale Küche, viel Fisch. **Höhwald** ($–$$), Monbiel, ✆ 422 30 45: große getäfelte Gaststube, Bündner Spezialitäten. **Hotel Sonne** ($–$$), Klosters-Platz, ✆ 422 13 49: gemütliche Beiz in typischem Walserhaus, charmante Bedienung. **Al Berto** ($), Klosters-Dorf, ✆ 423 21 20: Pizzeria an der Talstation der Madrisa-Bahn, junges Publikum. **Gotschna** ($), Serneus, ✆ 422 14 28: reiche Auswahl an Bündner Spezialitäten, toskanische Küche, gemütliche Gaststube.

Wanderung: Von Monbiel, vorbei am Berghaus Vereina zu den einmalig gelegenen, leuchtendblauen und -grünen Jöriseen; Abstieg zur Flüela-Paßstraße, von dort Rückfahrt mit dem Postauto nach Klosters (ca. 6.30 Std.).

Die Landschaft Davos

Die einstige Walsersiedlung Davos hat sich in den letzten hundert Jahren zu einem Städtchen mit Weltruhm gewandelt. Wo es früher nur Kranke hinzog, tagt heute das Weltwirtschaftsforum, floriert ein buntes kulturelles und gastronomisches Angebot. Die Seitentäler aber haben ihren ursprünglichen Charakter bewahrt, und auch in der Bergwelt finden sich noch hie und da unberührte Ecken.

Davos

Die Landschaft Davos ist nach Bagnes im Wallis mit einer Fläche von 254 km^2 die zweitgrößte Gemeinde der Schweiz und übertrifft von der Ausdehnung her sogar den Kanton Zug oder die Stadt Frankfurt am Main. Sie erstreckt sich über nahezu das gesamte Einzugsgebiet des Landwassers. Dieser Fluß entwässerte früher ins Prättigau, doch durch den Bergsturz von Davos-Wolfgang wurde ihm vor etwa 12 000 Jahren dieser Weg versperrt, seine Fließrichtung kehrte sich um, und die Wasserscheide verschob sich von Glaris auf den Wolfgang.

Mitte des 13. Jh. besiedelten Walser das Tal und machten es urbar, wofür ihnen ein Lehnsbrief Walters von Vaz aus dem Jahr 1289 recht große Freiheiten zusicherte. Der Aufstieg der heute 11 500 Einwohner zählenden ›Sonnenstadt im Hochgebirge‹ ist eng verbunden mit dem Namen Alexander Spengler. 1853 kam der deutsche Arzt nach Davos, entdeckte die heilsame Wirkung der trockenen Hochgebirgsluft – besonders im nebelarmen, windstillen, sonnigen Winter – und erreichte ab 1860 erste Erfolge bei der Behandlung von Tuberkulosekranken. In den folgenden Jahrzehnten taten der Ausbau der Straßen durchs Prättigau (1860) und durch die Zügenschlucht (1873) sowie der Bau der Bahnlinien nach Klosters (1890) und Filisur (1909) ein Übriges. Davos wurde zum weltbekannten Kurort, den Thomas Mann in seinem ›Zauberberg‹ verewigte.

Doch die Fortschritte in der medikamentösen Behandlung der Tuberkulose führten zu einem Wandel: In den 50er und 60er Jahren entwickelte sich der Kurort immer mehr zum Sportort, durch die Eröffnung des Kongreßzentrums 1969 auch zum Tagungsort. Diese drei Funktionen stehen heute nebeneinander als Stützen der lokalen Wirtschaft. Immer noch haben mehrere renommierte Kliniken ihren Sitz im Landwassertal. Im Zentrum der Forschung stehen Erkrankungen der Atemwege, allergische und dermatologische Beschwerden. Die zahlreichen, großenteils medizinischen Tagungen haben die Abhängigkeit vom Tourismus gemindert und dazu geführt, daß auch in den ansonsten ›toten‹ Monaten Mai und November in Davos etwas los ist. Der wichtigste Kongreß, die Jahrestagung des Weltwirtschaftsforums, lockt alljährlich Ende Januar, Anfang Februar die Mächtigen dieser Welt ins Gebirge. Ein weiteres Aushängeschild der ›höchsten Stadt Europas‹ ist das 1996 eröffnete neue Sportzentrum mit Eisstadion, Tartanbahn, offener Kunsteisbahn und medizinischen Einrichtungen – die bestausgestattete Anlage Europas für ein professionelles Höhentraining.

Doch all das hat auch seine negativen Seiten. Davos hat eine Größe erreicht, bei der eine weitere Expansion den Erholungswert der Umgebung – immer noch das wichtigste Kapital – beeinträchtigen würde. Der Verkehrsinfarkt wurde immerhin abgewendet, indem das lokale Busnetz ausgebaut und den Gästen durch die Benutzung zum Nulltarif schmackhaft gemacht wurde. Auch viele Hotels haben ihr ›grünes Gewissen‹ entdeckt und verwenden größtenteils heimische Produkte, wie z. B. Milchprodukte aus der örtlichen Molkerei.

Blick über den Davosersee auf Davos

Davos ist keine Schönheit, doch es hat Charakter. Architektonische Kostbarkeiten sind eher rar, im Stadtbild dominieren die Flachdächer. Sie haben ihren Ursprung in den Kliniken, wo so Ruhebalkons bis ins oberste Stockwerk Platz fanden. Dieser typische Baustil setzte sich besonders in den 30er Jahren durch und wurde maßgeblich durch Rudolf Gaberel geprägt, von dem nicht nur die Pläne für den Bahnhof von Davos-Platz und den Umbau des Rathauses stammen.

Das Herz von Davos schlägt am **Postplatz,** dessen Verkehrsgewühl der Bubenbrunnen – eines der zahlreichen Werke von Wilhelm Schwerzmann (1877–1966), denen man in der Stadt begegnet – etwas Spielerisches zu verleihen versucht. Im alten Postgebäude mit dem auffälligen Sgraffito-Fries ist das **Wintersport-Museum** untergebracht (Promenade 43, ✆ 413 24 84; Ende Juni–Mitte Okt. Di, Do 16.30–18.30 Uhr, Weihnachten–Ostern Di, Do, Sa 16.30–18.30 Uhr). Die von Jürg Kaufmann gesammelten Exponate, von denen viele ihre eigene Geschichte haben, zeigen von den Anfängen des Wintersports Ende des 19. Jh. bis heute alle erdenklichen Ausrüstungsgegenstände vom Skiwachs über Eisstöcke, Schlittschuhe und zahlreiche Pokale bis hin zum Viererbob. Schwerpunkt der Sammlung ist die technische Entwicklung von Ski und Bindungen, aber auch der Davoser Eishockey-Geschichte wird entsprechender Raum beigemessen. Seltenheitswert haben die originalen Kleidungsstücke aus der Pionierzeit des Wintersports.

Die Fassade des etwas unterhalb des Postplatzes gelegenen **Rathauses** (Berglistutz 1; Mo–Fr 8.30–11.30 u. 14–17 Uhr) läßt kaum vermuten, welches Kleinod sich im Inneren verbirgt. Die Grosse Stube aus dem 16. Jh. im zweiten Stock ist einzigartig für die Region: Kunstvolle Schnitzereien und Intarsien schmükken den gesamten Raum. Besonders auffällig sind die aufwendig intarsierte Tür und der Pfeiler in der Mitte der Täferstube. Glasfenster zeigen u. a. die Wappen der Drei Bünde, und in der Ecke steht ein mächtiger, fast bis zur Decke reichender Kachelofen (1564), so daß hier die Versammlungen des Zehngerichtenbundes einen würdigen Rahmen fanden. Die **Reformierte Kirche** (St. Johann) direkt neben dem Rathaus bestimmt das Ortsbild von Davos-Platz. Originell ist die langgezogene Spitze des Turmes, deren Schraubung durch die starken Temperaturunterschiede zwischen Sonnen- und Schattenseite (v. a. im Winter) entstanden sein soll. Unter der sehr uneinheitlichen Ausstattung des Inneren fallen die Chorfenster von Augusto Giacometti mit Darstellungen des Paradieses auf.

Am Postplatz beginnt die Hauptschlagader von Davos. Die Geschäfte, Restaurants und Hotels, die die **Promenade** bis zum Kurpark flankieren, verleihen ihr einen sehr städtischen Charakter. Das jüngste und – zu Unrecht – wohl auch am wenigsten bekannte der Davoser

Museen ist das **Puppen- und Spielzeugmuseum** (Promenade 83, ✆ 413 28 48; Juni–Mitte Okt., Dez.–Mitte April Di–So 14–18, Mo u. Do auch 10–12 Uhr), das europaweit seinesgleichen sucht. Die kleine Ausstellung präsentiert – frei nach dem Motto »Klasse statt Masse« – Puppen vom Ende des 18. Jh. bis Mitte des 20. Jh. in Originalkleidung. Neben den alltäglichen Spielgefährten der Kinder stehen seltene und originelle Exemplare: die Modepuppe Victoria mit ihren zehn Gewändern und zahlreichen Accessoirs, der Kinderbringer, englische Hausierer- oder französische Wahrsagepuppen, bei denen der Rock aus Zetteln mit Sinnsprüchen besteht. Unikate sind auch die Steiff-Dorfschule und der ›Berghof‹, die Nachbildung eines typischen Davoser Sanatoriums, die gleichermaßen auf realen Vorbildern wie auf Thomas Manns ›Zauberberg‹ basiert. Alles wird liebevoll präsentiert und ist sehr aussagekräftig beschriftet, darüber hinaus erzählt die Besitzerin Angela Prader aber auch gerne Geschichten aus dem ›Leben‹ der einzelnen Puppen. Das Nachbargebäude, die **Kantonspolizei** (Promenade 85) schmückt ein riesiger ›Wilder Mann‹, Wahrzeichen des Zehngerichtenbundes, von Wilhelm Schwerzmann.

Unbestrittener Star der lokalen Kulturszene ist das **Kirchner Museum** (Promenade 82, ✆ 413 22 02; Di–So 14–18 Uhr, Mitte Juli–Ende Sept. auch 10–12 Uhr). Die 1992 eröffnete Beton-Glas-Konstruktion beherbergt wechselnde Ausstellungen mit Werken des Expressionisten und ›Brücke‹-Mitglieds Ernst Ludwig Kirchner (1880–1938) und seiner Zeitgenossen. 1917 war der Künstler nach Davos gekommen, um sich von seinem psychischen Zusammenbruch im Ersten Weltkrieg zu erholen, und lebte in den folgenden zwei Jahrzehnten in Frauenkirch. Unter dem Eindruck der imposanten Landschaft veränderten sich Stil und Sujets seiner Malerei, das Bäuerliche und die Natur traten immer mehr in den Mittelpunkt. Die Machtübernahme der Nationalsozialisten trieb die Entfremdung gegenüber Deutschland voran, wo seine Werke 1937 in der Ausstellung ›Entartete Kunst‹ gezeigt wurden. Ein Jahr später nahm sich Kirchner schließlich, am Ende seiner Kräfte, das Leben. Unter den ständigen Ausstellungsstücken in der weltweit größten Sammlung von Gemälden, Zeichnungen, Radierungen und Skulpturen Kirchners ist vor allem ein mit geschnitzten Aktfiguren verziertes Bett hervorzuheben.

Unterhalb des Kirchner Museums erstreckt sich, gleichsam als Klammer zwischen Davos-Platz und -Dorf der **Kurpark,** eine Oase der Ruhe im städtischen Treiben. Am nördlichen Eingang steht eine Brunnenanlage mit Bär, Wolf und Steinbock von Schwerzmann; in der Parkmitte erinnert der ›Atmende‹ von Philipp Modrow an Alexander Spengler.

Das bekannteste und originellste Werk von Wilhelm Schwerzmann

Der Skisturzbrunnen von Wilhelm Schwerzmann in Davos-Dorf

sieht man in Davos-Dorf. Mitten im tosenden Verkehr steht vor der Reformierten Kirche (St. Theodul) bzw. dem Hotel Seehof der 1936 enthüllte **Skisturzbrunnen**. Er zeigt in sechs Hexagonalfeldern einen Skifahrer, der einen Purzelbaum zu vollführen scheint. Dieser Eindruck entsteht, indem das gleiche Motiv von Feld zu Feld jeweils um 60° ›weitergedreht‹ wird.

Etwas abseits liegt jenseits des Landwassers das **Heimatmuseum Davos** (Museumstr. 1, ✆ 416 26 66; Anf. Juni–Anf. Okt. Mi, Fr, So 16–18 Uhr). Lange diente das Gebäude aus dem 16. Jh. als Wohnhaus der Familie Jenatsch, bevor es 1780 an die Gemeinde überging und seit 1942 als Museum fungiert. Die Exponate weichen nur wenig vom üblichen Repertoire ab, doch ist die Sammlung recht umfangreich und teilweise in Täferstuben mit sehr schön geschnitzten Decken untergebracht. Im Garten wird das Ensemble abgerundet durch eine alte Mühle, einen typischen Kornspeicher und die alte Flüela-Post mit historischer Postkutsche und Postschlitten.

Ideal für einen bequemen Spaziergang ist die **Hohe Promenade,** die oberhalb des Ortes von Davos-Platz nach -Dorf führt. Zunächst geht es durch den Wald, wo sich immer wieder Ausblicke bieten, dann in offenem Gelände zwischen den obersten Häusern entlang hinab zur Parsennbahn. Sichere Wegbegleiter sind zahme Eichhörnchen und Tannenhäher, die auf Nüsse oder ähnliche Leckereien scharf sind.

Etwa 200 m oberhalb der Hohen Promenade liegt die **Schatzalp,** ein beliebtes Ausflugsziel für die ganze Familie, das mit den nostalgischen blauen Wagen der 1899 als erste Bergbahn des Kantons eröffneten Standseilbahn leicht zu erreichen ist. Rund um das Berghotel Schatzalp, eine ehemalige Klinik, die jahrelang dem Verfall preisgegeben war, ist bei schönem Wetter der Teufel los, wobei eine Sommerrodelbahn die Hauptattraktion für kleine und große Kinder darstellt. Am Hotel befindet sich übrigens auch der Start der 2,5 km langen Schlittelbahn, die im Winter hinunter nach

Davos führt. Sehenswert ist das recht große **Alpinum Schatzalp** (etwa Juni–Sept. tägl. 9–17 Uhr), in dem über 500 registrierte Pflanzenarten den klimatischen und Bodenbedingungen gemäß angepflanzt sind. Kein Blümchen, dem man auf einer Wanderung in den Bergen Graubündens begegnet, das man hier nicht wiederfände …

Davos Tourismus, Promenade 67, 7270 Davos-Platz, ✆ 415 21 21, Fax 415 21 00, E-Mail: davos@davos.ch.

Hotels in Davos-Platz, wenn nicht anders vermerkt: **Central** ($$$$), Tobelmühlestr. 1, ✆ 413 81 81, Fax 413 52 12: alle Zimmer mit Balkon, Wellness, hervorragender Service. **Golfhotel Waldhuus** ($$$$), Mattastr. 58, ✆ 416 81 31, Fax 416 39 39: sehr gediegener Stil, ruhige Lage direkt am Golfplatz, Hallenbad, Sauna. **Seehof** ($$$$), Promenade 159, Davos-Dorf, ✆ 416 12 12, Fax 416 61 10: das Aushängeschild von Davos, obwohl nominell ›nur‹ 4-Sterne-Hotel. **Bethanien** ($$$$), Bahnhofstr. 7, ✆ 415 58 55, Fax 415 58 56: nahe dem Bahnhof, konsequent ökologisch ausgerichtetes Hotelkonzept (Ökohotel des Jahres 1995), in diesem Bereich führend in der Schweiz; behindertengerecht. **Bündnerhof** ($$$), Sportweg 3, ✆ 413 56 30, Fax 413 11 77: familiär, gutes 3-Sterne-Hotel. **Strela** ($$$), Obere Str. 39, ✆ 413 60 44, Fax 413 12 07: ältestes Hotel von Davos, von Benediktinerinnen geführt, sehr spezielle, herzliche Atmosphäre. **Pischa** ($$), Strelastr. 2, ✆ 413 55 13, Fax 413 16 19: ehemaliges Kurhotel mit breiten Balkonen und Park, sehr ruhig direkt unterhalb der Hohen Promenade gelegen. **Elli** ($$), Alteinstr. 5, ✆ 420 19 19, Fax 420 19 18: klein, einfach, familiär. **Bolgenschanze** ($), Skistr. 1, ✆ 413 71 01, Fax 413 2252: erstes Snowboardhotel der Schweiz, junges Publikum; sehr einfach, aber auch sehr trendy. **Sportzentrum Davos** ($), Talstr. 41, ✆ 415 36 36, Fax 415 36 37: einfach, sehr preiswert.

Dine-around: Bei Halbpension in einem Hotel kann nach Voranmeldung in einem von ca. 25 anderen Hotels gegessen werden (nur im Sommer).

TCS-Camping Färich, Davos-Dorf, ✆ 416 10 43, Fax 416 22 81: am Beginn der Flüela-Paßstraße in einem Wald gelegen.

Restaurants in Davos-Platz, wenn nicht anders vermerkt: **Davoserstübli/Jenatschstube** ($$$), Hotel Davoserhof, Berglistutz 2, ✆ 415 66 66: Gourmetküche, Fisch, Wild, gemütliche Bündnerstube. **Bündnerstübli** ($$), Sporthotel Central, Tobelmühlestr. 1, ✆ 413 81 81: sehr gute traditionelle Küche, ausgezeichneter Service. **Extrablatt** ($$), Promenade 90, ✆ 413 61 62: im Kongreßzentrum, im Stil der 20er Jahre, Sonnenterrasse zum Kurpark hin, Teigwaren und Grill. **Gentiana** ($$), Promenade 53, ✆ 413 56 49: Fondues, Schnecken, klein und sehr gemütlich. **Vinikus** ($$), Promenade 119, Davos-Dorf, ✆ 416 59 79: Weinhandlung mit sehr großem Angebot und angeschlossenem gemütlichem, ausgezeichnetem Restaurant. **Al Ponte** ($–$$) Mattastr. 11, ✆ 413 24 00: jenseits des Landwassers, gute italienische Küche. **Bündnerstübli** ($–$$), Dischmastr. 8, Davos-Dorf, ✆ 416 33 93: urige Bündnerstube, ausschließlich (sehr gute) Bündner Küche, vom Angebot her einmalig. **Röstizzeria** ($–$$), Hotel Dischma, Promenade 128, Davos-Dorf, ✆ 416 33 23: Rösti, Pizza, Pasta, sehr urig. **Scala** ($–$$), Hotel Europe, Promenade 63, ✆ 413 12 22: Bistro-Atmosphäre, Pizza und Pasta, jüngeres Publikum, gutes Preis-Leistungs-Verhältnis. **Neue Liebe** ($), Promenade 72, ✆ 413 73 17: gemütliches Bistro mit Salaten, Toasts und anderen Kleinigkeiten.

Café/Konfiserie Schneider, Promenade 68: traditionsreiches Café mit Terrasse, selbstgemachte Trüffel, Pralinen, Torten, Birnbrot, Maronen aus Schokolade etc.

Chämi-Bar, Promenade 83: uriges Blockhaus-Ambiente, gute Musik.

Galerie Iris Wazzau, Promenade 79: spezialisiert auf deutsche Expressionisten und zeitgenössische Kunst.

Die interessanteren bzw. besseren Geschäfte (Mode, Schmuck, Uhren, Galerien etc.) befinden sich an der Promenade in Davos-Platz zwischen Postplatz und Kirchner Museum.

Paragliding/Deltafliegen: Flugcenter Grischa, Promenade 111, ✆ 413 25 67; Delta- und Gleitschirm-Flugschule Davos, ✆ 413 60 43.

Pferdetrekking/Säumerwanderungen: Andreas Stiffler Pferde- und Maultiertrekking, Davos-Laret, ✆ 416 16 80.

Parsennderby (März): Ski-Volksabfahrt. **Davoser Nachtlauf** (Juli): international renommierter Laufwettbewerb. **Davos Uphill Race** (Juli): Inline-Rennen von Davos auf den Flüelapass; 12,8 km mit 1000 m Höhenunterschied in weniger als einer Stunde. **Swiss Alpine Post Marathon Davos/Bergün** (Juli): ein absoluter Klassiker, laut ›Runners World‹ einer der zehn attraktivsten Langstreckenläufe der Welt, 74,5 km mit 2200 m Höhenunterschied, seit 1998 auf noch spektakulärerer Strecke. **Internationales Musikfestival ›Young Artists in Concert‹** (Juli/Aug.): Klassikkonzerte junger Künstler im Kongreßzentrum, in Kirchen und Hotels. **Sertig-Schwinget** (Aug.): traditionsreiches Berg-Schwingen vor eindrucksvoller Kulisse, Wettkampf mit Volksfestcharakter. **Spengler Cup** (Dez.): *der* internationale Klassiker für Eishokkey-Vereinsmannschaften, seit 1923 ausgetragen.

Ausflugsziele rund um Davos

In zwei Etappen führt die **Parsennbahn** mit ihren markanten roten Wagen hinauf zum Weissfluhjoch, der im Sommer trostlosen Drehscheibe des Skigebiets Davos/Klosters. Um so lohnender ist die Weiterfahrt mit der Gondel. Vom 2834 m hohen Gipfel der **Weissfluh** bietet sich ein Blick über fast den gesamten Kanton: hinab nach Arosa, zu den Gipfeln des Vorderrheintals (Tödi, Vorab, Calanda), ins Prättigau mit Schesaplana und Sulzfluh, zur Silvretta, ins Dischmatal, zur Lenzerheide und hinüber zu den Bergen, die das Engadin abschirmen (Piz Kesch, Piz Ela, Piz d'Err) – nur Davos und Klosters sieht man nicht. Auf halbem Weg stoppt die Parsennbahn am **Panoramaweg,** der in einer guten Stunde fast eben zum Strelapass führt. Zwar ist die Landschaft ziemlich öde, doch dafür entschädigt das Panorama über Davos ins Flüela-, Dischma- und Sertigtal. Vom Strelapass bietet sich nochmals ein Blick hinunter ins Schanfigg (aber nicht

Von der Weissfluh bietet sich ein grandioser Rundumblick über fast den ganzen Kanton (hier in Richtung Rheintal)

auf Arosa) und bis zum Tödi, bevor es entweder zurück zur Bahnstation geht oder auf einem Schotterweg in einer Stunde 500 m bergab zur Schatzalp (gutes Schuhwerk!).

Wer in Davos war, ohne das **Dischmatal** zu besuchen, hat etwas versäumt. Das längste Seitental des Landwassers wird zwar von einer schmalen Teerstraße erschlossen, doch ist es wesentlich besser geeignet für einen Ausflug mit dem Mountainbike oder mit Rollerskates. Diesen beiden ›Verkehrsmitteln‹ zuliebe sollen Dischma- und Sertigtal demnächst sogar zeitweise für Autos gesperrt werden. Locker sind im unteren Bereich Walserhöfe in die saftigen Wiesen gestreut, die mit zunehmender Höhe immer karger werden. Der langsame Vegetationswechsel, die Weite und das Ursprüngliche machen den eigenen Charakter des Tals aus. Am Dürrboden endet auf etwa 2000 m Höhe die Straße, und es führen nur noch Wander- und Mountainbikewege weiter aufwärts. Bis ins letzte Jahrhundert verlief eine der wichtigsten Handelsrouten ins Engadin und nach Italien über den Scalettapass, die aber durch die Fertigstellung der Straßen über Splügen-, San-Bernardino- und Julierpass in der Bedeutungslosigkeit versank.

Nicht ganz mit seinem Nachbartal mithalten kann das **Sertigtal,** das nicht ganz so weit und stärker besiedelt ist. Dennoch ist es ein beliebtes Ziel von Kutschfahrten. Das schönste der kleinen Haufendörfer ist Sertig-Dörfli, das im weiten abschließenden Talkessel liegt und durch seine kleine, schlichte Kirche mit hölzerner Haube, die 1997 renoviert wurde, einen sehr malerischen Anstrich erhält. Zwischen den beiden Tälern erhebt sich das **Jakobshorn,** im Winter ein Mekka der Snowboarder, im Sommer idealer Startplatz für Paraglider und Drachenflieger, die bei entsprechender Thermik oft in der Nachmittagssonne über Davos kreisen.

Während Davos-Platz und -Dorf ineinandergewachsen und verstädtert sind, haben sich in den anderen Fraktionen noch dörfliche Strukturen erhalten. In Wolfgang und Laret, Frauenkirch, Glaris und Monstein sind noch alte Walserhäuser erhalten, deren prächtigstes, das Oberst-von-Sprecher-Haus, in Wolfgang

Ringkampf unter freiem Himmel: Das Sertig-Schwinget

zwischen Kantonsstraße und See steht. Malerisch erhebt sich das Kirchlein von **Frauenkirch** auf einem Hügel, bergseitig durch eine spitzwinklige Mauer gegen Lawinen geschützt und mit dem für die Gegend typischen achteckigen hölzernen Helm, der auch in Glaris zu sehen ist.

Wer es ruhig liebt, der sollte an schönen Wochenenden tunlichst vermeiden, nach **Monstein** zu fahren, das dann von Ausflüglern überschwemmt wird. Der Abstecher lohnt aber nicht nur für Wanderer, denn in der unmittelbaren Umgebung des geschlossenen Walserdorfes finden sich einige bis zu 350 Jahre alte ›gestrickte‹ Kornspeicher. Um die Ernte vor Mäusen zu schützen, stehen sie auf Stelzen – eine Abwandlung der im Wallis anzutreffenden, ›Mäuseteller‹ genannten, aufeinandergeschichteten Gneisplatten.

Auf dem Schmelzboden, unmittelbar vor dem Beginn des Landwassertunnels, der die Zügenschlucht umgeht, liegt links der Straße das **Bergbaumuseum Graubünden** (✆ 413 63 66; Mitte Juni–Mitte Okt. Mi, Sa 14–16 Uhr; Führungen durch Museum und Silberbergwerk Mitte Juni–Mitte Sept. Mi 13.45 Uhr). Die Sammlung aller in Graubünden vorkommenden Mineralien und von Gerätschaften aus dem Bergbau ist in jeder Hinsicht erschöpfend. Wegen mangelnder Beschriftung sind die teils sehr schönen Fundstücke eher etwas für Mineralienfreaks. Interessierten Laien sei das Museum Schmelzra bei Scuol (s. S. 216) empfohlen. Auch wenn der Name Silberberg etwas anderes suggeriert – unterhalb von Monstein wurde 1477–1649 und nochmals 1805–1848 lediglich Blei und Zink abgebaut. Führungen durch das gesamte Bergbaugebiet sowie durch das Schaubergwerk im Stollen St. Michael werden vom Museum organisiert. Der ›Gesteinslehrpfad‹, der vom Schmelzboden durch die Zügenschlucht führt, verdient den Namen kaum, lohnend ist der Spaziergang allenfalls wegen der schönen Wegführung entlang des Landwassers (Hin- und Rückweg 1.30 Std.). Eilige wählen den zehnminütigen Abstecher vom jenseitigen Ende des Landwassertunnels zum Bärentritt, von dem aus sich ein spektakulärer Blick hinab in die Zügenschlucht bietet, die am Nachmittag flußabwärts von der Sonne gut ausgeleuchtet wird.

capito.

Mittel-bünden

Urlaubsparadiese für die ganze Familie – Arosa und Lenzerheide-Valbella

Heimat des Bündnerfleischs – Churwalden und Parpan

Bahnerlebnis voller Höhepunkte – Das Albulatal

Typisches Engadiner Dorf und ›Schlittelmekka‹ – Bergün

Auf den Spuren der Römer – Julier- und Septimerpass

In kühnem Bogen überspannt der Landwasser-viadukt bei Filisur den gleichnamigen Fluß

Mittelbünden

Zwischen dem Rheintal im Norden und dem Engadin im Süden liegen mehrere Täler, die untereinander nur teilweise verbunden sind. Mit Arosa, Lenzerheide und Savognin locken bekannte Namen in diese Region, die vor allem für Skiläufer, Wanderer und Mountainbiker, Aktivurlauber und Familien einiges bietet.

Das Schanfigg

Oberhalb der Kathedrale beginnt in Chur die Straße ins Schanfigg, die sich auf einer Länge von knapp 30 km bis ins über 1700 m hoch gelegene Arosa windet. Kurioserweise wird diese Strecke zwar von der Rhätischen Bahn bedient, Postautos verkehren aber nur auf dem ersten Teilstück, so daß Arosa als einziger größerer Ort des Kantons nicht mit diesem Verkehrsmittel erreichbar ist.

Auf dem Weg bergauf zerschneidet die Straße immer wieder Siedlungen mit typischen, von der Sonne verbrannten Walserhäusern. Ein Abstecher lohnt sich von Castiel hinunter zur Bahnstation von **Lüen** und zur Kirche St. Zeno (Schlüssel bei Christian Bircher, Oberdorf). Von außen unscheinbar, birgt sie den kunsthistorisch wertvollsten Schatz des Schanfiggs: Die Wandmalereien aus dem 14. Jh. entstammen, wie unschwer an der Farbgebung zu erkennen ist, der Werkstatt des Waltensburger Meisters. Deutlich weniger lebendig als jene in Rhäzüns oder Waltensburg, zeigen sie unter anderem den Kindermord von Bethlehem sowie acht der zwölf Apostel in Lebensgröße.

Nach dem Tunnel zwischen Peist und Langwies passiert die Straße den **Gründjitobel,** in dem einige Sandpyramiden zu sehen sind, die durch Steinplatten auf ihrer Spitze vor der Erosion geschützt werden.

Langwies verdankt seinen Bekanntheitsgrad in erster Linie der Rhätischen Bahn. Der **Langwieser Viadukt** überspannt unterhalb des Ortes in 62 m Höhe die Plessur und ist mit 285 m die längste Brücke im Bündner Bahnnetz. Zwischen 1912 und 1914 wurde er als erste Stahlbeton-Eisenbahnbrücke der Welt gebaut. Den besten Blick hat man von einer Ausweiche kurz vor dem westlichen Ortseingang von Langwies.

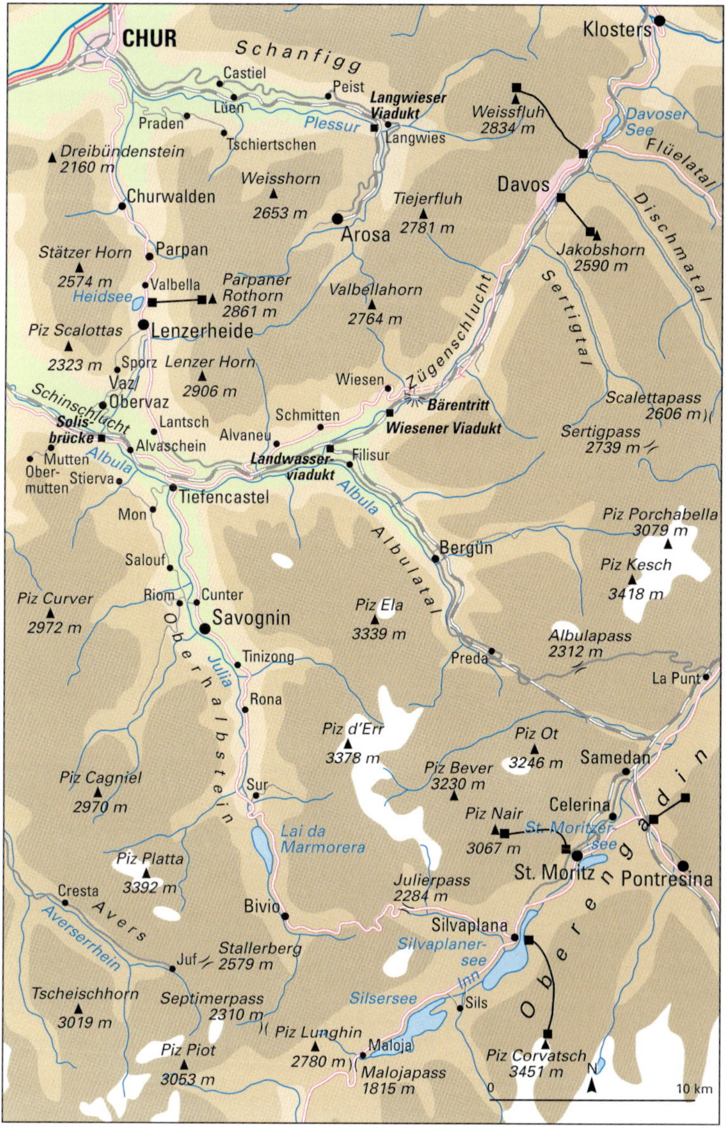
CHUR
Schanfigg
Castiel
Peist
Lüen
Langwieser Viadukt
Praden
Plessur
Langwies
Tschiertschen
Klosters
Weissfluh 2834 m
Davoser See
Flüelatal
Dreibündenstein 2160 m
Weisshorn 2653 m
Davos
Churwalden
Tiejerfluh 2781 m
Dischmatal
Arosa
Stätzer Horn 2574 m
Parpan
Jakobshorn 2590 m
Valbella
Parpaner Rothorn 2861 m
Heidsee
Valbellahorn 2764 m
Sertigtal
Lenzerheide
Piz Scalottas 2323 m
Sporz
Lenzer Horn 2906 m
Zügenschlucht
Vaz/Obervaz
Wiesen
Bärentritt
Scalettapass 2606 m
Schinschlucht
Solis-brücke
Lantsch
Schmitten
Wiesener Viadukt
Sertigpass 2739 m
Alvaneu
Alvaschein
Mutten
Landwasser-viadukt
Filisur
Albula
Ober-mutten
Stierva
Tiefencastel
Mon
Albulatal
Piz Porchabella 3079 m
Bergün
Salouf
Piz Kesch 3418 m
Riom
Cunter
Piz Curver 2972 m
Piz Ela 3339 m
Savognin
Albulapass 2312 m
Oberhalbstein
Julia
Tinizong
Preda
La Punt
Rona
Piz d'Err 3378 m
Piz Ot 3246 m
Samedan
Piz Bever 3230 m
Piz Cagniel 2970 m
Sur
Celerina
Piz Nair 3067 m
St. Moritzer-see
Lai da Marmorera
Piz Platta 3392 m
St. Moritz
Pontresina
Cresta
Julierpass 2284 m
Oberengadin
Bivio
Avers
Averserrhein
Silvaplana
Stallerberg 2579 m
Silvaplaner-see
Juf
Inn
Tscheischhorn 3019 m
Septimerpass 2310 m
Silsersee
Sils
Piz Lunghin 2780 m
Maloja
Piz Piot 3053 m
Malojapass 1815 m
Piz Corvatsch 3451 m
N
0
10 km

Arosa

Am Ende des Schanfiggs liegt in einem Talkessel Arosa. Vom Charakter der einstigen Walsersiedlung, die im 14. Jh. entstand, ist im heutigen Zentrum nichts mehr zu spüren. Statt dessen bestimmt die Architektur der Jahrhundertwende das Ortsbild. Ähnlich wie in Davos, entdeckte man auch in Arosa Ende des 19. Jh. die heilsame Wirkung des Hochgebirgsklimas, und so wurde 1888 das erste Sanatorium für Tuberkulosekranke eröffnet. Mit der Fertigstellung der Straße von Chur 1890 und der Bahnlinie 1914 konnte der Aufschwung beginnen, der zunächst ganz im Zeichen des Kampfes gegen die Tuberkulose stand. Viele der damals gebauten Sanatorien wurden inzwischen zu Hotels umgebaut, was man an den tiefen Balkons und den breiten Fluren erkennen kann. Im Unterschied zu Davos hat der medizinische Sektor hier aber mittlerweile vollends an Bedeutung verloren.

Der Schwerpunkt des touristischen Angebots liegt eindeutig im Winter, weshalb etliche der knapp fünf Dutzend Hotels im Sommer erst gar nicht ihre Pforten öffnen. Dann lockt ein familienfreundliches, mittelgroßes Skigebiet, das möglicherweise schon bald durch den Bau von Verbindungsliften nach Lenzerheide-Valbella und Tschiertschen an Attraktivität gewinnen wird. Einen zusätzlichen Anreiz für Snowboarder stellt sicher die Tatsache dar, daß

Blick auf Innerarosa

der Olympiasieger von 1998 Gian Simmen aus Arosa stammt. Kulturell hat der Ort zwar wenig zu bieten, dafür ist das Sport- und Freizeitangebot auch im Sommer um so größer.

Die Wurzeln der Siedlung liegen in **Innerarosa,** wo auch heute noch einige in den Wiesen verstreute alte Walserhäuser etwas vom ursprünglichen Dorfcharakter vermitteln. Das älteste von ihnen ist das Eggahus, in dem das **Heimatmuseum Schanfigg** (Ende Juni–Mitte Okt. Mo, Mi, Fr 14.30–16.30 Uhr, Weihnachten–Mitte April Di, Fr 14.30–16.30 Uhr) eingerichtet wurde. Auf relativ kleinem Raum finden sich erstaunlich viele Gegenstände des täglichen Gebrauchs, Sportgeräte, Mineralien und vieles mehr, die zudem noch gut erklärt sind. Zwar ist es nur eines von vielen Heimatmuseen des Kantons, aber mit Sicherheit eines der interessanteren. Als Blickfang erhebt sich malerisch auf einem Hügel über Innerarosa das schlichte **Bergkirchlein** mit holzverkleidetem Turm und schindelgedecktem Dach. Im nur mit Führung (Mitte Juni–Mitte Okt. Fr 14.30 Uhr) zugänglichen Inneren stellt eine kleine Schreinorgel aus dem 18. Jh. den kostbarsten Schmuck dar.

Von der einstigen Streusiedlung hat sich Arosa vollends zum langgezogenen Straßendorf gewandelt, dessen Hauptstraße große Hotelbauten flankieren, die in mehreren Reihen am Steilhang gestaffelt stehen. Zwar ist der Ort nicht autofrei – was sich bei seiner Lage und Vorbildern wie Zermatt oder Saas Fee anbieten würde –, aber immerhin leisten das Parkhaus beim Obersee und der kostenlose Ortsbus ihren Beitrag zur Verhinderung des Verkehrsinfarkts.

Als Kristallisationspunkte des Lebens fungieren zwei künstliche Seen. Der **Obersee,** direkt beim Bahnhof, ist der eigentliche Mittelpunkt von Arosa. Einladend stehen Bänke an der Promenade, von denen man den Booten auf dem Wasser oder den Skatern bei ihren Kunststücken in der Halfpipe oder auf der Wellenbahn zuschauen kann. Im Gegensatz dazu ist der **Untersee** ein reiner Badesee mit Sandstrand und Liegewiese, Beachvolleyball-Feldern, Spielplatz und Sprungbrett.

Als nur einer von vielen Wanderwegen an den Flanken des Talkessels führt der Eichhörnchenweg mit dem ›Wanderbaren Bilderbuch‹, das die Bildergeschichte von zwei Eichhörnchen erzählt, hinauf nach Maran. Dort lockt nicht nur die schöne Aussicht, sondern zudem der wohl am spektakulärsten gelegene **Golfplatz** (Golf Club Arosa, ✆ 377 42 42) des Kantons. Der 1999 auf 18 Löcher erweiterte Kurs ist nicht nur sehr gut in die Landschaft eingepaßt, sondern besticht auch durch das Panorama. Natürlich ist auch dieses noch deutlich steigerungsfähig: Vom Gipfel des **Weisshorns,** in mehrfacher Hinsicht Höhepunkt des Wandergebietes, lassen sich bei entsprechendem Wetter sogar die Berge um Saas Fee und im Berner Oberland ausmachen. Lohnend ist die Seilbahnfahrt hinauf aber nicht nur aus diesem Grund, sondern es werden auch Extrafahrten zum Älplerzmorga, dem Frühstück auf einer Alphütte, und zum Sonnenuntergang angeboten.

Arosa Tourismus, 7050 Arosa, ✆ 377 51 51, Fax 377 31 35, E-Mail: arosatourism@spin.ch.

Arosa Kulm ($$$$), ✆ 377 01 31, Fax 377 40 90: Luxushotel mit umfassendem Angebot, sehr aktiver Besitzer. **Eden** ($$$), ✆ 377 02 61, Fax 377 40 66: Designerzimmer und ausgefallen gestaltete Mottozimmer (›Lilly Tiger‹, ›Garten Eden‹, ›Enzian‹ etc.), ungewöhnliches Hotelkonzept, umfassendes Unterhaltungsangebot, längste Theke von Arosa; nur im Winter geöffnet. **Golf- & Sporthotel Hof Maran** ($$$), ✆ 377 01 85, Fax 377 45 28: Sporthotel, ruhige Lage hoch über dem Ort, direkt am Golfplatz, phantastisches Panorama. **Arve Central** ($$), ✆ 377 02 52, Fax 377 42 71: gemütliche Arvenausstattung, hervorragende Küche. **Belri** ($$), ✆ 377 21 97, Fax 377 40 75: Kleinhotel in Innerarosa, individuell gestaltete Zimmer. **Orelli** ($$), ✆ 377 12 08, Fax 377 46 90: einfach und preiswert, aber gepflegt und freundlich geführt, zentrale Lage, Südostbalkons mit schöner Aussicht.

Jugendherberge Arosa, ✆/Fax 377 13 97: zentral gelegen.

Hotel Arve Central ($$–$$$), ✆ 377 02 52: hervorragende internationale Küche. **Maraner Stube** ($$–$$$), Golf- & Sporthotel Hof Maran, ✆ 377 01 85: Bündnerstube, gehobene internationale Küche, viel Fisch. **Zum Wohl Sein** ($$–$$$), Hotel Anita, ✆ 377 11 09: Gourmetküche, Weinkeller vom Allerfeinsten, nur im Winter geöffnet. **Hotel**

Kutschentaxi am Bahnhof in Arosa

Heißluftballons beim Start in Arosa

Obersee ($$), ✆ 377 12 16: gute internationale Küche. **Hotel Orelli** ($), ✆ 377 12 08: sehr gute Rösti, Kleinigkeiten und Salate. **Pizzeria Grottino** ($), ✆ 377 17 17: rustikale Pizzeria.

Casino Arosa: Automaten-Spielcasino. **Kitchen Club,** Hotel Eden: sehr spezielle Atmosphäre in der alten Hotelküche, House; nur im Winter geöffnet. **Nuts**: beliebte Disco im Casino, Mainstream.

Aroser Mountainbike-Triathlon (Juli): 1000 m Schwimmen, 27 km Biken, 6,4 km Laufen rund um den Obersee. **Aroser Humor-Festival** (Dez.): eine Woche Stand-Up-Comedy, Clowns und schwarzer Humor mit international renommierten Künstlern zur Eröffnung der Wintersaison.

Über Churwalden auf die Lenzerheide

Früher verließen die Säumer Chur durch das Obertor und folgten dann entweder dem Rhein weiter aufwärts oder wandten sich bergauf, um über die ›Obere Strasse‹ in Richtung Albula- und Septimerpass zu ziehen. Dieser alten Handelsroute folgt heute die Straße auf die Lenzerheide.

Einen Eindruck vom einstigen Reichtum der Region vermitteln die Überreste des Prämonstratenser-Klosters in **Churwalden.** Das vierstöckige ehemalige Abtgebäude mit dem markanten Treppengiebel ist zwar etwas baufällig, doch dafür wurde die Klosterkirche St. Maria und Michael mit dem ungewöhnlichen Grundriß um so schöner restauriert. Von der Seite tritt man in das Laienschiff ein, das ein dreibogiger Lettner vom nur wenig kleineren Mönchschor trennt. Zwei Fresken fallen besonders ins Auge: über dem rechten Bogen des Lettners eine Darstellung des Jüngsten Gerichts aus dem 15. Jh., links in einer Nische eine Marienkrönung des Waltensburger Meisters. Auffälligstes Ausstattungsstück ist das prachtvolle gotische Hochaltarretabel, das den Mönchschor dominiert. Oberhalb des Ortes versteckt sich im Wald das Lehrkraftwerk Churwalden (Führung Do 16.30 Uhr, Anmeldung beim Verkehrsverein), in dem anhand von Modellen die Stromgewinnung aus Wasserkraft erklärt wird.

In Churwalden wird deutlich, wovon die ganze Region lebt: Entlang der Straße reiht sich eine Fleischtrocknerei an die nächste. Dabei handelt es sich größtenteils um Betriebe, die das Bündnerfleisch (s. S. 148 f.) auf maschinellem Wege und durch künstliche Kühlung trocknen; lediglich einige Metzger produzieren es im Nebenerwerb auf herkömmliche Art und Weise. Die einzige Fleischtrocknerei, die die Bündner Spezialität in größerem Umfang nach dem traditionellen Verfahren herstellt, findet man am Ortsanfang von **Parpan** – den Betrieb der Familie Brügger.

Obertorstübli ($$–$$$), Hotel Alpina, Parpan, ✆ 382 11 84: gehobene Bünder Küche.

Fleischtrocknerei Jörg Brügger & Co., Parpan, ✆ 382 11 36: Bündnerfleisch vom Feinsten; einziges Unternehmen, das in größerem Maße auf herkömmliche Weise produziert.

Lenzerheide-Valbella

Lenzerheide-Valbella, heute viertgrößter Ferienort des Kantons, hat eine sehr junge Geschichte. Nicht dem Ausbau der ›Oberen Strasse‹ 1835–1840, sondern erst dem aufkommenden Tourismus Ende des 19. Jh. verdankt der Doppelort auf der Sprachgrenze seine Existenz. Auch stellt er keine eigenständige politische Einheit dar, sondern gehört zu der südlich der Paßhöhe gelegenen Gemeinde Vaz/Obervaz, deren andere Fraktionen – Lain, Muldain und Zorten – lediglich aus ein paar Häusern bestehen.

Im Gegensatz dazu boomt es rund um den **Heidsee.** Früher befanden sich hier nur Maiensässe, auf die das Vieh im Frühjahr getrieben wurde, bevor es auf die hochgelegenen Alpen kam. Inzwischen dominieren zwei weitläufige Siedlungen das weite, sonnige Hochtal, die vorwiegend aus Ferienwohnungen bestehen. Alles ist hier sehr familienfreundlich, Spaß, Spiel und Sport bestimmen das Programm. Im Zentrum aller Aktivitäten steht der wohl schönste – und unauffälligste – Stausee Graubündens, auf dem sich Surfer und Segler, Ruderboote und Wasserfahrräder tummeln, in einem abgetrennten Bereich auch

Schwimmer. Ein Eldorado für Kinder ist der Lido mit Wasserfall, Seilbrücke und Kletterfelsen, wo bei gutem Wetter der Bär tobt. Aber auch im Ort selber wird den Kleinen einiges geboten, denn nicht umsonst rühmt sich Lenzerheide-Valbella der ältesten Kinderferienbelustigung der Schweiz. Das Pendant für die Großen ist das Fitnessprogramm ›Dolce far Sport‹ mit seinem vielfältigen Angebot. Ausgesprochen attraktiv ist ebenfalls das Mountainbike-Revier, dessen teilweise sehr anspruchsvollen Strecken bis hoch auf das Parpaner Rothorn führen. Auch im Winter gibt sich Lenzerheide-Valbella familienfreundlich, im relativ großen Skigebiet überwiegen leichte bis mittelschwere Pisten, wo auch Snowboarder auf ihre Kosten kommen.

Eine Gondelbahn führt auf das **Parpaner Rothorn,** von dem sich ein phantastisches Panorama über angeblich 1000 Gipfel bietet. Bei entsprechendem Wetter finden Paraglider hier einen idealen Startplatz, um in der Thermik hoch über dem Tal zu kreisen. Eine – im Gegensatz zum Geoweg – lohnenswerte Wanderung führt in drei Stunden zunächst über Geröllhalden, dann durch bunte Almwiesen und durch den Wald, vorbei an der Alp Sanaspans und einem Wasserfall, wieder hinunter nach Lenzerheide. Seinen besonderen Reiz hat das Rothorn als Ziel von Sonnenaufgangsfahrten, die zu einigen Terminen im Sommer stattfinden (Infos: ✆ 385 03 25).

Tourismusverein Lenzerheide-Valbella, 7078 Lenzerheide, ✆ 385 11 20, Fax 385 11 21, 24-Stunden-Infoline ✆ 385 11 33, E-Mail: lenzerheide @spin.ch.

Guarda Val ($$$$$), Sporz, ✆ 385 85 85, Fax 385 85 95: First-Class-Hotel in den alten Holzgebäuden einer Maiensäß-Siedlung, sehr speziell, der bäuerliche Betrieb läuft auf dem Maiensäß weiter. **Schweizerhof** ($$$$), Lenzerheide, ✆ 384 01 11, Fax 384 52 53: erstes Haus am Ort mit Wellness, Squash und Badminton. **Spescha** ($$$$), Lenzerheide, ✆ 384 62 63, Fax 384 51 40: gediegen, Bündnerstube; Zimmer gemütlich mit viel Holz eingerichtet, alle mit Balkon; beliebt bei Golfern. **Valbella Inn** ($$$–$$$$), Valbella, ✆ 384 36 36, Fax 384 40 04: umfangreiches Sport- und Wellness-Angebot. **La Palanca** ($$$), Lenzerheide, ✆ 384 31 31, Fax 384 53 64: ruhig gelegen. **Kristall** ($$–$$$), Valbella, ✆ 384 16 77, Fax 384 24 40: klein und gemütlich. **Danis** ($), Lenzerheide, ✆ 384 11 17, Fax 410 44 45: einfach und preiswert.

Jugendherberge Valbella-Lenzerheide, Valbella, ✆ 384 12 08, Fax 384 45 58: ruhig, etwas abseits gelegen.

TCS-Camping Gravas, Lenzerheide, ✆ 384 23 35: im Wald Richtung Lantsch gelegen, v. a. Dauercamper.

Allegra ($$), Hotel Schweizerhof, Lenzerheide, ✆ 384 01 11: gemütliche Bündnerstube, verschiedene Capuns, Rösti. **Forellenstube** ($$), ✆ 384 11 41: auf einem Damm im Heidsee gelegen, Terrasse zum See, nicht ganz preiswert, Forellen und Wildgerichte. **Il Tramonto** ($), Hotel Rätia, Lenzerheide, ✆ 384 11 46: gute Pizza, nette Atmosphäre, freundliche Bedienung.

Bündnerfleisch

Die Bündner Küche zeichnet sich nicht gerade durch Rafinesse und internationales Renommée aus, doch zumindest ein Produkt ist auch in der Fremde bekannt und sehr geschätzt: das Bündnerfleisch oder Bindenfleisch. Keine Speisekarte des Kantons, auf der das hauchdünn geschnittene, luftgetrocknete Rindfleisch fehlt – sei es als delikate Vorspeise oder, in Form einer Bündnerplatte als herzhaftes Hauptgericht –, kein Metzger, der es nicht im Angebot hätte. Und doch liegt seine eigentliche Heimat nur in der Umgebung von Churwalden und Parpan. Denn nur dort herrschen die optimalen klimatischen Bedingungen mit einem stetigen Luftzug durch das Tal, der die Trocknung erst ermöglicht.

Schon seit Jahrhunderten wird das Fleisch auf die gleiche Weise getrocknet. Was zunächst aus schierer Notwendigkeit geschah, um es haltbar zu machen, dient nun in erster Linie der Bereicherung des kulinarischen Angebots. Damit ist aber auch die Nachfrage gestiegen und kann nur noch durch eine zunehmende Rationalisierung und Mechanisierung der Produktion befriedigt werden. Die aufwendigen, langwierigen Trockenmethoden kann sich kein Großproduzent mehr leisten, so daß nur noch eine einzige Fleischtrocknerei – inzwischen in der vierten Generation – auf traditionelle Weise produziert: der Familienbetrieb Jörg Brügger in Parpan.

Die Herstellung von Bündnerfleisch kann ohne künstliche Kühlung nur im Winter erfolgen, da dann die Luft kalt und trocken genug, zudem frei von Bakterien und Fliegen ist. Zwischen Ende August und Ende März

›reifen‹ so bei den Brüggers etwa 70 000 kg Bindenfleisch – eine Menge, die größere Fabriken in nur zwei Wochen ausstoßen können. Was aber an Arbeit dahintersteckt, kann man daran ermessen, daß jedes einzelne Fleischstück ungefähr 60- bis 70mal in die Hand genommen wird, ehe es verzehrt werden kann.

Verarbeitet werden nur drei Stücke erster Qualität aus dem Stotzen (Keule) des Rindes: Unterspälte, Runder Mocken und Eckstück. Sie werden zunächst mit Salz und einer speziellen Gewürzmischung eingerieben und dann in großen Bottichen (Standen) eine bis dreieinhalb Wochen gepökelt – je nach Größe und Charakter. Dabei gibt das Fleisch Flüssigkeit ab, nimmt Salz auf und wird haltbarer. Anschließend wird es gewaschen und gebürstet, um es von allen Gewürzen zu befreien. Nun folgt der erste Schritt der Trocknung: Die Binden werden im Netz für zwei bis drei Wochen auf den drahtgeschützten Balkon gehängt und angetrocknet. Anschließend wandern sie in die Trocknungsräume, wo sich der Prozeß fortsetzt. Dabei bildet sich auf der Außenseite des Fleischs weißer Edelschimmel, der den Reifegrad anzeigt, vor dem Verkauf aber aus optischen Gründen wieder entfernt wird. Um eine gleichmäßige Verteilung des Saftes im Stück zu erreichen, wird es zwischendurch dreimal zwischen Holzscheiten gepreßt, wodurch es seine charakteristische Form erhält. Je nach Wetter dauert der gesamte Trocknungsprozeß zweieinhalb bis fünf Monate, in denen das Fleisch 48–53 % an Gewicht verliert.

Nur durch die langsame natürliche Trocknung kann sichergestellt werden, daß die Stücke gleichmäßig und von innen nach außen trocknen. Eine künstliche Klimatisierung führt dazu, daß das Fleisch von außen nach innen trocknet und so vielleicht am Rand gerade richtig ist, in der Mitte aber noch relativ feucht.

Natürlich ist entscheidend für die Qualität des Bündnerfleischs, die gerade bei einem kleinen Betrieb zählt, auch die der verwendeten Stücke. Am besten geeignet ist Fleisch von Milchkühen, da es weniger Wasser enthält und einen kräftigeren Eigengeschmack aufweist. Die großen Fabriken verwenden in der Regel südamerikanisches Rindfleisch, das nicht so teuer ist wie schweizerisches. Diese Tatsache, früher schamhaft verschwiegen, wird nun als der Gesundheit des BSE-geängstigten Kunden dienlich proklamiert. Was hilfts – untersagt die EU zur Zeit doch den Import von Bündnerfleisch, das nicht von EU-Rindern stammt.

Als Fazit bleibt nur, wie so oft, die Feststellung, daß wer seine Lieferanten genau kennt, auch für die Qualität des Produkts bürgen kann – und die hat ihren Preis.

Internationales Schlittenhunde-Rennen (Jan.): spektakuläres Ereignis mit über 70 Teams. **Planoiras Volksskilauf** (Jan.): 30 km, anspruchsvolle Strecke, daher ähnliche Laufzeiten wie beim Engadiner Skimarathon. **Snowman Triathlon** (März): 41,4 km Mountainbike, 18,3 km Skating, 25,2 km Laufen mit insgesamt 2200 m Höhenunterschied.

Ein Abstecher bietet sich von Lenzerheide nach **Lantsch** (Lenz) an. Neben der erstaunlich großen und prächtigen Barockkirche mitten im Ort lohnt die außerhalb auf einem Hügel gelegene alte Kirche Sta. Maria den Besuch, die nur noch bei Begräbnissen genutzt wird (Schlüssel im Pfarrhaus unterhalb der neuen Kirche). Nicht nur das Innere des schlichten Baues mit Fresken des Rhäzünser Meisters und drei Barockaltären ist sehenswert, sondern vor allem der Friedhof, dessen ausnahmslos schmiedeeiserne Grabkreuze eine Besonderheit für die Region darstellen. Außerdem hat man von dort einen weiten Blick ins Oberhalbstein und hinüber nach Mutten und Obermutten.

Durch das Albulatal nach Bergün

Am Zusammenfluß von Julia (Gelgia) und Albula erreicht die Straße über die Lenzerheide den Boden des Albulatals. Hier trennt sich die alte Paßroute über den Albulapass von der über Julier- und Septimerpass. Von dem früheren Reichtum, den der Warenverkehr mit sich brachte, ist allerdings heute in **Tiefencastel** nur noch wenig zu sehen, da es 1890 ein verheerender Brand verwüstete. Schutzsuchend drängen sich die Häuser unterhalb des Kirchhügels aneinander, der schon von weitem ins Auge fällt. Wahrzeichen und zugleich einzige nennenswerte Sehenswürdigkeit des Ortes ist die barocke Pfarrkirche St. Stephan. Üppige Stukkaturen, vergoldete Altäre und Malereien – diese allerdings erst 1931 entstanden – bilden ein harmonisches Ganzes. In der rechten Seitenkapelle befindet sich eine beeindruckende geschnitzte Grabgruppe aus dem 17. Jh., deren Figuren fast einen Meter groß sind.

Etwa 1,5 km talabwärts steht auf einer Lichtung die einzige in Reinform erhaltene karolingische Dreiapsidenkirche der Schweiz: St. Peter in **Mistail** (Abzweig am Bahnhof von Tiefencastel, ab Parkplatz 5 Min. zu Fuß). Nicht nur der Grundriß legt den Vergleich mit Müstair (s. S. 206 f.) nahe, sondern auch die Fresken, von denen aber lediglich Fragmente erhalten sind. Nur noch wenige, unscheinbare stammen aus der Entstehungszeit der Kirche um 800, die Mehrzahl ist etwa 600 Jahre alt. Als erstes fällt ein fast 7 m hoher Christophorus an der Nordwand ins Auge; die mittlere Apsis krönt ein thronender Christus mit Engeln und den Symbolen der Evangelisten, darunter ein Apostelfries, schließlich der Drachenkampf des hl. Georg und die Anbetung der Heiligen Drei

St. Stephan in Tiefencastel

Könige. Ansonsten weist der schlichte, fast quadratische Raum heute keine weitere Ausstattung mehr auf

Hinter Alvaschein verengt sich das Albulatal zur **Schinschlucht,** die sich erst kurz vor Thusis wieder öffnet. An der **Solisbrücke,** dem höchsten Viadukt der Rhätischen Bahn (89 m), überqueren drei Verkehrswege parallel die Albula: Eisenbahn, alte Straße und neue Schnellstraße. Kurz öffnet sich das Tal noch eimal am Abzweig nach Mutten, einer deutschsprachigen Enklave im ansonsten romanischen Gebiet. Abenteuerlich windet sich das Sträßlein – zum Schluß nur noch ein Fahrweg, doch dem Postauto genügt auch der – über Mutten fast 1000 m hoch nach **Obermutten.** Das ursprüngliche, komplett aus Holz gebaute Walserdorf mit seiner hölzernen Kirche – die schweizweit einzige ihrer Art –, von dem sich ein phantastischer Ausblick bietet, lohnt den anstrengenden Abstecher allemal.

Folgt man von Tiefencastel der Albula aufwärts, erreicht man nach etwa 6 km **Alvaneu-Bad.** Seit dem 16. Jh. herrschte dort ein reger Badebetrieb, der seine Blüte im 19. Jh. durch den Bau der Albulastraße erlebte. Doch der Kurbetrieb wurde 1962 eingestellt, der Ort dämmert dahin, von der einstigen Herrlichkeit ist nichts mehr zu sehen. Anfang der 90er Jahre gab es aber hochfliegende Pläne: Das moderne Bäderzentrum und der benachbarte 18-Loch-Golfplatz sollten Alvaneu zum Mekka der Wellness machen. Ob die Vision jemals Realität wird, ist jedoch durch massive Finanzierungsprobleme in Frage gestellt. Und so bleibt zunächst als schwacher Trost eine ›halbe Portion‹ Golfplatz (Golf Club Alvaneu, ✆ 404 10 07) – die aber zugegebenermaßen sehr schön an der Albula gelegen.

Der andere Ortsteil, Alvaneu-Dorf, liegt gut 200 m höher am Hang, an der Straße, die weiter durch das Landwassertal nach Davos führt. Lohnenswert ist ein kurzer Abstecher nach **Schmitten**. Auf dem Kirchhügel liegen malerisch über dem Ort die Kirche Allerheiligen und die Kapelle St. Luzius. Während erstere eine üppige Barockausstattung aufweist, die ihr Äußeres nicht vermuten läßt, machen spätgotische Fresken die romanische Kapelle zu einem wahren Schmuckstück. Außerdem bietet sich von dem Hügel ein wunderbarer Ausblick über das Albulatal.

Auf dem Talboden taucht kurz hinter Alvaneu-Bad in der Ferne die schönste Brücke der Rhätischen Bahn auf: der **Landwasserviadukt.** Weder die längste noch die höchste, ist sie dennoch die kühnste. In einem leicht ansteigenden Halbkreis überquert der Zug auf 65 m hohen gemauerten Pfeilern das Landwasser, um dann unvermittelt von einem Loch mitten in der Felswand verschluckt zu werden. Wer von Tiefencastel aus mit dem Zug unterwegs ist, erlebt hier den Auftakt einer wirklich atemberaubenden Bahnstrecke, deren Höhepunkte zwischen Bergün und Preda liegen.

In **Filisur** ist schon deutlich der Einfluß des Engadins zu spüren, zu dem von alters her über den Albulapass lebhafte Beziehungen gepflegt wurden: Einige schöne Engadiner Häuser, teilweise mit originellen Sgraffiti, flankieren die enge Ortsdurchfahrt. Dann windet sich die Straße durch das schmal eingeschnittene Albulatal aufwärts, um sich nach einigen Kilometern unvermittelt zu einem weiten Talkessel zu öffnen, in dessen Mitte Bergün liegt.

Grischuna ($$), Filisur, ✆ 404 11 80, Fax 404 24 80: für Bahnfreaks, direkt am Bahnhof, besonders beliebt die Zimmer mit Blick auf die Gleise.

Camping Islas, ✆ 404 16 47: sehr schön zwischen Filisur und Alvaneu-Bad in einem Wäldchen an der Albula gelegen.

Hotel Schöntal ($$), Filisur, ✆ 404 11 82: fast ausschließlich Verwendung von lokalen Produkten.

Von Bergün zum Albulapass

Bergün (Bravuogn) lebt seit jeher vom Verkehr – zuerst waren es die Säumer, die Lasten über den Albulapass transportierten, Ende des 19. Jh. erfolgte mit dem Bau der Bahnlinie ein neuer Aufschwung. Heute ist das obere Albulatal ein Eldorado für Bahnfreaks, aber auch Wanderer und Mountainbiker kommen dort voll auf ihre Kosten. Seit 1994 hat Bergün neben dem rätoromanischen und dem deutschen Namen, der mit dem Eisenbahnbau immer mehr die Oberhand gewann, einen dritten, der stolz an der Bahnstation prangt: »Madruns«. Dieses Pseudonym hat es der erfolgreichsten Serie des Schweizer Fernsehens zu verdanken, denn ›Die Direktorin‹, 1994/95 ausgestrahlt, wurde hier gedreht.

Entlang der engen, gepflasterten Paßstraße reihen sich viele typische Engadiner Häuser auf, die im oberen Bereich größtenteils aus dem 17. und 18. Jh. stammen, um den Dorfplatz herum aber auch teilweise noch aus dem 16. Jh. Einige weisen originale Sgraffiti oder Malereien auf, größtenteils wurde der Fassadenschmuck später überputzt. Restaurierungen der letzten Jahrzehnte ist es aber zu verdanken, daß hier und da wieder das Originaldekor zum Vorschein gekommen ist. Im Bereich des Dorfplatzes fallen besonders zwei Gebäude ins Auge: das massige, schmucklose Doppelhaus an der Südwestseite, das wohl eines der größten Engadiner Häuser überhaupt sein dürfte. Noch dominierender ist der mittelalterliche **Turm** (túer), dessen auffälliger, wappenverzierter Aufsatz allerdings barocken Ursprungs ist. Welche Funktion das heute fast vollständig von anderen Häusern eingeschlossene Gebäude früher ausübte, ist unklar, inzwischen ist in ihm aber das Gemeindearchiv untergebracht.

Am oberen Ortsende von Bergün steht eines der schönsten Gotteshäu-

Bergün putzt sich heraus

ser Graubündens. Von außen schlicht, ist das Innere der **Reformierten Kirche** reich dekoriert: Umlaufende, sehr gut erhaltene spätgotische Fresken (um 1500), die 1930 freigelegt wurden, zeigen Verkündigung und Taufe Christi, die Passionsgeschichte und die zwölf Apostel. Nicht weniger beeindruckend ist aber die mit farbigen Ornamenten bemalte Tannenholzdecke, die den im Hochsommer stattfindenden Konzerten eine ausgezeichnete Akustik verleiht.

Das **Ortsmuseum** (✆ 407 12 77; Juni–Okt. Di, Do–So 14–18, Mi 14–17 u. 19–21 Uhr) wäre ein Heimatmuseum wie viele andere, hätte es nicht eine Besonderheit zu bieten: ein 1988 begonnenes, noch nicht fertiggestelltes Modell der Bahnstrecke Preda-Bergün im Maßstab 1:87, das einen guten Vorgeschmack darauf gibt, was einen in der freien Natur erwartet – nebenbei die größte Modelleisenbahnanlage des Kantons.

Verkehrsverein Bergün, 7482 Bergün, ✆ 407 14 14, Fax 407 14 04, E-Mail: berguen@ibm.net (auch zuständig für Filisur).

Sporthotel Darlux ($$$), ✆ 407 14 15, Fax 407 14 40: der Name verspricht es: Hallenbad, Sauna, Fitness. **Sonnenheim** ($$–$$$), ✆ 407 11 29, Fax 407 23 88: klein und gemütlich, am Ortseingang nahe der Bahnstation. **Albula** ($$–$$$), ✆ 407 11 26, Fax 407 14 83: zentral, familiär. **Piz Ela** ($), ✆ 407 11 68, Fax 407 12 07: einfach, günstig, kinderfreundlich.

Fuschena ($$), ✆ 407 12 03: originell in einem alten Engadiner Haus eingerichtet, Bündner Spezialitäten, Grill, ausgefallene Pizzas.

Lohnenswert ist ein Abstecher mit Auto oder Mountainbike ins 200 m oberhalb von Bergün auf einer Terrasse hoch über dem Einschnitt des Albulatals gelegene **Stugl** (3,5 km). Grund dafür sind nicht nur die ursprünglichen Engadiner Häuser, sondern vor allem die kleine Kirche. Ihr Inneres ist vollständig mit Fresken aus dem 14. Jh. ausgemalt. Sie wurden erst 1955 freigelegt, so daß sie sich in einem sehr guten Zustand befinden. Ihre dunkle Farbgebung, die die Enge des Raumes noch verstärkt, deutet auf einen Maler der Giotto-Schule hin – und verleiht ihnen damit einen herausragenden kunstgeschichtlichen Rang.

Absoluter Höhepunkt eines Besuchs von Bergün ist die 20minütige **Bahnfahrt nach Preda.** Auf dieser 12,5 km langen ›Königsstrecke‹ der Rhätischen Bahn mit phantastischen Aussichten passiert der Zug fünf Kehrtunnel, zwei gewöhnliche Tunnel, neun Viadukte und zwei Galerien (s. S. 155 ff.). Entlang der Albulastrecke führt der **Bahnhistorische Lehrpfad** wieder hinunter nach Bergün (8,5 km, ca. 1.30–2 Std.). Mehrfach kreuzt er die Bahnlinie, so daß man die Tunnel und Viadukte aus nächster Nähe betrachten kann, Schautafeln erklären die technischen Details und lassen den Bau der Bahnlinie zwischen 1898 und 1903 Revue passieren. Besonders

Die Rhätische Bahn

›Die Eisenbahn auf dem Dach Europas‹

Glacier Express, Bernina Express, Heidiland Bernina Express – drei Namen mit magischem Klang, die als Synonym für das höchstgelegene Bahnnetz Europas stehen. Dessen Geschichte begann 1889 mit der Gründung der Rhätischen Bahn und der Eröffnung der Verbindung von Landquart nach Klosters. In nur 25 Jahren wurde bis 1914 ein 375 km langes Schmalspurnetz aufgebaut, das fast den gesamten Kanton erschließt. Erst mit der Eröffnung des Vereinatunnels Ende 1999 wird wieder ein neuer Streckenabschnitt in Betrieb genommen werden.

Zunächst zogen Dampfloks die Waggons, doch schon 1922 war das gesamte Netz elektrifiziert – kurioserweise mit vier verschiedenen Spannungen. Diese Vielfalt hat durch die Einstellung des Betriebs im Misox in den 70er Jahren und die Umelektrifizierung der Chur-Arosa-Bahn 1997 ein Ende gefunden. So ist das gesamte Stammnetz inzwischen auf 11 000 Volt Wechselstrom eingerichtet, lediglich auf der Berninastrecke verkehren die Züge mit 1000 Volt Gleichstrom.

Die meisten Bahnfans bedauern eine Veränderung der letzten Jahre: Schlängelten sich früher die charakteristischen knallroten Züge durch die Bündner Bergwelt, so tauchen inzwischen auch andere Farben auf. Lokomotiven werden als entsprechend lackierte Werbeflächen vermietet, um das Defizit des Betriebs zu senken, und die Waggons der Chur-Arosa-Bahn sind seit 1997 einheitlich blau.

Unverändert ist aber die Attraktivität der Streckenführung mit zahlreichen Tunneln und Viadukten, die den schweizerischen Bahnarchitekten – wie auch ihren Kollegen im Straßenbau – zu Weltruhm verholfen hat. Schon die nackten Zahlen sind beeindruckend: 562 Brücken, 116 Tunnel und Galerien. Einige dieser Bauwerke nehmen eine Sonderstellung ein: der Langwieser Viadukt, mit 285 m die längste Brücke; der kühn geschwungene, 130 m lange Landwasserviadukt bei Filisur, hinter dem die Gleise sofort in einem Tunnel verschwinden; der Kreisviadukt von Brusio; die Solis-Brücke über die Albula, mit 89 m die höchste Brücke; schließlich der Albulatunnel – mit 5865 m längster und zugleich höchstgelegener Bahntunnel der Alpen. (Ersteren Rekord wird er aber Ende 1999 an den 19 049 m langen Vereinatunnel verlieren.)

Ein wahrhaft »bahntastisches« Erlebnis garantiert die Fahrt mit dem Bernina Express von Chur nach Tirano: von der Kantonshauptstadt über die spektakuläre Albulastrecke, das Aushängeschild der Rhätischen Bahn, ins weite, sonnige Oberengadin und von dort über den Berninapass hinunter ins Puschlav. Besonders empfehlenswert ist die Fahrt zu Beginn des Frühlings, wenn auf der Paßhöhe noch tiefster Winter herrscht, Poschiavo und Tirano aber schon durch mediterranes Flair und üppige Vegetation bestechen.

An der Südrampe des Berninapasses haben die Ingenieure ein wahres ›Satanswerk‹ vollbracht: Die direkte Entfernung zwischen Ospizio Ber-

Der Bernina Express auf dem Berninapass am Lago Bianco

geeignet ist für die kleine Wanderung die Mittagszeit oder der frühe Nachmittag, da dann die Bahnstrekke am besten ausgeleuchtet ist.

Im Winter wird die gesperrte Albula-Paßstraße zu Europas tollster **Schlittelbahn** – die Werbung ist wohl kaum übertrieben. Auf 5 km Länge führt sie die gut 400 Höhenmeter von Preda nach Bergün hinab, stündlich verkehren Schlittelzüge, bis in den späten Abend ist die Strecke beleuchtet und seit der Saison 1998/99 sogar teilweise mit Kunstschnee präpariert. Wer bei guter Kondition und entsprechend motiviert ist, kann das Vergnügen bis zu achtmal am Tag erleben – der Rekord für die ersten 3,8 km steht übrigens bei knapp viereinhalb Minu-

nina, dem 2253 m hoch gelegenen einzigen offenen Übergang einer Bahnlinie über den Alpenhauptkamm, und Poschiavo beträgt etwa 11 km mit 1230 m Höhenunterschied. Da eine reine Adhäsionsbahn ohne Zahnradunterstützung eine solche Steigung nicht bewältigen kann, mußte die Distanz künstlich verlängert werden. Dazu legte man die im Straßenbau üblichen Serpentinen an, über die sich die Züge nun unter ohrenbetäubendem Quietschen hinab ins Puschlav winden. Aber selbst dabei ging man bis an die absolute Grenze: 7 % Steigung – eine steilere Bahnlinie gibt es nirgends.

Noch größer waren die Probleme beim Bau der Albulastrecke von 1898 bis 1903 gewesen. Die Bahnverbindung ins Engadin war dringend vonnöten, das extrem eng eingeschnittene Albulatal versprach noch die günstigsten topographischen Voraussetzungen für den Bau. Für eine direkte Streckenführung war der Abschnitt zwischen Bergün und Preda, auf dem 416 m Höhenunterschied zu überwinden waren, dennoch zu steil, für Serpentinen das Tal zu eng. Was tun? Die Lösung ist gleichermaßen genial wie bei der Bahnfahrt verwirrend: Die Distanz von eigentlich nur etwa 6 km wurde künstlich auf gut das Doppelte verlängert, die Serpentinen wurden regelrecht in den Berg verlegt. Der Zug fährt also in einen Tunnel ein, schraubt sich im Berg höher und verläßt ihn häufig in entgegengesetzter Richtung, was dazu führt, das man im Zug leicht die Orientierung verliert.

Um diese Wunderwerke der Ingenieurskunst zu genießen, sei als ›Minimalprogramm‹ die Fahrt von Bergün nach Preda und der Rückweg über den informativen Bahnhistorischen Lehrpfad empfohlen, weitaus mehr bietet der Ausflug mit dem Bernina Express nach Tirano – oder aber die Fahrt mit dem Glacier Express von St. Moritz nach Zermatt, wo als krönender Abschluß das Matterhorn wartet.

ten … Was in anderen Wintersportorten zum exotischen Beiwerk gehört, wird in Bergün als echte Alternative zum Skilaufen ausgebaut. Und da der Ort mit der steileren und engeren Strecke am Darlux auch noch über eine weitere Top-Schlittelbahn verfügt, führt er vollkommen zu Recht das Attribut ›Schlittelmekka Europas‹.

Der **Albulapass,** früher eine wichtige Verbindung ins Engadin, führt heute nur noch ein Schattendasein im Vergleich mit dem wesentlich günstiger gelegenen und daher auch besser ausgebauten Julierpass (s. S. 161). Und so hat er sich in den letzten Jahrzehnten immer mehr zur Ausflugsstrecke für Motorradfahrer und Mountainbiker entwickelt, die hier nicht so unter einem starken Autoverkehr leiden müssen.

Sonnenhof ($$), Preda, ✆ 407 13 98, Fax 407 16 01: im Chaletstil, idyllische Lage, vegetarische Küche.

Durch das Oberhalbstein (Surses) zum Julierpass

In Tiefencastel zweigt das Oberhalbstein (Surses) ab, durch das die wichtigste Verbindung ins Engadin über den Julierpass führt. Größter Ort des früher wie heute vom Verkehr geprägten Tals ist **Savognin.** Nur noch wenige alte Häuser sind erhalten, der Charakter der weitläufigen Siedlung wird von Neubauten geprägt, viele darunter Ferienwohnungen, aber auch die Wohnbevölkerung hat in den letzten Jahren deutlich zugenommen – kurzum: Savognin boomt. Zu verdanken hat es das weniger kulturellen Highlights als einem umfangreichen touristischen Angebot, vor allem für ein jüngeres Publikum. So bietet es neben vielen Wandermöglichkeiten ein 120 km langes Netz von Mountainbike-Routen aller Schwierigkeitsgrade – darunter die recht anspruchsvolle ›Königsstrecke‹ auf die Alp Flix (28 km, knapp 1000 Höhenmeter). Das Freizeitzentrum rund um den Badesee Lai Barnagn und das Surfrevier auf dem Lai da Marmorera runden das Angebot im Sommer ab, im Winter zieht das Skigebiet mit leichten und mittelschweren Pisten vorwiegend Snowboarder und jüngere Skiläufer an.

Neben dem obligatorischen Heimatmuseum (Museum Regiunal; ✆ 684 16 55 u. 684 24 59; Juli–Aug. Di 19.30–21, Do 16–18 Uhr, Sept.–

Blick über Tiefencastel ins Albulatal

Okt. Di 19.30–21 Uhr) gibt es noch ein zweites Museum in Savognin: die Sala Segantini (Mo–Sa 16–18, Mi auch 20–21 Uhr; Eintritt frei), zu Ehren des Malers Giovanni Segantini (s. S. 170 f.) benannt, der von 1886 bis 1894 im Surses lebte. In der alten Scheune finden wechselnde Ausstellungen statt. Die auffälligste und auch interessanteste Kirche Savognins ist Sogn Martegn, am westlichen Talhang oberhalb des Ortes gelegen. Ihr Grundriß entspricht einem griechischen Kreuz, Krönung der üppigen Barockausstattung ist ein riesiges Deckengemälde von Carlo Nuvolone – das wohl bedeutendste Werk italienischer Barockkünstler auf Bündner Boden.

ℹ **Kur- und Verkehrsverein Savognin**, 7460 Savognin, ✆ 684 22 22, Fax 684 28 21, E-Mail: ksavogn@ibm.net.

Julier-Brücke in Savognin

Tgesa Scarpatetti ($$$–$$$$), Cunter, ✆ 684 26 66, Fax 684 31 41: Patrizierhaus aus dem 16. Jh., sehr speziell. **Tgesa Romana** ($$$–$$$$), ✆ 684 15 44, Fax 684 37 07: gemütliches Velotel, ruhig direkt an der Julier gelegen, alle Zimmer mit Balkon, sehr gutes Essen. **Danilo** ($$$), ✆ 684 14 66, Fax 684 31 83: gutes Essen, Pub, Disco, Treffpunkt der Jugend. **Sporthotel Cresta** ($$$), ✆ 684 17 55, Fax 637 11 31: Tennis, Squash, Hallenbad, Kletterhalle etc. **Alp Flex** ($$), Sur, ✆ 684 52 85, Fax 684 55 92: kleines Hotel, persönlich, renovierte Zimmer, Arvenstube, gute Küche, sehr aktive Besitzer.

Tgesa Romana ($$), ✆ 684 15 44: gemütlich, ausgezeichnete Küche, teilweise ausgefallene Kombinationen, Bündner Spezialitäten. **Val Verda** ($–$$), Hotel Danilo, ✆ 684 14 66: Pasta, auch vegetarische Gerichte, spezielle Kinderkarte. **Patataria** ($), Sporthotel Alpina, ✆

684 14 26: Bündner Spezialitäten und vor allem Rösti, Rösti, Rösti.

Bergseetauchen: 6 Seen der Umgebung geeignet, Infos über Hotel Flex, Sur, ✆ 684 52 85.

Von Savognin führt die Paßstraße durch Tinizong und vorbei am Lai da Marmorera weiter aufwärts nach **Bivio.** Wer dem Ort das Attribut ›Die Perle am Julier‹ verliehen hat, mag ein etwas eigentümliches Verständnis von Schönheit haben, denn er leidet sehr unter der engen Durchfahrt der Paßstraße. Bivio ist der einzige dreisprachige Ort Graubündens: In der Grundschule erfolgt der Unterricht in Italienisch, danach wird er auf Deutsch weitergeführt, das inzwischen auch die Hauptverkehrssprache ist. Einige wenige Einwohner sprechen aber immer noch Bivio-Romanisch. Seinen Namen verdankt Bivio (›Scheideweg‹) der Tatsache, daß sich hier zwei alte Handelswege treffen – oder, je nach Blickwinkel, trennen. Die eine Route führt über den Julier-, die andere über den Septimerpass.

Kur- und Verkehrsverein Bivio, 7457 Bivio, ✆ 684 53 23, Fax 684 55 58, E-Mail: kurverein@bivio.ch.

Minotel Solaria ($$–$$$), ✆ 684 51 07, Fax 684 52 90: eigener Reitstall; Sauna, Solarium.

In römischer Zeit war der **Septimerpass** einer der wichtigsten Alpenübergänge, wovon noch einige Steinplatten zeugen. Mitte des 9. Jh. wurde auf der Paßhöhe das erste Hospiz im Alpenraum erwähnt, und nochmals gut 500 Jahre später wurde die Route im Auftrag des Churer Bischofs mit 2,50 m breiter Pflasterung ausgebaut – eine der ersten befahrbaren Straßen überhaupt in den Alpen. Von dieser einstigen Herrlichkeit ist aber kaum etwas übriggeblieben, denn mit dem Ausbau des Julierpasses in den 1820er Jahren geriet der Septimer in Vergessenheit. Heute führt nur noch ein Wanderweg von Bivio über die Paßhöhe ins Bergell nach Casaccia, doch unterwegs stößt man bei der lohnenswerten Tour (ca. 4.30 Std.) immer wieder auf Spuren der ruhmreichen Vergangenheit.

Wie anders dagegen der **Julierpass,** über den sich heute der Großteil des Verkehrs ins Engadin wälzt (s. S. 165). Auch er wurde bereits im 1. Jh. als Übergang genutzt, wie römische Münzfunde bei der Paßhöhe belegen, doch war er zunächst weniger wichtig als Splügen- oder Septimerpass. Erst mit dem Straßenausbau zwischen 1820 und 1826 überflügelte er seinen südwestlichen Nachbarn und erlangte die heutige Bedeutung. Auf der Paßhöhe flankieren zwei römische Säulen, die wohl zu einem Heiligtum gehörten, die Straße, bevor sie ins Engadin, nach Silvaplana, hinunterführt.

Das Engadin und seine Seitentäler

Malerisches Relikt der Eiszeit – Die Oberengadiner Seenplatte

Granitzacken und Kastanienwälder – Das Bergell

Mondänes St. Moritz

Ewiges Eis an der Bernina

Unverfälschte Natur – Der Schweizerische Nationalpark

Weltkulturerbe – Kloster St. Johann in Müstair

Engadiner Häuser und urige Dörfer – Zuoz, Guarda und Ardez

Fixstern am Wellness-Himmel – Das Bogn Engiadina Scuol

Blick auf die Oberengadiner Seenplatte Richtung Malojapass

Das Oberengadin

Engadin – der Name hat fast einen magischen Klang und ist überaus facettenreich. In der Bernina erhebt sich der einzige Viertausender der Ostalpen, ein paar Kilometer weiter lockt die Oberengadiner Seenplatte. Das mondäne St. Moritz kontrastiert mit dem verträumten Sils Friedrich Nietzsches. Und alles wird gerahmt von sanften Hängen mit einer einzigartigen Alpenflora.

Vom Malojapass nach Nordosten erstreckt sich eines der spektakulärsten Hochtäler der Alpen: das Oberengadin. Die freundliche, von einer weiten Seenplatte dominierte Landschaft brachte immer wieder Künstler ins Schwärmen: Giovanni Segantini verneigte sich »vor dieser mit Schönheit gesegneten Erde«, für Thomas Mann war es schlichtweg »der schönste Aufenthalt der Welt«, und Friedrich Nietzsche fühlte sich »als wäre ich im Lande der Verheißung«. Einen nicht unwesentlichen Anteil an diesen euphorischen Einschätzungen dürfte das reizarme kontinentale Klima des Tals haben, das eine hohe Sonnenscheindauer und geringe Niederschläge mit sich bringt. Die Winter sind zwar kalt, aber doch sonnig, und der Frühling hält durch die Öffnung des Tals nach Südwesten für die Höhenlage (1800 m) ungewöhnlich früh Einzug – er kriecht förmlich über den Malojapass.

Die höchstgelegene Seenplatte der Alpen ist ein Relikt der Eiszeit. Beim Abschmelzen der riesigen Gletscher, die den Talboden bis zu 1000 m dick bedeckten, blieben einzelne Toteisreste übrig. Um sie herum lagerte sich Geröll ab, so daß beim Tauen des letzten Eises Mulden freigelegt wurden, die mit Wasser volliefen. Heute werden die vier Seen vom Inn (En) gespeist, der oberhalb des Malojapasses entspringt und dem etwa 100 km langen Engadin, das er erst an der österreichischen Grenze wieder verläßt, seinen Namen gab.

Engadiner Skimarathon (März): nach dem Wasa-Lauf bekanntester Volksskilauf, von Maloja nach S-chanf (42 km) mit jährlich über 20 000 Teilnehmern. **Engadin Inline Marathon** (Juli): das sommerliche Pendant zum Skimarathon auf Rollen, gleiche Strecke und Distanz. **Engadiner Konzertwochen** (Juli/Aug.): Kammerkonzerte in Kirchen und Gemeindesälen des Oberengadins.

Die Oberengadiner Seenplatte zwischen Silvaplana und Maloja

Für die meisten Besucher bietet sich der erste Blick auf das Oberengadin und seine Bergwelt vom **Julierpass**. Bei der Fahrt hinunter entfaltet sich das weite Hochtal immer deutlicher: rechts die Seenplatte hinüber zum Malojapass, links die bewaldeten Hügel um St. Moritz und geradeaus in der Ferne die glitzernde Eiswelt um den Piz Bernina.

Aller Verkehr, der das Oberengadin über den Julierpass erreicht, zwängt sich durch das Nadelöhr **Silvaplana,** eine typische Paßfußsiedlung, die architektonisch und kulturell wenig zu bieten hat. Das Kapital des Ortes ist die Umgebung. Hier finden die Windsurfer ihr Eldorado, denn im Sommer bläst mit schweizerischer Präzision ab der Mittagszeit der Malojawind über den **Silvaplanersee.** Seiner Konstanz verdankt Silvaplana auch den einzigen Surf-Weltcup auf einem Binnensee, den die Zuschauer – anders als bei den Veranstaltungen vor der Küste – wesentlich besser verfolgen können. Und die Wellen sind hier auch nicht so hoch. Beleg für die Stärke des Malojawindes ist folgende Episode: 1980 wurde hier das Wasserskilaufen ohne Motorboot oder Seilwinde erfunden. Im Anschluß an eine Segelregatta spannte man einen Katamaran vor einen Wasserskiläufer – und ab ging die Post.

Das Schlößchen Crap da Sass zwischen Silvaplanersee und Lej da Champfèr

Oberengadin

Der Schwemmkegel, auf dem Silvaplana angelegt wurde, trennt den Silvaplanersee vom Lej da Champfèr. Am Übergang zwischen den beiden Seen liegt jenseits des Inns malerisch das Schlößchen Crap da Sass, das zu Beginn des 20. Jh. gebaut wurde (Privatbesitz). Von **Surlej** aus erschließt die 1997 generalüberholte Corvatsch-Luftseilbahn nicht nur ein attraktives Wandergebiet rund um die Fuorcla Surlej mit ihrer phantastischen Aussicht, sondern auch den höchstgelegenen Bereich des Skigebiets Oberengadin am Piz Corvatsch (3451 m).

Kur- und Verkehrsverein Silvaplana, 7513 Silvaplana, ✆ 838 60 00, Fax 838 60 09, E-Mail: silvaplana @bluewin.ch.

Albana ($$$$), ✆ 828 92 92, Fax 828 81 81: zentral gelegen, bestes Hotel am Ort. **Bellavista** ($$$–$$$$), Surlej, ✆ 828 81 85, Fax 828 89 88: klein, ruhig gelegen, schöner Blick über den Silvaplanersee.

Camping Silvaplana, ✆ 828 84 92: zwischen Hauptverkehrsstraße und Silvaplanersee gelegen, daher laut, aber ideal für Surfer.

Spunta Grischun ($$), Hotel Albana, ✆ 828 92 92: sehr reiche Auswahl an Bündner Spezialitäten. **Pizzeria Casa Nostra** ($), ✆ 828 92 42: gemütliche Pizzeria.

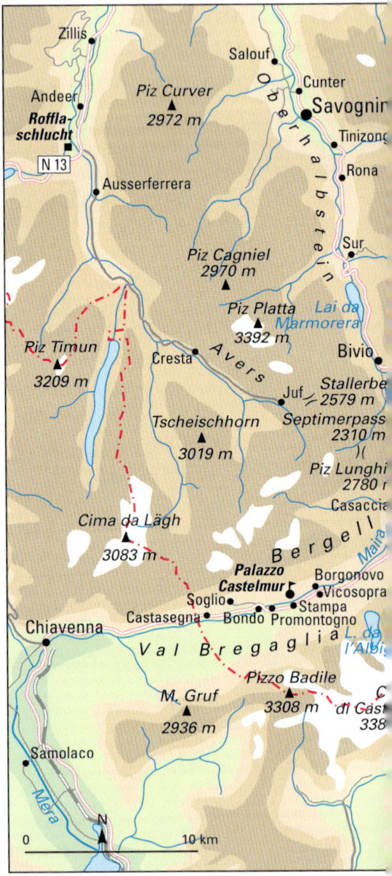

Wanderung: Von der Mittelstation der Corvatsch-Gondelbahn zur Fuorcla Surlej, von dort hervorragender Blick ins Val Roseg und auf die Gletscherwelt um Piz Bernina und Piz Roseg; über den Lej dals Chöds zurück nach Surlej, während des Abstiegs Aussicht über das gesamte Oberengadin (2.30–3 Std.).

Engadin Surf Marathon (Aug.): traditionsreiche Regatta für Profis und Freizeitsurfer, früher auf dem Silser-, seit 1998 publikumswirksamer auf dem Silvaplanersee. **Blue Window Surf World Cup** (Aug.): weltweit einziger Windsurf-Weltcup auf einem Binnensee mit hervorragenden Windverhältnissen.

Am anderen Ende des Silvaplanersees, an dessen malerischem Ufer die Straße entlangführt, liegt **Sils.** Hier findet man noch heute die Ruhe, die schon 1881 Friedrich Nietzsche anzog, lediglich durchbrochen vom Getrappel und Geklingel der Pferdekutschen im verkehrsberuhigten Ortskern. Zahlreiche Spuren erinnern an den berühmtesten Gast des Ortes, so z. B. ein Gedenkstein an der Spitze der Halbinsel Chastè. Das Nietzsche-Haus im Ortskern (✆ 826 53 69; tägl. außer Mo 15–18 Uhr, Führungen Mi 11.30–12.30 Uhr nach telefonischer Anmeldung), in dem der Philosoph einige Jahre lebte, ist ganz seinem Leben und Schaffen gewidmet.

Erst in den 80er Jahren wurde ein anderer Sohn von Sils wiederentdeckt: der Maler Andrea Robbi (1864–1945), der teilweise mit Giovanni Segantini und Giovanni Giacometti verglichen wird. 1995 wurde ein kleines Museum (✆ 826 63 32; Mo–Sa 16– 18 Uhr) eröffnet, in dem neben seinen Werken auch solche des naiven ›Paradies-Malers aus dem Fextal‹, Samuele Giovanoli (1877–1941), ausgestellt sind.

Bereits um die Jahrhundertwende erlebte der Ort durch den Fremdenverkehr eine wirtschaftliche Blüte. Daran erinnert noch das über Sils-Maria mit seinen wenigen Engadiner Häusern thronende Hotel Waldhaus. Die Räume des 1906–1908 erbauten Palasts weisen auch heute noch teilweise die originale Jugendstil-Ausstattung auf.

Seinen Charme verdankt Sils insbesondere der abwechslungsreichen Landschaft mit einer reichen Alpenflora, auf die der kleine Alpengarten auf dem Muot Marias, mitten im Ortszentrum, einen Vorgeschmack gibt. Die Harmonie der Natur erreicht ihren Höhepunkt in einem Seitental, dem **Val Fex.** Inmitten der bunten Blumenwiesen liegt vor einer traumhaften Bergkulisse in Fex-Crasta ein kleines Bergkirchlein mit spätgotischen Fresken im Chor. Auch bei einem Kurzbesuch in Sils sollte man nicht versäumen, einen Spaziergang um die Halbinsel **Chastè** zu unternehmen (45 Min.). Ihr Name, übersetzt ›Schloß‹, leitet sich von einer mittelalterlichen Burganlage ab, deren Reste noch an ihrer Nordseite zu sehen sind. Immer wieder öffnen sich neue Blicke über den See mit bunt aufs Wasser getupften Surfern und auf stille, verträumte Buchten, in denen im Herbst die ›Silser Kugeln‹ angeschwemmt werden. Der Legende nach rollten einst, als Sils während der Schneeschmelze durch den über die Ufer getretenen Inn von der Außenwelt abgeschnitten war, Zwerge Lebensmittel in diese Kugeln aus Lärchennadeln ein, um die Bewohner zu retten. Als banalere Erklärung mögen Malojawind und Strömung herhalten. Den Abfluß des Silsersees bewacht gleichsam das spätgotische Kirchlein **St. Lorenz,** das trotz aller baulichen Bescheidenheit wegen seiner idyllischen Lage direkt am Inn Karriere als Fotomotiv gemacht hat.

Verkehrsverein Sils, 7514 Sils-Maria, ✆ 838 50 50, Fax 838 50 59, E-Mail: sils@compunet.ch.

Waldhaus ($$$$$), Sils-Maria, ✆ 838 51 00, Fax 838 51 98: traditionsreiches Luxushotel mit Jugendstil-Charme. **Chesa Randolina** ($$$$), Sils-Baselgia, ✆ 826 51 51, Fax 826 56 00: nahe der Halbinsel Chastè, sehr individuelle Zimmer. **Post** ($$$–$$$$), Sils-Maria, ✆ 826 51 33, Fax 826 52 52: familiär, sehr gemütliches altes Haus. **Sporthotel Grischa** ($$$), Sils-Baselgia, ✆ 826 51 16, Fax 826 50 49: Sporthotel mit Sauna, Solarium und Fitness-Raum, direkt am Inn gelegen. **Pensiun Crasta** ($$), ✆ 826 53 92, Fax 826 50 12: idyllisch im Fextal gelegen (nicht mit dem Auto erreichbar), gemütlich.

Arvenstübli ($$), Hotel Edelweiss, ✆ 826 66 26: Arvenstube, internationale Küche, Vollwertkost, viel Fisch. **Chesa Margun** ($$), ✆ 826 50 50: Engadiner Spezialitäten. **Stüva da la Posta** ($–$$), Hotel Post, ✆ 826 51 33: nüchterne Einrichtung, internationale Küche, einige Bündner Spezialitäten.

St. Lorenz in idyllischer Lage am Inn

Der 1800 m hoch gelegene **Silsersee** ist nicht nur der oberste der vier Engadiner Seen, sondern mit einer Länge von 5 km und einer Fläche von 408 ha zugleich auch der größte Alpensee. Zwischen Sils und Maloja verkehrt zudem die höchstgelegene Schiffahrtslinie Europas (✆ 826 53 43; Ende Juni–Ende Sept. 3–4mal tägl. hin und zurück, Fahrzeit 30–40 Min.). Daß der See noch heute in seiner ganzen Größe und Schönheit erhalten ist, verdankt er dem Widerstand der vom Tourismus abhängigen Oberengadiner. Der Plan, ihn als Ausgleichsbecken für ein Wasserkraftwerk zu nutzen, wodurch sein Wasserspiegel sehr starken Schwankungen unterworfen und der Bau von Dämmen notwendig gewesen wäre, wurde glückli-

Auf den Spuren von Giovanni Segantini

Kein anderer Künstler ist so eng mit dem Engadin verbunden wie der Symbolist Giovanni Segantini, keiner hat dort so viele Spuren hinterlassen und die Landschaft in so vielen Werken verewigt – und das, obwohl er nur fünf Jahre dort lebte.

Am 15. Januar 1858 in Arco am Gardasee geboren, verbrachte Segantini den größten Teil der Kindheit und Jugend in Mailand, wo er auch seine künstlerische Ausbildung erhielt. Nach der Emigration in die schweizerischen Berge blieb er der Stadt eng verbunden – nicht zuletzt durch die geschäftliche Beziehung zu dem Galeristen Alberto Grubicy. Von 1886 bis zu seinem Tod am 28. September 1899 lebte er in Graubünden, zunächst acht Jahre in Savognin, dann fünf in Maloja. Diese letzte Periode prägte entscheidend das Bild, das wir heute von dem Künstler haben. Hier entstanden seine wichtigsten Werke, hier fand er endgültig zu seinem typischen Stil. In der Höhenlage des Engadins konnte er seine etwas pathetischen, das harte bäuerliche Leben idealisierenden Szenen, im wahrsten Sinne des Wortes, ins rechte Licht rücken.

Höhepunkt von Segantinis künstlerischem Schaffen sollte das Triptychon ›Werden – Sein – Vergehen‹ werden, das er ursprünglich für die Pariser Weltausstellung konzipiert hatte. Dort sollte es in einem monumentalen Pavillon mit einer Höhe von 20 m und einem Durchmesser von 70 m ausgestellt werden. Obwohl der Auftrag schon 1898 von der Ausstellungsleitung wieder zurückgezogen wurde, nimmt das Werk heute den Rang ein, der ihm vom Künstler zugedacht war – weniger seiner Größe als seines finalen Charakters wegen.

cherweise 1910 wieder zu den Akten gelegt.

Auf einem Schwemmkegel am Südostufer des Silsersees liegt malerisch der Weiler **Isola.** Ebenso wie Grevasalvas am jenseitigen Hang, das als Kulisse für einen Heidifilm diente, unterhielten die Bauern aus dem Bergell früher hier eine Maiensäßsiedlung. Da aufgrund der hohen Lage des Engadins ansonsten das Vieh aus den Winterställen ohne Zwischenstation auf die Alpweiden getrieben wird, stellen die beiden Weiler eine Besonderheit dar.

Das Straßendorf **Maloja** selbst hat wenig zu bieten, sieht man vom Atelier Segantini ab (Anf. Juli–Anf. Okt.

Die drei Gemälde, jeweils etwa 2 m hoch und 3–4 m breit, bilden den Kern der Sammlung des Segantini-Museums in St. Moritz. Gleichzeitig führen sie an drei Orte, die wichtige Rollen im Leben Segantinis spielten. Das erste Bild, ›Werden‹, zeigt den Blick von Soglio auf die gegenüberliegenden Granitzacken. In dem angenehmen Klima des Bergells verbrachte die Familie meistens den Winter und das Frühjahr, wenn im Oberengadin Eis und Schnee lagen. Sie hatte sich im Palazzo Salis – noch heute ein Hotel – eingemietet, in dessen Garten zunächst auch 1897 die Holzrotunde errichtet wurde, die jetzt in Maloja eine kleine dokumentarische Ausstellung beherbergt.

Dorthin führt auch das letzte Bild des Zyklus, ›Vergehen‹, in dem die Winterlandschaft des Hochtals mit den Gipfeln des Bergells einen Rahmen für den Tod bildet. Das Segantini-Haus, in dem der Maler mit seiner Frau Bice und den vier Kindern lebte, ist immer noch in Familienbesitz und nicht zugänglich. An ihm beginnt der Sentiero Segantini, dessen 15 Stationen das Schaffen des Malers anhand seiner Werke illustrieren. Er passiert auch den Friedhof, auf dem Giovanni Segantini, seine Frau und die drei Söhne begraben sind. Allerdings kann der Weg aufgrund der miserablen Ausschilderung nur mit Hilfe eines Informationsblattes des Kur- und Verkehrsvereins Maloja bewältigt werden.

Das mittlere Bild des Triptychons, ›Sein‹, zeigt den wohl schönsten Blick über das Oberengadin mit seiner Seenplatte. Er bietet sich vom Unteren Schafberg, wo Segantini während der Arbeit an dem Gemälde an einer Bauchfellentzündung starb. Die Hütte, inzwischen zum beliebten Ausflugsziel für Wanderer geworden, erinnert noch heute mit ihrem Namen an den bekanntesten Künstler des Engadins.

Schließlich führt das Triptychon noch zu einer vierten Station: dem 1998/99 renovierten Segantini-Museum in St. Moritz, in dem die größte Sammlung der Werke Segantinis ausgestellt ist.

tägl. 15–17 Uhr), in dem ein kleines Museum dem berühmtesten Künstler des Engadins, Giovanni Segantini, gewidmet ist. Dort beginnt ein Rundweg (ca. 1 Std.), der, größtenteils durch mit Alpenrosen durchsetzten lichten Arvenwald, teilweise auch auf Bretterwegen durch Hochmoor, zu den besterhaltenen **Gletschermühlen** der Schweiz führt. Sie verdanken ihre Entstehung in der Würmeiszeit dem Gletscherwasser, das Steine in Rotation versetzte und sie sich immer tiefer in den Felsen fressen ließ. Teils sind die etwa 30 Gletschermühlen, deren schönste sich nahe dem **Turm Belvedere** befinden, heute als natürliche Zister-

Der Turm Belvedere bei Maloja

nen mit Regenwasser vollgelaufen, teils kann man jedoch bis auf ihren Grund sehen. Vom Turm Belvedere (tägl. 9–17.30 Uhr), der am Scheitelpunkt des Rundweges direkt an einem 200 m hohen Steilabbruch steht, bietet sich ein phantastischer Blick auf die Kehren des Malojapasses und in das Bergell hinab sowie auf den Silsersee.

Noch spektakulärer ist natürlich die Aussicht vom **Piz Lunghin** (2780 m), der hoch über dem Malojapass thront. In seinem Schatten liegt der Lej dal Lunghin, in dem der Inn entspringt. Oberhalb des Sees bildet der Pass Lunghin (2645 m) die Wasserscheide zwischen drei Flußsystemen. Von hier fließt das Wasser entweder über den Inn und die Donau ins Schwarze Meer, über die Maira und den Po in die Adria oder über die Julia und den Rhein in die Nordsee – was auch ein entsprechender Wegweiser verdeutlicht.

Kur- und Verkehrsverein Maloja, 7516 Maloja, ✆ 824 31 88, Fax 824 36 37, E-Mail: maloja@bluewin.ch.

Schweizerhaus ($$$–$$$$), ✆ 824 34 55, Fax 824 33 41: altes, traditionsreiches Holzchalet mitten im Ort, gegenüber dem Atelier Segantini.

TCS-Camping Plan Curtina, ✆ 824 31 81: einfach, aber einmalige, sehr ruhige Lage, direkt am Silsersee.

Bellavista ($$), ✆ 824 31 95: ausgezeichnete hausgemachte Teigwaren.

Das Val Bregaglia (Bergell)

Das Engadin beginnt am **Malojapass** – einem Paß, der eigentlich keiner ist, da sein Scheitelpunkt von Nordosten her fast eben zu erreichen ist, während sich von Südwesten her die Straße steil aus dem Bergell heraufwindet und dabei zwischen Casaccia und Maloja eine durchschnittliche Steigung von 14% (140 m Höhenunterschied auf 1 km Strecke) aufweist. So sah Conrad Ferdinand Meyer in ihm auch eine »steile Treppe, welche fast plötzlich durch ein tief eingeschnittenes Tal aus der leichten Bergluft in die Hitze Italiens hinunterführt«. Zugleich ist der Malojapass der niedrigste Übergang über die kontinentale Wasserscheide in der Schweiz.

Von der Paßhöhe klettert die Straße in zahlreichen engen Serpentinen über eine erste Steilstufe in das Bergell hinab, das einzige italienischsprachige und zugleich protestantische Tal Graubündens. Kurz vor Casaccia liegt rechter Hand die spätgotische Kirchenruine San Gaudenzio, die in der Folge der Reformation zerstört wurde. **Casaccia** selbst ist heute ein vom Durchgangsverkehr geprägtes, recht unattraktives Haufendorf. Wenig erinnert noch an die einstige Bedeutung des Ortes, in dem zwei wichtige Paßrouten das Tal keuzten: der Paso del Muretto hinüber ins Veltlin und der Septimerpass nach Bivio und weiter ins Rheintal. Das wirtschaftliche Ende wurde jedoch innerhalb von nur 30 Jahren eingeleitet. Mit der Lossagung des Veltlins von den Drei Bünden 1797 ließ der Verkehr über den Murettopass schnell nach; schlimmer für Casaccia aber war der Bau der Julier-Straße (1820–1826), die den Weg über den Septimerpass – bis ins 17. Jh. der wichtigste Bündner Alpenübergang – in völliger Bedeutungslosigkeit versinken ließ.

Hinter Casaccia deutet sich erstmals das Typische des Bergells an: fruchtbare Felder und Weiden, in denen sich Kornspeicher und Heustadel zu kleinen Gruppen zusammendrängen und darüber eine spek-

Im Bergell

takuläre Bergkulisse. In ihr verbirgt sich die 115 m hohe Staumauer des Albigna-Sees, der zur Stromerzeugung dient und die Existenz eines Großteils der Talbevölkerung sichert. Die bizarren Granitzacken sind nicht nur ein Paradies für Kletterer, das in Graubünden seinesgleichen sucht, sondern sie werden auch immer mehr zum Wirtschaftsfaktor, denn aus Stein läßt sich schließlich vieles herstellen – bis hin zu Parfumflakons. Auch für Wanderer ist das Bergell ein lohnendes Ziel – und längst kein Geheimtip mehr –, besonders im Oktober, wenn sich die Kastanien zu verfärben beginnen und in höheren Lagen schon der Winter Einzug hält. Diese Faktoren haben dazu geführt, daß das Tal seine Bevölkerung ernähren kann und die jahrhundertelange Abwanderung zum Stillstand gekommen ist, die die Bergeller Zuckerbäcker in die ganze Welt geführt hatte.

Etwas abseits der Hauptstraße liegt **Vicosoprano,** der frühere Hauptort der Talschaft, dessen geschlossener Ortskern von einem später vollends umbauten Wohnturm aus dem 13. Jh. dominiert wird. Aus der gleichen Zeit stammt die Torre Rotonda, in deren Innerem sich früher das Gefängnis befand. Seit dem 16. Jh. wird der Turm vom Rathaus umschlossen, neben dessen Tordurchfahrt noch heute ein Pranger mit Halseisen an die Hexenprozesse erinnert, die im 16. und 17. Jh. im Bergell stattfanden. Die meisten Häuser weisen die für das Tal typische Form mit nicht zurücktretenden Fenstern und steinplattengedeckten Dächern auf. Aber immer wieder zeigen sich deutliche Einflüsse aus dem Engadin: tief in die Wand eingelassene Fenster, Sgraffiti, Reste von Bemalungen.

Am Rande des malerischen Dorfes **Borgonovo** steht abseits der Straße die schlichte Barockkirche San Giorgio. Ihr einziger nennenswerter Schmuck ist ein kleines, halbrundes Fenster im Chorraum, das den Einzug in Jerusalem darstellt. Die leuchtenden Farben verraten schnell den Künstler: Augusto Giacometti, der hier geboren wurde. Und so liegen auch alle Angehörigen der bedeutendsten Künstlerfamilie Graubündens auf dem Friedhof von San Giorgio begraben: Giovanni und Augusto, Alberto und Diego Giacometti (s. S. 42 f.). Die Plastik ›Knieender mit Taube‹, die früher das Grab von Alberto Giacometti schmückte, befindet sich nun in der Ciäsa Granda in Stampa.

Der Hauptort des Bergells, **Stampa,** ist ein wenig attraktives Straßendorf, das deutlich unter dem Durchgangsverkehr leidet. Sehenswert ist jedoch das Talmuseum in der Ciäsa Granda (Juni–Okt. tägl. 14–17 Uhr). Anschaulich werden viele Aspekte des Bergeller Lebens in früherer Zeit dargestellt; neben typischen Einrichtungen von Werkstätten und Wohnräumen der Region beherbergt das herrschaftliche Haus auch Mineralien und eine große Sammlung ausgestopfter heimischer Tiere in lebensnahen Situationen. Ein neuerer Anbau, der Giacometti-Varlin-Saal

Der Palazzo Castelmur unterhalb von Stampa

ist der Familie Giacometti und dem Künstler Varlin gewidmet, der seine letzten Jahre in Bondo verbrachte. Neben seinen teils grotesken Gemälden sind vor allem Werke von Giovanni Giacometti zu sehen.

Unterhalb von Stampa liegt jenseits der Maira das wohl skurrilste Gebäude des Bergells: der **Palazzo Castelmur** (Mitte Juni–Mitte Okt. Di–So 14–17, Mitte Juli–Mitte Sept. auch 9.30–11 Uhr). Hinter der renovierungsbedürftigen Fassade einer neogotischen Burg, die auf der Talseite an ein Patrizierhaus von 1723 angebaut wurde, verbirgt sich eine interessante Inneneinrichtung aus den 30er und 40er Jahren des 19. Jh. Besonders die Räume in der ersten Etage sind üppig mit Wandbespannungen und plastischer, teilweise etwas überreicher neoklassischer Deckenmalerei ausgestattet. Im obersten Stockwerk befindet sich eine Ausstellung über die Bündner (v. a. Engadiner) Zuckerbäcker, die ab dem 18. Jh. wegen der schlechten wirtschaftlichen Lage in der Heimat auswanderten und sich über ganz Europa verteilten.

Das obere Bergell (Sopra Porta) trennt vom unteren (Sotto Porta) ein Felsriegel, auf dem die Ruine **Castelmur** thront. Von der Burg aus kontrollierte über Jahrhunderte das Geschlecht der Castelmur den Warenverkehr durch das Bergell und kam so zu dem Reichtum, der nicht zuletzt die Errichtung des Palazzo bei Stampa ermöglichte. Auf der anderen Seite des Straßentunnels, der heute unter der Ruine und dem Ort Promontogno hindurchführt, liegt abseits der Straße der geschlossenste und intakteste Ort auf dem Talboden des Bergells: **Bondo.** Enge, verwinkelte Gassen mit Kopfsteinpflaster schlängeln sich zwischen den steinplattengedeckten Häusern hindurch, öffnen sich manchmal zu kleinen Plätzen mit Brunnen. Über dem Dorf thront die schlichte romanische Kirche aus dem 13. Jh. mit spätgotischen Fresken. Ihren Gegenpol bildet der 1765–1774 errichtete Palazzo Salis (Privatbesitz) am unteren Ortsende. Das dominierende Gebäude mit parkähnlichem Garten hat aber eindeutig schon bessere Tage gesehen.

Nur etwa 3 km hinter Bondo überquert die durch hohe Häuser schluchtartig verengte Straße im un-

Soglio vor der spektakulären Kulisse der Bergeller Granitzacken

ansehnlichen **Castasegna** die Grenze nach Italien und führt weiter nach Chiavenna und zum Lago di Como. Zu guter Letzt bleibt jedoch noch ein Abstecher, der die Krönung eines jeden Aufenthaltes im Bergell darstellt: die Fahrt hinauf nach Soglio.

Soglio thront auf einer Hangterrasse 300 m über der Maira. Die Straße dorthin führt durch die größten Kastanienwälder Europas. Unter den alten Bäumen liegen verstreut die Dörrhäuser, in denen im Spätherbst und Winter die Kastanien über dem Feuer getrocknet werden. Soglio ist, ähnlich wie Bondo, ein Ort aus einem Guß. Alles fügt sich hier zu einem homogenen Bild, lediglich einige Gebäude an der Peripherie fallen aus dem Rahmen. Die Häuser mit ihren steinplattengedeckten Dächern und die dazwischenliegenden Ställe sind aus Bergeller Gneis, ebenso die beiden überdachten Brunnen im oberen Bereich des Ortes; das Kopfsteinpflaster der engen, verwinkelten Gassen fügt sich farblich ein, und kaum ein Auto stört das Bild des verkehrsberuhigten Dorfes. Eine ganz eigene Atmosphäre entsteht durch das Nebeneinander der Wohnhäuser mit ihren Ställen und Misthaufen und der Palazzi am oberen Ortsrand. Doch die Idylle trügt: der Ort verödet und vergreist, ein Drittel der Häuser steht leer, kaum mehr kommen hier Kinder zur Welt.

Die Geschichte von Soglio ist eng verbunden mit der Familie von Salis, die seit dem 16. Jh. zu einer der mächtigsten und reichsten Familien Graubündens aufstieg. Ausdruck dessen sind die vier Palazzi in Soglio. Der schönste und besterhaltene von ihnen ist die Casa Battista, unter dem Namen ›Palazzo Salis‹ heute als Hotel genutzt. Das 1630 erbaute Haus erhielt 1701 seine heutige Form und den prächtigen terrassierten Barockgarten. Auch wenn man nicht dort wohnt, sollte man sich zumindest einen Blick in die Eingangshalle und den Speisesaal nicht entgehen lassen. Die anderen drei Palazzi, linker Hand die Casa Alta, deren Grundmauern auf das Jahr 1524 datieren, rechter Hand Casa Max und Casa Antonio, beide Ende des 17., Anfang des 18. Jh. entstanden, sind in wesentlich schlechterem Zustand und auch weniger prächtig als die Casa Battista. Dennoch bilden die vier Prachtbauten mit den dazwischenliegenden Stallungen ein harmonisches Ensemble.

Der schönste Blick auf Soglio bietet sich von den Serpentinen des oberhalb gelegenen Fahrweges. Von dort wird die ganze Geschlossenheit des Ortes mit den Steinplattendächern und den wundervollen Parkanlagen der Salis-Palazzi deutlich, zugleich seine Lage auf einer Hangterrasse hoch über dem Bergell, auf der die Reformierte Kirche mit ihrem schlanken Campanile wie ein letzter Außenposten vor dem Nichts wirkt. Und dahinter erhebt sich, vorausgesetzt die Sicht ist entsprechend, die beeindruckende gezackte Kulisse der Dreitausender um den Piz Badile (3308 m) auf der anderen Talseite.

Ente turistico Pro Bregaglia, 7605 Stampa, ✆ 822 15 55, Fax 822 16 44.

Palazzo Salis ($$$), Soglio, ✆ 822 12 08, Fax 822 16 00: Palazzo aus dem 17. Jh. mit originaler Einrichtung, der nur ganz behutsam den Erfordernissen der modernen Hotellerie angepaßt wurde; einmaliges Ambiente, ›Historisches Hotel des Jahres 1998‹ in der Schweiz. **Stüa Granda** ($$–$$$), Soglio, ✆/Fax 822 19 88: gemütlich, gepflegt, besonders bequeme Betten, gute Küche. **Corona** ($$), Vicosoprano, ✆ 822 12 35, Fax 822 19 75: Haus aus dem 16. Jh., alt eingerichtete Zimmer. **Stampa** ($$), Casaccia, ✆ 824 31 62, Fax 824 34 74: Gebäude aus dem 17. Jh., Kunstausstellungen, Kletterhalle, an der Durchfahrtsstraße gelegen. **Sciora** ($), Promontogno, ✆ 822 14 90, Fax 822 13 89: einfache, gemütliche Pension.

Camping Mulina, Vicosoprano, ✆ 822 10 35, Fax 822 10 30: ruhig, aber wenig attraktiv in der Nähe der Maira gelegen.

Corona ($–$$), Vicosoprano, ✆ 822 12 35: gemütliche Gaststube, sehr gute regionale Küche. **Stüa Granda** ($), Soglio, ✆ 822 19 88: regionale Küche, Teigwaren, Risotto.

Stone Perfumes, Castasegna: Parfum in Flakons aus verschiedenen Granitsorten (Bergell, Andeer, Viamala, Vals). **Linea Bregaglia**, Soglio: Produkte aus dem Bergell (Körperpflege, Duftöle, Kastanienprodukte, Honig, Marmelade, Kastanien etc.). **Soglio-Produkte**, Castasegna: Körperpflege aus einheimischen Kräutern und anderen regionalen Grundstoffen. **Carlo Tam**, Vicosoprano: Kunstschmied mit originellen Werken.

Wanderung: Von Casaccia talabwärts nach Soglio; herrliche Panoramawanderung am Nordhang des Bergells, größtenteils durch Laub- und Mischwald, immer wieder Ausblicke auf die gegenüberliegenden Granitzacken um den Piz Badile (ca. 5 Std.).

St. Moritz

Wendet man sich am Fuße des Julierpasses nicht nach rechts Richtung Maloja, sondern nach links, passiert die Straße zunächst den kleinsten der Oberengadiner Seen, den Lej da Champfèr, und erreicht dann den Inbegriff des Engadins schlechthin: St. Moritz. Wer kennt nicht den Ort, der sich selbst als ›Top of the World‹ bezeichnet, der als erster weltweit seinen Namen als Marke rechtlich hat schützen lassen, um den sich zahlreiche Geschichten ranken? Hier verbringen die Schönen und Reichen – und jene, die dazugehören wollen – ihren Winterurlaub, hier trifft man die höchste Dichte an Luxushotels in der Schweiz, hier pulsiert das Leben.

Aber welch eine Ernüchterung bei der Einfahrt in den Ort: Gesichtslose Bauten aus den 60er und 70er Jahren erheben sich an der Peripherie und wirken eher abstoßend. **St. Moritz-Bad** ist nicht der Prototyp eines mondänen Urlaubs- und Kurortes. Doch hier begann die Geschichte des sonnigsten Ortes der Schweiz – ein Prädikat, auf das al-

Mit einer Wette begann alles …

Wintersport in St. Moritz

Als sich gegen Ende des Sommers 1864 die englischen Gäste des Hoteliers Johannes Badrutt wieder auf die Heimreise begeben wollten, machte dieser ihnen ein ungewöhnliches Angebot: Er wette, es werde ihnen auch in der kalten Jahreszeit im Oberengadin gefallen. Gleich im nächsten Winter sollten sie die Probe aufs Exempel machen und wieder nach St. Moritz kommen. Falls er sich getäuscht habe, könnten sie sogar umsonst bei ihm wohnen. Gesagt getan. Die Engländer kamen wieder, waren begeistert und blieben gleich von Weihnachten bis Ostern – der alpine Wintersport war geboren.

Zunächst machte man, als Pendant zum Bergsteigen, Skitouren in die winterliche Bergwelt und unternahm zur Belustigung Schlittenpartien. Zwar kamen fast zeitgleich auch die ersten Wintergäste nach Davos, aber dort ging alles etwas gemächlicher zu, während sich St. Moritz zu dem entwickelte, was man heute vielleicht als ›innovativen Trendsetter im Fun-Sport-Bereich‹ bezeichnen würde.

Warum eigentlich auf dem Schlitten sitzen, wenn's im Liegen viel schneller die Berge 'runter geht? Diese Frage führte zur Erfindung des Cresta-Rodelns oder Skeleton. Der 1884/85 erstmals befahrene Cresta-Run ist die weltweit einzige Bahn, auf der der Sport – jahrzehntelang eine Domäne der Engländer und nur für Männer erlaubt – praktiziert wird. Folglich finden auch alle Skeleton-Weltmeisterschaften in St. Moritz statt, 1948 wurde die Disziplin sogar als einmalige Episode ins olympische Programm aufgenommen. Nur ein paar Zentimeter über dem Eis liegt der Rodler bäuchlings auf dem Metallschlitten und lenkt mit Stahlbügeln an den Füßen – übrigens gut am Cresta-Denkmal unterhalb des Schiefen Turms zu sehen –, wobei er Spitzengeschwindigkeiten um 120 km/h erreicht. Daß es dabei nicht ohne Blessuren abgeht, erscheint selbstverständlich – aber ein Cresta-Fahrer ohne Knochenbrüche ist schließlich kein richtiger Cresta-Fahrer …

Auch Bobrennen wurden zunächst auf dem Cresta-Run ausgetragen, bis diese etwas jüngere Sportart ihre eigene Bahn erhielt. Am 1. Januar 1904 war es dann soweit: Der St. Moritz Bobsleigh Club trug sein erstes Rennen auf der inzwischen legendären Olympia-Bobbahn aus, der längsten und einzigen regelmäßig betriebenen Natureisbahn der Welt. Zu Beginn des Winters reist Jahr für Jahr ein gutes Dutzend Spezialisten aus

Südtirol an, um die Bahn immer wieder aufs Neue zu modellieren. Aus 5.000 m^3 Schnee und 4.000 m^3 Wasser wird eine Art kalter Beton angerührt, aus dem in dreiwöchiger Arbeit die 1612 m lange Strecke entsteht. Daher ist im Sommer fast nichts von der Bobbahn zu sehen. Inzwischen finden auch Rodel- und Skeleton-Rennen dort statt, alle schweizerischen Bob-Meisterschaften werden dort ausgetragen, ebenso war die Bahn Schauplatz von über 30 Europa- oder Weltmeisterschaften sowie zweier Olympischer Spiele. So erscheint es nur logisch, daß bei einer Vergabe der Winter-Olympiade 2006 nach Sion erneut St. Moritz zum Austragungsort der Bobrennen werden soll. Für Wagemutige bietet der St. Moritz Bobsleigh Club (✆ 833 41 10) übrigens ›Taxifahrten‹ mit renommierten Piloten an – ›Happy Riders Drink‹ inklusive, aber natürlich nicht ganz billig.

Doch St. Moritz ist nicht nur die Bob-Metropole. Seine Ausnahmestellung als Wintersportort verdankt es natürlich auch den Olympischen Spielen, die hier 1928 und 1948 stattfanden, und den bisher drei Ski-Weltmeisterschaften – 2003 kommt die vierte ins Engadin. Damit wäre das Phänomen St. Moritz aber nur unzureichend erklärt. Das einmalige Flair kommt dadurch zustande, daß sich hier im Winter der Jet-set trifft – angelockt vom Kaviar bei Mathis Food Affairs, von der Gediegenheit eines Corviglia-, Cresta- oder eines Dracula-Clubs, aber auch von den vielen Events. Das Ausgefallene, Neue hat in St. Moritz Tradition: 1880 fand hier das erste Curling-Turnier Europas statt, 1906 das erste Pferderennen auf Schnee, 1929 eröffnete die erste Skischule der Schweiz.

St. Moritz liebt das Exzentrische

Galopprennen auf dem zugefrorenen St. Moritzersee zählen zu den sportlichen Events im Winter

Schauplatz der spektakulären Ereignisse ist der zugefrorene und schneebedeckte St. Moritzersee. Auf ihm finden Windhund- und Galopprennen statt, Polo-, Cricket- und Springreitturniere, und hier wurde auch die winterliche Variante des Trabrennens erfunden – Skikjöring, wobei ein Skifahrer von einem Pferd gezogen wird. Die Wettkämpfe haben längst den Charakter des Exzentrischen verloren und werden durchaus ernst genommen, was sich auch daran zeigt, daß an ihnen internationale Spitzensportler und -pferde teilnehmen. So werden beispielsweise alljährlich ganze Polo-Mannschaften samt ihrer Vierbeiner extra aus Argentinien eingeflogen.

Einige der Disziplinen werden nur in St. Moritz praktiziert, manche inzwischen an anderen Orten kopiert. Immer wieder kommt Neues hinzu, wie 1991 das Bob-Run-Skating, bei dem Schlittschuhläufer in Eishokkeymontur mit bis zu 90 km/h die Bobbahn hinunter rasen. Und man möchte fast wetten: Wenn demnächst wieder eine exzentrische Sportart auf dem Eis oder einem zugefrorenen See erfunden wird, so liegt ihre Wiege bestimmt in St. Moritz.

lerdings auch noch andere Gemeinden Anspruch erheben. Bereits in der Bronzezeit (um 1500 v. Chr.) wurde eine stark kohlensäure- und eisenhaltige Heilquelle gefaßt, und 1519 kündigte Papst Leo X. allen Gläubigen beim Besuch der Quellen von St. Moritz die »volle Absolution sämtlicher Sünden« an. Wenige Jahre später zeigte sich auch der berühmte Arzt Paracelsus beeindruckt von der Heilwirkung der Quellen, von denen eine heute seinen Namen trägt. Die vergleichsweise bescheidenen Kuranlagen sollen bald schon einem Bäderzentrum weichen, das alle körperlichen Bedürfnisse befriedigt – das Vorbild Scuol ist sicherlich eine Herausforderung, der man in St. Moritz mit gewohnter Professionalität begegnen wird.

Das Herz von St. Moritz liegt auf der anderen Seite des Sees: **St. Moritz-Dorf.** Nichts erinnert mehr daran, daß noch Mitte des 19. Jh. in der kleinsten Gemeinde des Engadins nur 200 Menschen lebten, bevor der Tourismus das Tal ›heimsuchte‹. Hotelpaläste ziehen sich, hintereinander gestaffelt, den Hang hinauf, dominiert von Badrutt's Palace Hotel mit seinem markanten Turm. Dazwischen drängt sich in der Hochsaison der Verkehr. Immerhin hat die 1998 fertiggestellte Fußgängerzone Entlastung gebracht und lädt zum Bummeln ein, denn hier gibt es wirklich alles, was das Herz begehrt – großenteils in ›Top of the World‹-Qualität und zu entsprechendem Preis. Alte Engadiner Häuser und verschwiegene Winkel findet man kaum noch – wozu auch, bieten sie die Orte der Umgebung doch zur Genüge. St. Moritz hat andere Stärken: Sport und Unterhaltung, Gastronomie und Hotellerie. Im Winter, wenn sogar der zugefrorene See zur Sportarena wird, jagt ein Event das andere (s. S. 179 ff.). Alles ist perfekt organisiert, und wenn einmal das Wetter nicht mitspielt, so ist selbst das etwas Besonderes bei 322 Tagen Sonnenschein im Jahr ...

Aber St. Moritz hat auch kulturelle Höhepunkte zu bieten. Zwischen den beiden Ortsteilen versteckt sich am Hang das **Segantini-Museum** (✆ 833 44 54; Juni–Okt. Di–Sa 9–12.30 u. 14.30–17, So 10.30–12.30 u. 14.30–17.30 Uhr, Dez.–April Mo–Sa 10–12.30 u. 15–17, So 15–17 Uhr). Der 1908 fertiggestellte und 1998/99 generalüberholte Rundbau birgt die größte Sammlung von Werken Giovanni Segantinis (s. S. 170 f.), gekrönt von dem unvollendeten Triptychon ›Werden – Sein – Vergehen‹ im Kuppelsaal, das ursprünglich für die Weltausstellung 1900 in Paris bestimmt sein sollte. Nicht weit entfernt befindet sich das **Engadiner Museum** (✆ 833 43 33; Mo–Fr 9.30–12 u. 14–17, So 10–12 Uhr, Mai u. Nov. geschl.). Die teilweise prächtig getäfelten Stuben und ihre Einrichtung stammen größtenteils aus dem 16. und 17. Jh. und wurden aus dem Engadin und seinen Nachbartälern zusammengetragen. Höhepunkte sind ein Prunksaal aus dem Veltlin und ein gotischer Saal aus Savognin.

Wahrzeichen von St. Moritz ist der knapp 33 m hohe **Schiefe Turm.** Sein heutiges spätbarockes Erscheinungsbild verdankt er im wesentlichen dem 17. Jh. Die dazugehörige Kirche St. Mauritius wurde 1893 abgebrochen, doch der »letzte Zeuge des alten St. Moritz« wehrt sich mit der gleichen Standhaftigkeit (und fast der gleichen Neigung, nämlich etwa 9,5 °) wie sein berühmtes Pendant in Pisa gegen die Gesetze der Physik. Unterhalb des Turmes erinnert seit 1985 ein lebensgroßer bronzener **Cresta-Rodler** an den 100. Geburtstag einer beinharten Wintersportart: Skeleton.

Die Reize, die man im Ort vermißt, bietet die Umgebung zur Genüge. Einen ersten Eindruck vermittelt ein Spaziergang um den **St. Moritzersee** (1.30 Std.), bei dem man es sich nicht nehmen lassen sollte, eine Pause auf der Terrasse des Landgasthofs Meierei einzulegen, um das Panorama zu genießen. Unterhalb von Piz Nair (3057 m) und Piz Ot (3246 m) erstreckt sich ein schönes Wander- und Mountainbikerevier, im Winter das größte Skigebiet des Engadins. Wer so viel zu bieten hat, kann den Kampf um das Prädikat des schönsten Ortes getrost den anderen überlassen …

Kur- und Verkehrsverein St. Moritz, 7500 St. Moritz, ✆ 837 33 33, Fax 837 33 66/77, E-Mail: information@stmoritz.ch.

Suvretta House ($$$$$), Suvretta, ✆ 832 11 32, Fax 833 85 24: abseits im Villen-Gebiet gelegen, ganz im Zeichen von Wellness, gehört zum exklusiven Club der ›Leading Hotels of the World‹. **Carlton** ($$$$$), St. Moritz-Dorf, ✆ 832 11 41, Fax 833 20 12: das ursprünglich als Sommerresidenz des russischen Zaren Nikolaus II. gebaute Luxushotel wurde allerdings nicht mehr zu seinen Lebzeiten fertiggestellt; wunderbarer Blick über den See. **La Margna** ($$$$–$$$$$), St. Moritz-Dorf, ✆ 832 21 41, Fax 833 16 72: First-Class-Hotel nahe dem Bahnhof, modern eingerichtete Zimmer, freundliche Leitung. **Posthotel** ($$$$–$$$$$), St. Moritz-Dorf, ✆ 832 21 21, Fax 833 89 73: zentral gelegen, kürzlich modernisierte Zimmer. **Laudinella** ($$$$), St. Moritz-Bad, ✆ 832 21 31, Fax 833 57 07: einzigartiges Hotelkonzept, umfassendes Angebot an Musik-, Schreib-, Aktivkursen etc. **Europa** ($$$$), Champfèr, ✆ 839 55 55, Fax 839 55 56: ruhig am unteren Ortsrand gelegen, moderner Bau, umfassendes Angebot im Sportbereich. **Waldhaus am See** ($$$$), ✆ 833 76 76, Fax 833 88 77: ruhig am See gelegen, wohl das beste 3-Sterne-Hotel der Schweiz, engagierter Eigentümer, Weinkeller mit über 50 000 Flaschen, größte Whisky-Bar der Welt. **Landgasthof Meierei** ($$$–$$$$), ✆ 833 20 60, Fax 833 88 38: sehr ruhig gelegen zwischen St. Moritzersee und Lej da Staz. **Randolins** ($$–$$$), Suvretta, ✆ 833 77 55, Fax 833 85 39: ruhig gelegenes 2-Sterne-Hotel. **Sporthotel Stille** ($), St. Moritz-Bad, ✆ 833 69 48, Fax 833 07 08: ruhig, direkt neben der Jugendherberge gelegen, einfach und preiswert.

Jugendherberge St. Moritz-Bad, ✆ 833 39 69, Fax 833 80 46: ruhig gelegen, hoher Standard, teuer.

Jöhri's Talvo ($$$), Champfèr, ✆ 833 44 55: Restaurant der Spitzenklasse mit Sterne-Küche. **Grischuna** ($$$), Hotel Monopol, St. Moritz-Dorf,

✆ 833 44 33: gediegen, viel Fisch. **Bistro Central** ($$), St. Moritz-Bad, ✆ 833 62 24: prämierte Küche mit einfallsreichen Gerichten, freundlich-lockere Bistro-Atmosphäre. **Landgasthof Meierei** ($$), ✆ 833 20 60: viel Fisch aus der Umgebung und regionale Spezialitäten, von der Terrasse schöner Blick über den See auf St. Moritz. **Hotel Corvatsch** ($), St. Moritz-Bad, ✆ 833 74 75: Rösti, regionale Spezialitäten. **Veltlinerkeller** ($), St. Moritz-Bad, ✆ 833 40 09: holzgetäfelte Gaststube, Pizzoccheri und Pasta.

Hanselmanns Café: alteingesessenes Café in St. Moritz mit einer Produktpalette vom schnöden Brot bis zu Confiserieartikeln der Spitzenklasse; Terrasse vor dem Rathaus, wo Salate und andere Kleinigkeiten serviert werden. **Confiserie Hauser**: die Terrasse ist beliebter Treffpunkt in St. Moritz zum Sehen und Gesehenwerden.

Garage Pit Stop: in einer alten Garage, 50 m langer Tresen, Konzerte. **Mulibar,** Hotel Schweizerhof: nur im Winter geöffnet, das Bier wird wie an der Börse gehandelt, der Kurs wird ständig angezeigt. **Vivai,** Hotel Steffani: Live-Musik, verschiedene DJs (alle in St. Moritz-Dorf).

J. Glattfelder, St. Moritz-Dorf: traditionsreicher Exporteur von Tee, Kaffee und Kaviar. Zahlreiche Geschäfte der gehobenen Kategorie für Schmuck, Uhren, Kleidung, Sportartikel etc. (Prada, Gucci, Versace, Giorgio Armani etc.), v. a. in der Via Maistra in St. Moritz-Dorf.

St. Moritz Schnee-Kunst (Jan.): Wettbewerb im Schneeskulpturenbauen. **Concours Hippique** (Jan.): Springreiten auf dem verschneiten See. **Cartier Polo World Cup** (Jan.): Polo-Turnier auf dem verschneiten See. **St. Moritz Gourmet Festival** (Jan./Feb.): Treffen von Köchen aus erstklassigen Häusern, die mit ihrer Mannschaft eine Woche lang in den Top-Hotels von St. Moritz kochen. **White Turf** (Feb.): Galopprennen auf dem See. **Gold Rush** (Feb.): Windhundrennen auf dem See. **Snow & Symphony** (März/Apr.): Konzerte weltbekannter Künstler auf Corvatsch und Corviglia sowie in Hotels. **British Classic Car Meeting** (Juli): Oldtimer-Treffen mit über 150 Teilnehmern. **Concours Hippique** (Aug.): großes Springreitturnier.

Celerina und Samedan

Hinter St. Moritz weitet sich das Oberengadin und öffnet sich nach Südosten in Richtung Berninapass. Diese einzige größere ebene Fläche des Tals, entstanden durch den Zusammenfluß von Flaz und Inn, steht ganz im Zeichen des Verkehrs: Bei Samedan liegt der einzige Flugplatz Graubündens, zugleich der höchstgelegene Europas, mehrere Straßen und Eisenbahnlinien zerschneiden das Areal.

Am südöstlichen Ende der Ebene liegt **Celerina.** Im Ortskern, der durch den Bau der Umgehungsstraße vom Verkehr weitgehend verschont bleibt, finden sich noch etliche alte Engadiner Häuser. Einzigartig ist der ›Fliegende Hahn‹ auf der Turmspitze der barocken Kirche **Bel Taimpel**. Erst bei der Restaurierung 1996 entdeckte man, daß seine Flügel beweglich sind. Seither zeigt er per Flügelschlag, was die Stunde ge-

San Gian bei Celerina, im Hintergrund der Muottas Muragl

schlagen hat; dreimal täglich um 6, 12 und 18 (im Winter 16) Uhr.

Celerina ist seit Ende der 70er Jahre enorm gewachsen, wobei viele der kürzlich gebauten Häuser – die größtenteils Ferienwohnungen bergen – sehr gut mit dem traditionellen Engadiner Stil harmonieren. Der Ort hat sich in letzter Zeit immer stärker zu einem Treffpunkt der Jugend entwickelt, und so wurden inzwischen auch einige neue Low-Budget-Hotels errichtet. In krassem Gegensatz dazu steht das Hotel Cresta Palace (1905/06) mit seinen sehenswerten Jugendstilsälen.

Das Wahrzeichen und bedeutendste Kunstdenkmal von Celerina liegt außerhalb auf einem kleinen, bewaldeten Hügel: **San Gian** (Sommer Mo 14–16, Mi 16–17.30, Fr 10.30–12 Uhr, Winter Mo, Mi 14–16, Fr 10.30–12 Uhr). Von der ursprünglichen Kirche aus dem 13. oder 14. Jh. ist heute nur noch der kleine romanische Turm erhalten. Er wird jedoch von dem charakteristischen spätgotischen Turm, der Dach und Glockenstuhl 1682 durch Blitzschlag verlor, in den Schatten gestellt. In ihrem Inneren birgt die vermutlich 1478 geweihte Kirche, die seit 1669 nur noch als Begräbniskirche diente, eine der schönsten ornamental bemalten Holzdecken Graubündens. An den gedrehten Balken, die sie tragen, sind abwechselnd das Steinbock-Wappen des Gotteshausbundes, das Wappen der Familie Brandis und das des Bischofs Ortlieb von Brandis angebracht. Eine weitere Kostbarkeit stellen die Fresken aus dem späten 15. Jh. im Chor und an der Chorschulter dar, die vermutlich aus der gleichen Werkstatt stammen wie jene in Sta. Maria in Pontresina. Besonders beeindrukkend ist der hl. Sebastian an der linken Chorschulter, den Chorbogen schmücken zwölf Propheten, den Chor selbst u. a. Christus als Weltenherrscher, die zwölf Apostel und die vier Evangelisten mit ihren Symbolen. Im Sommer finden in San Gian im Rahmen der Engadiner Konzertwochen auch Kammerkonzerte statt.

Celerina Tourismus, 7505 Celerina, ✆ 830 00 11, Fax 830 00 19, E-Mail: celerina@compunet.ch.

Cresta Palace ($$$$–$$$$$), ✆ 833 35 64, Fax 833 92 29: erstes Hotel am Ort, teilweise Jugendstilausstattung, umfassendes Wellness-Angebot. **Chesa Rosatsch** ($$$–$$$$), ✆ 837 01 01, Fax 837 01 00: altes Engadiner Haus, 1995 mit viel Holz umgebaut, direkt am Inn. **Zur Alten Brauerei** ($$), ✆ 832 18 74, Fax 832 18 77: einfach, aber preiswert. **Inn-Lodge** ($), ✆ 834 47 95, Fax 834 47 96: 1998 eröffnet, spartanisch, nur Mehrbettzimmer mit Bad.

Stüva Rosatsch ($$), Hotel Chesa Rosatsch, ✆ 837 01 01: gemütlich eingerichtet, auch lokale Spezialitäten. **Romantik Hotel Stüvetta Veglia** ($$), ✆ 833 80 08: ausgezeichnetes Restaurant mit internationaler Küche. **Pizzeria San Gian** ($–$$), ✆ 832 31 61: großes Pizza-Angebot.

Nahe dem Zusammenfluß von Flaz und Inn liegt **Samedan** (sprich: ›Saméden‹). Der Hauptort des

Die Chesa Planta in Samedan

Oberengadins erlebte Anfang des 20. Jh. einen enormen Aufschwung durch die Fertigstellung der Albula-Bahnlinie, an deren Endpunkt er liegt. Daher ist der Großteil der Häuser auch neueren Datums, wenngleich sich im Ortskern noch einige schöne alte Engadiner Häuser befinden. Das prächtigste, obwohl nicht typischste, steht am Plazzet: die **Chesa Planta** (✆ 852 52 58; Führungen nach Anmeldung: Wintersaison, Juni u. Okt. Di 15 Uhr, Juli u. Aug. Mo–Fr 9.30 u. 16.30 Uhr, Sept. Mo–Fr 15 Uhr), ein Doppelhaus, das 1593 gebaut wurde und 1760 seine heutige Form erhielt. Es war der Stammsitz des mächtigen Geschlechts der Salis und ging 1815 an die Planta über. Seine Restaurierung verdankt das größte Privathaus des Engadins kurioserweise einem Bombenangriff im Zweiten Weltkrieg. 1944 hatte ein amerikanischer Pilot hier versehentlich seine zerstörerische Fracht abgeworfen. Heute beherbergt es ein Museum zur Wohnkultur des 18. und 19. Jh. Wichtiger ist aber seine Funktion als Kulturzentrum mit einer der größten romanischen Bibliotheken (über 12 000 Bände) und Sitz der Fundaziun Planta, die sich der Förderung der romanischen Kultur widmet. Nicht von ungefähr hat die Stiftung ihren Sitz in Samedan, denn hier liegen die Wurzeln der romanischen Sprache: 1560 erschien das erste rätoromanische Buch, eine Übersetzung des Neuen Testaments durch den Richter und Notar Jachiam Bifrun aus Samedan.

Nicht weit von der Chesa Planta entfernt steht die **Reformierte Pfarrkirche** (Schlüssel im Modegeschäft Fimian). Der barocke Bau mit kuriosem trapezförmigem Grundriß und sehenswertem Intarsienaltar wird von einem extrem langgestreckten Turm überragt. Hoch über dem Ort liegt malerisch und mit wundervoller Aussicht die Begräbniskirche **St. Peter** (Schlüssel beim Verkehrsverein, im Winter geschlossen). Aus romanischer Zeit ist nur noch der einfache Turm erhalten, sehenswert im schlichten Kircheninneren sind die alten Grabplatten mit gut erhaltenen Reliefs, die im Mittelgang eingelassen wurden. Auf vielen von ihnen ist das Wappen der Planta mit der charakteristischen Bärentatze zu erkennen.

Aber Samedan hat noch mehr als kulturelle Attraktionen zu bieten. Auf dem Regionalflugplatz Oberengadin (✆ 852 54 33) landen nicht nur Privatjets und Charterflugzeuge der Air Engiadina, sondern er dient auch Segelflugzeugen als Startplatz, die besonders die gute Thermik am Muottas Muragl zu nutzen wissen. Außerdem erstrecken sich zwischen Samedan und Celerina die Fairways des 1893 gegründeten ältesten Golfclubs der Schweiz, der zugleich der höchstgelegene Europas und der wohl renommierteste des Kantons ist.

Kur- und Verkehrsverein Samedan, 7503 Samedan, ✆ 852 54 32, Fax 852 53 88, E-Mail: samedan @compunet.ch.

Bernina ($$$$), ✆ 852 12 12, Fax 852 36 06: traditionsreiches First-Class-Hotel aus der Belle Epoque. **Weisses Kreuz** ($$), ✆ 852 53 53: altes Engadiner Haus, relativ einfach.

La Padella ($$–$$$), Hotel Donatz, ✆ 852 46 66: internationale Küche, prämiertes Restaurant. **Hotel-Restaurant Terminus** ($–$$), ✆ 852 53 36: einfache Gaststube, gutbürgerliche Küche, nette Bedienung.

Engadin Golf, ✆ 852 52 26: 18 Löcher, ältester Golfclub der Schweiz; im Sommer von frühmorgens bis spätabends ausgebucht, wofür der geplante Golfplatz bei Zuoz Entlastung bringen soll.

Von Pontresina zum Berninapass

Der schönste Blick über die gesamte Engadiner Seenplatte, aber auch hinüber zum Piz Palü bietet sich zwischen Samedan und Pontresina vom **Muottas Muragl** (2453 m). Eine bereits 1907 gebaute und 1992 generalüberholte Standseilbahn mit maximal 52 % Steigung macht den Aussichtsberg leicht zugänglich. Seit dem Winter 1997 führt eine 4,2 km lange, kurvenreiche Schlittelbahn hinunter zur Talstation, und im Sommer lädt ein herrlicher Panoramaweg ohne nennenswerte Höhenunterschiede zu einer Wanderung hinüber zur Alp Languard ein (ca. 2 Std.; von Alp Languard Sessellift nach Pontresina).

Pontresina braucht einen Vergleich mit St. Moritz kaum zu scheuen, wenngleich hier alles etwas weniger nobel ist als im Nachbarort. Ursprünglich bestand Pontresina aus den vier Fraktionen Laret, San Spiert, Giarsun und Carlihof, doch die Konzentration der dominierenden Hotels und Geschäfte entlang der Via Maistra verleiht ihm heute eher den Charakter eines langgestreckten Straßendorfs. Mit drei Gästebetten in der Herberge Zum Weissen Kreuz begann hier 1850 der Tourismus, von dem der Ort heute zwar lebt, der aber dennoch nicht die alten Engadiner Häuser verdrängt hat. Sie finden sich besonders in Carlihof, unterhalb der Kirche Sta. Maria, das prächtigste – wenngleich nicht typischste – steht aber direkt an der Via Maistra in Laret und fällt durch seinen doppelstöckigen Erker an der Südostfassade sofort ins Auge.

Ebenfalls in einem Engadiner Haus ist das **Museum Alpin** (✆ 842 72 73; Mo–Sa 16–18 Uhr) untergebracht. Lohnenswert ist der Besuch, weil neben den für ein Heimatmuseum charakteristischen Exponaten ein wesentlicher Teil der Ausstellung der Entwicklung des Tourismus und des Alpinismus im Bernina-Gebiet gewidmet ist. Welchen Stellenwert letzterer einnimmt, wird daran deutlich, daß sich in Pontresina – und nicht in Grindelwald oder Zermatt – die größte **Bergsteigerschule** der Schweiz befindet. Ihr Betätigungsfeld liegt besonders in der Gletscherwelt um Piz Bernina und Piz

Palü. Doch der Fremdenverkehr reicht nicht mehr als wirtschaftliches Standbein der Gemeinde aus, und so ziert seit Ende 1997 das postmoderne **Kongreßzentrum Rondo,** neben der barocken Reformierten Kirche aus dem 17. Jh. erstaunlich wenig störend, die Ortsmitte.

Die bedeutendste kulturelle Sehenswürdigkeit Pontresinas liegt etwas oberhalb des Ortes malerisch am Waldrand: das kleine Friedhofskirchlein **Sta. Maria** (Juni Mo, Mi, Fr 15.30–17.30 Uhr, Juli–Mitte Okt. Mo–Fr 15.30–17.30 Uhr, Mitte Dez.–Mitte April Mo, Mi, Fr 14.30–16 Uhr; Führungen Mitte Juni–Mitte Okt. Mi 17 Uhr, Juli–Sept. Mi, Do 17 Uhr, Mitte Dez.–Mitte April Fr 15 Uhr). Von außen wirkt der Bau mit spätromanischem Turm recht schlicht, doch gibt ein Fresko mit Darstellung des hl. Georg über dem Portal an der Südwestwand einen Vorgeschmack auf das Innere: Die Wände des Kirchenschiffs und die Apsis sind fast vollständig ausgemalt. An der Nordwestwand drei Szenen aus der Zeit um 1230: Anbetung der Könige, Taufe Christi und Abendmahl. Alle anderen Fresken stammen aus den letzten Jahren des 15. Jh. und zeigen die Lebensgeschichte Christi und der Maria Magdalena. Dieser spätere, erst 1913 entdeckte Zyklus überdeckte den spätromanischen und war seinerseits jahrhundertelang übertüncht. Seine enorme Bedeutung liegt darin, daß seine fast vollständige Erhaltung Rückschlüsse auf den charakteristischen Aufbau eines Bildprogramms im späten 15. Jh. zuläßt. Nahe der Kirche steht der fünfeckige **Spaniolaturm** aus dem 12. Jh. Seine merkwürdige Form mit der bergseitigen Spitze sollte ihn vor Lawinen schützen.

Jenseits der Flaz, die bei Pontresina eine tiefe Schlucht gegraben hat und auf deren ruhigerem Wasser flußabwärts Rafting betrieben wird, liegt der Taiswald, in dem täglich Kurkonzerte stattfinden (Mitte Juni–Mitte Sept. tägl. 11 Uhr). Zutrauliche Eichhörnchen und Tannenhäher untermalen die Musik und balgen sich um Nüsse und andere Köstlichkeiten. Der Wald liegt am Beginn des **Val Roseg,** das mit seiner spektakulären Kulisse auf der ›Rückseite‹ des Piz Bernina ein reizvolles Wanderziel darstellt, aber auch bequem mit der Pferdekutsche erreichbar ist. Andere Attraktionen bietet das Naturschutzgebiet um den Piz Albris (3166 m), oberhalb von Pontresina. Hier lebt die größte Steinbockkolonie der Schweiz, und mit etwas Glück lassen sich die Tiere in den frühen Vormittagsstunden beim Aufstieg zum Piz Languard (3262 m) beobachten, von dem sich eine hervorragende Aussicht bietet.

Kur- und Verkehrsverein Pontresina, 7504 Pontresina, ✆ 842 64 88, Fax 842 79 96, E-Mail: pontresina @compunet.ch.

Walther ($$$$$), ✆ 842 64 71, Fax 842 79 22: ruhig gelegenes First-Class-Hotel, Hallenbad, Indoor-Golf. **Rosatsch** ($$$$–$$$$$), ✆ 842 77 77, Fax 842 77 78: im Zentrum, Wellness-Anlage. **Soldanella** ($$$$), ✆ 842 01 21, Fax 842 79 95: ruhig, etwas oberhalb des Ortes gelegen. **Alvetern** ($$$), ✆ 842 64 67, Fax 842 75 16: altes Holzhaus, gemütlich, freundliche Atmosphäre. **Bahnhof** ($$), ✆ 842 62 42, Fax 842 73 90: direkt am Bahnhof gelegen, Zimmer ohne Bad.

Jugendherberge Tolais, ✆ 842 72 23, Fax 842 70 31: direkt am Bahnhof, gepflegt, teilweise Doppelzimmer, relativ teuer.

Kronenstübli ($$$), Grand Hotel Kronenhof, ✆ 842 01 11: Gourmetlokal, internationale Küche. **Hotel La Collina** ($$–$$$), ✆ 842 01 21: thailändische Küche. **Kochendörfer** ($$), Hotel Albris, ✆ 842 64 34: prämierte Fischküche, traditionsreiches Café. **Arvenstübli** ($–$$), Hotel Müller, ✆ 842 63 41: gemütliche Arvenstube, internationale Küche. **Pizzeria Creativa** ($), ✆ 842 63 49: Pizza und Pasta, preiswert, aber nicht zentral.

Sarazena: Bar und Dancing, beliebter Treffpunkt, seit dem Winter 1998/99 in neuem Glanz.

Bäckerei und Konditorei Kochendörfer: Original Engadiner Nußtorte. **Sennerei**: zahlreiche Käsespezialitäten, darunter die in der Schaukäserei Alp Nuova hergestellten (s. S. 192 f.).

Bergsteigerschule Pontresina, ✆ 842 64 44, Fax 842 60 71: Touren in die Gletscherwelt der Drei- und Viertausender, Kletterkurse in Fels und Eis. **Rafting Michel Massé**, ✆ 842 68 24, Fax 842 81 78: Rafting auf Flaz und Inn.

Hinter Pontresina beginnt die Straße unmerklich ihren Aufstieg zum Ber-

ninapass. Nahe der Bahnstation **Morteratsch** lädt die Schaukäserei Alp Nuova (Information unter ✆ 842 62 73; Juli–Okt. Di–So 9–17 Uhr; Käseherstellung meistens nur morgens) zu einer Brotzeit ein. An rustikalen Holztischen im ehemaligen Stall der Voralpe sitzend, kann man beobachten, wie früher der Bergkäse hergestellt wurde (s. S. 192 f.). Lohnend ist ein Abstecher zur Zunge des **Morteratschgletschers.** Der heute noch etwa 6 km lange Eisstrom ist allein im letzten Jahrhundert um knapp 2 km zurückgegangen. Schilder markieren die alte Ausdehnung. Der Gletscherlehrpfad selbst ist enttäuschend, da die Erläuterungen zu den Täfelchen nur in einem knapp 30 SFr. teuren Buch zu finden sind. Der Weg führt zunächst

Piz Bernina mit Biancograt

durch Erlen-Lärchen-Gebüsch, das mit Alpenrosen durchsetzt ist; je näher er dem Gletschertor kommt, desto mehr geht die Vegetation zurück, Felsblöcke und Schutt bestimmen das Bild. Auf dem Rückweg folgt man entsprechend dem Vordringen der Vegetation. Die mächtigen Moränen an den Talseiten verdeutlichen, wie weit sich der Gletscher in den letzten Jahrhunderten zurückgezogen hat. Etwa 100 m über dem Talboden bietet die **Chünetta** (›Wiege‹) einen phantastischen Blick über den gesamten Gletscher bis zu den Firnfeldern an Piz Bernina und Bellavista (Dauer des gesamten Rundgangs ca. 2 Std.).

Hinter Morteratsch überwindet die Paßstraße in zwei Serpentinen eine bewaldete Steilstufe, und nochmals öffnet sich der Blick auf den Morteratschgletscher. Dieser wird jedoch um Längen übertroffen von dem Panorama, das sich auf der **Diavolezza** bietet: vom Piz Cambrena im Osten über den Piz Palü mit seinen drei charakteristischen Pfeilern, die Bellavista mit ihren drei kleinen Spitzen, die 1000 m hohe Nordostwand des **Piz Bernina**, des einzigen Viertausenders Graubündens (und zugleich der Ostalpen), gekrönt vom messerscharfen Biancograt, bis zum buckligen Piz Morteratsch. Ist eine spektakulärere Kulisse vorstellbar für die Kunstflüge, die ›des Teufels General‹ Ernst Udet in dem Luis-Trenker-Film ›Die weiße Hölle am Piz Palü‹ vollführte? Aber auch für ›Normalsterbliche‹ ist sie hautnah erlebbar – im Sommer auf einer geführten Gletscherwanderung über Pers- und Morteratschgletscher nach Morteratsch (tägl. 12 Uhr; Dauer ca. 4 Std.; Anmeldung bei der Bergstation Diavolezza 10–11.45 Uhr), im Winter auf der legendären Gletscherabfahrt auf Skiern, die in etwa der gleichen Route folgt, wobei die stilechte Gletscherbar auf der Isola Persa das Erlebnis abrundet.

Am **Piz Lagalb,** auf den bei entsprechender Witterung Seilbahnfahrten zum Sonnenaufgang angeboten werden, wurden im Val Minor bis ins Spätmittelalter silberhaltige Bleierze abgebaut. Weiter windet sich die Straße durch die baumlose,

Bündner Bergkäse

Die Herstellung des Gletschermutschli

Die Schweiz – das Käseland schlechthin: Emmentaler, Appenzeller und Gruyère kennt jeder ... Der Bündner Bergkäse hingegen fristet ein unscheinbares Dasein, außerhalb des Kantons ist er kaum verbreitet. Dabei bekommt man ihn in Graubünden an jeder Ecke, mal schmeckt er eher sahnig, mal herzhaft, ja fast scharf. Die Geschmacksnote hängt vom Reifegrad ab, aber auch vom Futter der Kühe und von der regional etwas verschiedenen Herstellungsweise.

Die beste Möglichkeit, sich die Käseherstellung nach traditioneller Methode anzusehen, bietet sich auf der Alp Nuova in Morteratsch, direkt neben der Bahnstation. Das Wirtschaftsgebäude der Voralpe auf 1900 m, wo sich die Kühe etwa zehn Tage aufhalten, bevor sie in die Hochlagen getrieben werden, wurde geschickt umgebaut, so daß sich heute, beim Brunch mit Käseplatte und Wein am Tisch sitzend, der ganze Vorgang beobachten läßt – bequemer geht's nicht. Zu spät sollte man aber nicht aufstehen, denn spätestens um 9 Uhr beginnt der Senn mit der Käseherstellung, sobald er die frische Milch von den Alpen geholt hat.

Zunächst erhitzt er dafür in dem großen, 200 l fassenden Kupferkessel die Milch und versetzt sie währenddessen mit Milchsäurebakterien, die die Gärung einleiten. Hat sie eine Temperatur von 32 °C erreicht, wird sie vom Feuer gezogen und Lab hinzugegeben, das langsam die Milch gerinnen läßt. Nach einer halben Stunde ›Ruhezeit‹ wird mit der Käseharfe die Masse geschnitten, damit sich nicht ein großer Klumpen bildet. Bei diesem Vorgang, dem Vorkäsen, entstehen einzelne Körnchen, die in der Molke schwimmen. Nun rührt der Senn mit dem ›Brecher‹, einer Art großem Schneebesen, weiter und gibt warmes Wasser hinzu, damit der Käse ›lang‹ – d. h. geschmeidig – wird.

Anschließend wird der Topf wieder über das Feuer geschwenkt und der Käsebruch unter Rühren langsam auf 42 °C erhitzt, was mindestens eine halbe Stunde dauert. Mit Hilfe eines Metallbügels, des ›Bögli‹, wird dann das Käsetuch über den Topfboden gezogen. Die gesamte Masse, die sich darin sammelt, wird per Flaschenzug aus dem Topf gehoben und in die rechteckige Vorpreßform gesetzt. Der Laib, der sich bildet, nachdem die überschüssige Molke abgelaufen ist, hat in etwa die Konsistenz von Mozzarella. Nach dem Wenden der Form wird er in 24 Stücke geschnitten, die in durchlöcherte runde Kunststofformen gesetzt und mit einem Stein beschwert werden. Durch die Löcher der Form kann die restliche Flüssigkeit austreten. Nach nochmaligem Wenden, das dem kleinen Käselaib eine gleichmäßige Form geben soll, und einem kurzen Salzbad, das die Bildung der Rinde einleitet, wird er etwa zwei bis vier Wochen gelagert, bis der Gletschermutschli zum Verzehr geeignet ist.

Die restliche Molke, die sich noch im Topf befindet, wird nun stark erhitzt. Ist eine Temperatur von etwa 86 °C erreicht, gibt der Senn Milchsauer zu, damit das Albumin, ebenfalls ein Milcheiweiß, ausfällt. Diese körnige Masse, die noch etwa 6–7 kg wiegt, wird wiederum mit dem Käsetuch aus dem Topf gehoben, doch nicht mehr in eine Form gepreßt. Statt dessen kühlt der so entstehende Alpziger als großer Laib im Tuch ab und erhält dadurch seine charakteristische Struktur.

Der ganze beschriebene Prozeß dauert gut zwei Stunden, in denen immer wieder Zuschauer zum Mitmachen eingeladen werden. Wer danach Appetit bekommen hat, kann noch vor Ort Gletschermutschli oder Alpziger, aber auch andere von der Sennerei Pontresina hergestellte Käsesorten probieren und kaufen. Natürlich stellt diese traditionelle Käseherstellung heute die Ausnahme dar, denn eine Massenproduktion ist so gar nicht möglich. Trotzdem wird hier nicht nur um der Nostalgie willen wie vor Jahrhunderten gekäst, sondern man bekommt anschaulich etwas demonstriert, was es sonst nur nach stundenlangen Wanderungen (und entsprechend frühem Aufstehen) auf entlegeneren Alphütten zu sehen gibt: Den kleinen Umweg ist das allemal wert, zumal man erst danach zu schätzen weiß, wieviel Arbeit in einem kleinen Stück Käse steckt.

Mit Hilfe eines Metallbügels wird das Käsetuch über den Topfboden gezogen

karge Landschaft hinauf zum Berninapass, immer begleitet von den Gleisen der Rhätischen Bahn. Am **Ospizio Bernina** (2328 m), der Paßhöhe, befindet sich der höchste Punkt des europäischen Bahnnetzes, zugleich der einzige offene Übergang einer Bahnlinie über den Alpenhauptkamm in der Schweiz. Aber Rekord hin oder her – kurios wirken die roten Waggons in der unwirtlichen Umgebung allemal. Kurz vor der Paßhöhe passieren Bahn und Straße zwei Seen, wie sie unterschiedlicher kaum sein könnten: den klaren, schwarzen Lej Nair und den milchigen, weißen Lago Bianco, die die Wasserscheide zwischen Engadin und Puschlav trennt. Während der eine von einem klaren Gebirgsbach gespeist wird, erhält der andere sein Wasser von den Gletschern unterhalb des Piz Cambrena.

Camping Plauns Morteratsch, ✆ 842 62 85: sehr idyllisch nahe dem Morteratschgletscher gelegen.

Das Valle di Poschiavo (Puschlav)

Kurz vor der Paßhöhe des Berninapasses trennen sich Straße und Gleise, bevor sie ins Valle di Poschiavo hinabführen. Wesentlich mehr Reize bietet die Fahrt mit der **Rhätischen Bahn,** die bei Alp Grüm ihren ersten Höhepunkt erreicht: Unterhalb der Station breitet sich das Puschlav in seiner ganzen Länge aus, nach Westen bietet sich ein letztes Mal ein Blick in die hochalpine Gletscherwelt an der ›Rückseite‹ des Piz Palü. Von hier aus windet sich der Zug, teils unter ohrenbetäubendem Quietschen, durch den Wald mit einem durchschnittlichen Gefälle von 7 % hinab zum nur noch gut 1000 m hoch gelegenen Poschiavo. Eine steilere Strecke gibt es selbst im spektakulären Netz der Rhätischen Bahn nicht. Immer wieder öffnen sich atemberaubende Aussichten – besonders schön von den Serpentinen oberhalb von San Carlo, die den letzten Abstieg zum Hauptort des Tals bewältigen. Doch die Berninabahn hält nicht nur Rekorde, sondern sie ist auch ein wichtiger ökonomischer Faktor. Durch ihren Bau 1904–1910 bekam das Puschlav neue Impulse, die Anbindung an den Rest des Kantons wurde verbessert, und die wirtschaftlich bedingte Abwanderung konnte gestoppt werden. Erst der Vergleich mit dem Bergell, wo die Emigration anhielt, macht die enorme Bedeutung der Rhätischen Bahn deutlich, die heute größter Arbeitgeber im Tal ist.

Wie banal und reizlos erscheint dagegen die Fahrt mit dem Auto hinab ins Puschlav: keine Rekorde, keine atemberaubenden Blicke in die Tiefe, keine spektakulären Aussichten. Die Straße führt immer am Hang entlang abwärts, bis sie kurz vor San Carlo die Talsohle erreicht.

Traurige Berühmtheit erlangte das Valle di Poschiavo im Juli 1987, als anhaltende Regenfälle eine

Steinplattengedeckte Häuser in Poschiavo

Schlammlawine auslösten, die Straßen und Brücken mit sich riß und den Poschiavino über die Ufer treten ließ, so daß sich die braunen Fluten mitten durch Poschiavo wälzten. Es entstand ein Schaden in Höhe von 100 Mio. SFr., mehrere Häuser mußten abgebrochen werden, zwei Menschen starben. Die Spuren der Verwüstung sind zwar inzwischen beseitigt, aber die Kapriolen des Klimas lassen eine erneute Katastrophe nicht unmöglich erscheinen.

Poschiavo, der Hauptort des italienischsprachigen Tals mit überwiegend katholischer Bevölkerung, hat trotz seiner nur gut 3500 Einwohner einen sehr städtischen Charakter mit geschlossener Bausubstanz. Die Durchgangsstraße führt am rechten Ufer des Poschiavino entlang, während der verkehrsberuhigte Ortskern, der Borgo, jenseits des Flüßchens liegt. Das Herz von Poschiavo schlägt auf der **Piazza.** Infolge der Katastrophe von 1987 ansprechend restaurierte alte Palazzi, darunter einige traditionsreiche Hotels, gruppieren sich um den Platz, der vom Rathausturm dominiert wird, einladende Straßencafés unterstreichen das mediterrane Flair des Ortes. Hier wird auch gleich sein ganzer Reichtum deutlich, der aus dem Verkehr über den 1842–1865 ausgebauten Berninapass resultierte.

Am südlichen Ende der Piazza erhebt sich der schlanke romanische Turm der Kirche **San Vittore Mauro.**

Auffallend im gotisierten Innenraum, in den ein Portal mit barocken Schnitzereien führt, sind drei neogotische Flügelaltäre und die geschnitzte Kanzel. Die Bemalung der Schlußsteine mit den Wappen von Poschiavo (gekreuzte Schlüssel) und Graubünden verdankt die Kirche ebenso ihrer Renovierung Ende der 80er Jahre wie den modernen Altar und Taufstein des Puschlaver Künstlers Paolo Pola. Hinter der Kirche liegt das Oratorio Sta. Anna mit einem kleinen Beinhaus, dem die säuberlich hinter einem schmiedeeisernen Gitter aufgestapelten Schädel einen ganz speziellen, morbiden Reiz verleihen.

Im Süden wird der Borgo vom **Spaniolenviertel** begrenzt. Die sehr homogenen neoklassizistischen ›Palazzi‹ wurden Mitte des 19. Jh. von Bürgern Poschiavos erbaut, die als Zuckerbäcker in der Fremde – größtenteils in Spanien (daher der Name des Viertels) – zu einigem Vermögen gekommen waren und dies nach ihrer Rückkehr zur Schau stellten. An Gärten vorbei führt die Straße weiter zur Kirche **Sta. Maria Assunta** (Schlüssel beim Ente turistico). Der barocke Bau vom Beginn des 18. Jh. mit auffälliger achteckiger Vierungskuppel liegt malerisch zwischen einigen Pappeln auf einem Hügel. Direkt an der Durchgangsstraße auf Höhe der Piazza befindet sich in einem Palazzo aus dem 17. Jh. das **Museo Vallerana Poschiavino** (Juni–Okt. Di u. Fr 14–17 Uhr, Juli–Sept. auch Mi 14–17 Uhr, Winter

Kreisverkehr einmal anders: Der Kreisviadukt der Rhätischen Bahn in Brusio

Di–Do 13.30–15.30 Uhr), das neben den für ein Heimatmuseum üblichen Exponaten eine beeindrukkende Waffensammlung beherbergt.

Hinter Poschiavo weitet sich der Talboden, die Straße wird von Feldern flankiert. Hier wurde bis in die 50er Jahren noch sehr viel Buchweizen angebaut, aus denen Pizzocär (Pizzoccheri) und Puschlaver Ringbrot hergestellt werden. Kurios ist die Ortsdurchfahrt in Le Prese, da sich dort die Rhätische Bahn mitten auf der Straße zwischen den Häusern hindurchzwängt. Der **Lago di Poschiavo** und das fruchtbare Schwemmland verdanken ihre Entstehung einem Bergsturz vor ca. 15 000 Jahren, durch den sich zunächst das Wasser des Poschiavino zu einem wesentlich größeren See staute, bis es in Form einer Schlucht einen schmalen Abfluß graben konnte.

Die Landschaft verändert sich hinter diesem Einschnitt deutlich: Das Tal ist enger, die Vegetation bekommt einen südländischen Charakter. Hier wachsen Walnüsse und Feigen, Zedern und Palmen. Auch ist das untere Valle di Poschiavo die einzige Region Graubündens, in der bis Anfang der 90er Jahre Tabak angebaut wurde. **Brusio** ist ein wenig ansehnliches Straßendorf, dessen größte Attraktion am südlichen Ortsausgang liegt: der bekannte Kreisviadukt der Rhätischen Bahn, der von der Straße aus jedoch nicht sehr eindrucksvoll wirkt – um so mehr jedoch vom oberhalb gelegenen Viano aus. **Campocologno,** der Grenzort, hat dann gar nichts Nennenswertes mehr zu bieten, sieht man von etlichen Tankstellen ab. Auf italienischem Gebiet führt das Netz der Rhätischen Bahn noch bis ins 3 km entfernte **Tirano.** Dort endet nicht nur die Bahnlinie: Auf 419 m Höhe mündet der Poschiavino in die Adda, das Valle di Poschiavo öffnet sich zum Veltlin hin.

Ente turistico Valposchiavo, 7742 Poschiavo, ✆ 844 05 71, Fax 844 10 27.

Le Prese ($$$$), Le Prese, ✆ 844 03 33, Fax 844 08 35: erstes Hotel des Tals, traditionsreich, direkt am See gelegen, Schwimmbad. **Suisse** ($$$), Poschiavo, ✆ 844 07 88, Fax 844 19 67: bestes Hotel von Poschiavo, mitten im Ort gelegen. **Croce Bianca** ($$), Poschiavo, ✆ 844 01 44, Fax 844 12 70: einfach, sauber und preiswert. **Solaria** ($$), Le Prese, ✆ 844 06 64 u. 844 22 33, Fax 844 31 41: relativ neu, ruhig am See gelegen. **Albrici** ($), Poschiavo, ✆ 844 01 73: traditionsreiches Gasthaus mit antiker Einrichtung, Zimmer ohne Bad.

Stüa Pus'ciavina, Hotel Suisse ($$), Poschiavo, ✆ 8 44 07 88: sehr gute Küche, viel Fisch. **Motrice** ($), Poschiavo, ✆ 844 02 27: Puschlaver und Veltliner Küche, freundliche Bedienung, draußen Tische nahe der Straße.

Caffè Semadeni, Poschiavo: traditionsreiches Café an der Piazza, sehr gute selbstgemachte Eiscreme.

Wanderungen: Vom Ospizio Bernina mit hervorragender Aussicht über Sassal Mason nach Alp Grüm; von dort aus Abstieg parallel zur Bahnlinie nach Poschiavo (ca. 4.30 Std.). Von Brusio über Viano auf dem ›Schmugglerpfad‹ nach Tirano; von Viano hervorragender Blick auf Brusio und den Kreisviadukt (ca. 4.30 Std.).

Zuoz und das untere Oberengadin

Von Samedan an prägen ein weiter Talboden und sanft ansteigende Hänge, die auf der rechten Seite größtenteils bewaldet sind, den Charakter des Engadins. Die Landschaft ist wesentlich weniger spektakulär als im Bereich der Oberengadiner Seen oder der Bernina.

Von der einstigen Bedeutung der Paßfußsiedlung **La Punt** zeugt ihr Name: ›Die Brücke‹. Hier traf nicht nur die Albulastraße auf die Talstraße, sondern diese überquerte auch den Inn, so daß der Brückenzoll eine wichtige Einnahmequelle darstellte. Der Verkehr, der früher den Reichtum brachte, zerschneidet heute das Ortsbild, doch sind immer noch einige prächtige und teils gut restaurierte Engadiner Häuser beiderseits des Inns erhalten: die schönsten und auffälligsten unter ihnen die direkt am Fluß gelegene, 1642–1649 erbaute Chesa Merleda mit ihrem zinnengekrönten Giebel und die unmittelbar benachbarte Chesa Sandoz, ein großes Doppelhaus vom Ende des 17. Jh. mit reichen Sgraffiti. Die Anlage des etwas oberhalb am Südosthang gelegenen Straßendorfs **Chamues-ch** (sprich: ›Tchamuésch'tch‹), das heute eine Gemeinde mit La Punt bildet, verdeutlicht, wo einst die Talstraße weiter verlief.

Societed da trafic/Verkehrsverein La Punt Chamues-ch, 7522 La Punt Chamues-ch, ✆ 854 24 77, Fax 854 38 77.

Chesa Plaz ($$$–$$$$), ✆ 851 21 00, Fax 851 21 13: altes Engadiner Haus, ruhig am oberen Ortsende von Chamues-ch gelegen.

Chesa Pirani ($$$), 854 25 15: Gourmetrestaurant mit Engadiner Stube, direkt an der Durchgangsstraße gelegen.

Oberhalb von **Madulain** thront die Burgruine Guardaval, die, wie der Name andeutet, einst den Talweg bewachte. Eine weitere Attraktion könnte der Ort schon bald gewinnen, wenn es dem exzentrischen Stardesigner Luigi Colani gelingt, dort das »sensationellste Designmuseum der Welt« zu realisieren.

Von allen Siedlungen der Region weist das am linken Hang des Inntals gelegene **Zuoz** den homogensten Charakter auf. Die bauliche Geschlossenheit verdankt der einstige Haupt- und Gerichtsort des Oberengadins, dem auch der Warentransport über Albula- und Scalettapass oblag, dem Dorfbrand im Jahre 1499. Diesen hatten die Bewohner selbst gelegt, um Dorf und Vorräte nicht in die Hände der kaiserlich-habsburgischen Truppen fallen zu

Das Plantahaus am Plaz in Zuoz

lassen. Als die Gefahr vorüber war, wurden die Gebäude in einheitlichem Stil wiederaufgebaut. Daher bestimmen heute alte, teilweise vorbildlich restaurierte Engadiner Häuser das Ortsbild. Zwischen ihnen öffnen sich immer wieder Plätze mit zweigeteilten Brunnen, deren oberer Teil zum Waschen, der untere zum Tränken des Viehs diente. An etlichen von ihnen sind die Insignien des Ortes zu sehen, die seine frühere politische Bedeutung symbolisieren: Krone, Bischofsstab und Gerichtsschwert.

Der Mittelpunkt von Zuoz ist der **Plaz.** Hier trifft man sich, hier toben die Kinder der benachbarten Schule herum, hier stehen einige der schönsten und prächtigsten Häuser – und der originelle Bärenbrunnen. Der aufgerichtete Bär mit erhobenen Tatzen verweist eindrucksvoll auf jenes Geschlecht, das das Schicksal von Zuoz über Jahrhunderte bestimmte: die Planta. Das Motiv findet sich am benachbarten **Plantahaus** wieder – als auf die Fensterläden gemaltes Familienwappen mit abgeschlagener Bärentatze. Dieses mächtige Gebäude, das eigentlich aus zwei aneinandergebauten Häusern unter einem gemeinsamen Dach besteht, dominiert den Plaz. Seine Ursprünge liegen im ausgehenden 16. Jh., doch wurden später zahlreiche Umbauten vorgenommen. Den unteren Abschluß des Plaz bildet das ehemalige Rechtswirtshaus und heutige Hotel **Crusch Alva** (›Weisses Kreuz‹), dessen Kern aus der Zeit um 1570 stammt. Auffällig ist der bunte

Schellen-Ursli & Co.
Chalandamarz

Das Austreiben des Winters ist ein zentrales Ereignis in vielen bäuerlich geprägten Kulturen Europas, da damit das Ende der unproduktiven Zeit eingeleitet wurde. Meistens ist es mit Lärm und Umzügen verbunden, die die bösen Geister verjagen sollen. Mit den gesellschaftlichen Veränderungen, besonders in den letzten 100 Jahren, sind aber viele dieser Bräuche verschwunden oder haben sich bis zur Unkenntlichkeit verändert – wie beispielsweise der Karneval, der seine Wurzeln auch in vorchristlicher Zeit hat und von der Kirche instrumentalisiert wurde.

Die Engadiner Form dieses Rituals, der Chalandamarz, wird am 1. März gefeiert. Dann ziehen die Jungen mit Kuhglocken läutend durch das Dorf, machen an jedem Haus halt und singen Lieder. Dafür werden sie von den Bewohnern mit Lebensmitteln – inzwischen v. a. Süßigkei-

Wappenfries, der sich über die gesamte Breite der Fassade zieht.

Etwas unterhalb des Plaz steht die spätgotische **Reformierte Kirche** (Schlüssel bei der Tourismus Information). Inneres wie Äußeres sind in schlichtem Weiß gehalten, zu dem die farbenprächtigen Glasmalereien von Augusto Giacometti und dem Zuozer Künstler Constant Könz im Chor in deutlichem Kontrast stehen. Der **Gemeindeturm,** durch mehrere Bogen über die Straße mit dem Unteren Plantahaus verbunden, ist der auffälligste der zahlreichen mittelalterlichen Wohntürme, die in Zuoz erhalten sind. Die meisten von ihnen wurden jedoch vollends umbaut, so daß sie heute kaum noch zu erkennen sind. Im Gegensatz dazu

ten, aber auch Geld für die Gemeinschaftskasse – belohnt. Was früher eines der wichtigsten Ereignisse des Jahres war, ist heute vielerorts aufgrund der Veränderung der Sozialstruktur nicht mehr anzutreffen. Die romanische Bevölkerung ist in den Tourismuszentren in der Minderheit, folglich sind auch ihre Bräuche verschwunden oder werden allenfalls als Attraktion für die Gäste künstlich am Leben gehalten. Nicht so in Zuoz, wo immer noch am Chalandamarz die Jugend mit blauen Kitteln, roten Mützen und dicken Glocken durch den Ort zieht.

Ein unsterbliches Denkmal haben die Kindergärtnerin Selina Chönz (geb. 1910) und der Künstler Alois Carigiet (1902–1985) dem Brauch mit ihrem ›Schellen-Ursli‹ gesetzt. Das Bilderbuch erzählt die Geschichte vom kleinen Ursli (im ladinischen Original ›Uorsin‹), der gerne den Umzug am Chalandamarz anführen möchte. Da er aber nur eine ganz kleine Kuhschelle hat, wird er von den anderen Jungen verspottet und soll, der Sitte folgend, am Ende des Zugs gehen. In seiner Not erinnert er sich an eine riesige Kuhglocke auf dem Maiensäß, stapft durch den Schnee hinauf und verbringt die Nacht, von den Eltern verzweifelt gesucht, oben auf dem Berg. Am nächsten Morgen kehrt er stolz mit seiner ›Beute‹ nach Hause zurück, wo er erleichtert von Vater und Mutter empfangen wird. Und tatsächlich darf er als erster durch das Dorf ziehen.

Das 1945 erschienene Buch ist inzwischen zum Klassiker geworden – kein Kind in Graubünden, das es nicht kennt. An vielen Orten und auf zahlreichen Produkten begegnet man dem Ursli mit seiner spitzen blauen Zipfelmütze – besonders natürlich in Guarda, der ›Heimat des Schellen-Ursli‹. Vielleicht ist es dieser Geschichte zu verdanken, daß Chalandamarz noch nicht vollkommen in Vergessenheit geraten ist und die Jungen in den kleineren Engadiner Orten noch immer durch die Gassen ziehen, um mit ihrem Glockengeläut den Winter auszutreiben.

blieb der Charakter des Gemeindeturms, der als bischöfliches Gefängnis diente, im wesentlichen bewahrt.

Sehenswert ist die vermutlich spätromanische Kapelle **San Sebastiaun** (Schlüssel bei der Tourismus Information) nahe dem südlichen Ortseingang. Sie ist zwar klein und unscheinbar, weist aber beeindruckende spätgotische Fresken auf, darunter im Chor Christus als Pantokrator und die vier Evangelisten sowie im Chorbogen die zwölf Apostel. In die kleinen Fensteröffnungen fügen sich harmonisch die modernen Glasmalereien des Zuozer Künstlers Gian Casty ein.

Aber Zuoz ist keine Idylle, die in einem Dornröschenschlaf versunken ist. Neben dem Tourismus, der sich bewußt familienfreundlich gibt, hat es zwei weitere wirtschaftliche Standbeine, die man hier nicht unbedingt erwarten würde: eine renommierte Privatschule und die höchstgelegene Kaffeerösterei Europas. Die Schüler des **Lyceum Alpinum** stammen etwa zur Hälfte aus der Umgebung, teilweise aber auch aus dem Ausland. Sie bringen Leben in den Ort, bevölkern Straßen, Plätze und Cafés. Die Kaffeerösterei Badilatti mit dem **Kaffeemuseum Caferama** (✆ 854 27 27; Do u. Fr 14–18 Uhr; Besichtigung der Rösterei Do 16 Uhr, nach Voranmeldung) liegt außerhalb, jenseits der Kantonsstraße. Im 1996 eröffneten Museum gibt es alles rund um den Kaffee zu sehen. Beim Rundgang durch die Rösterei werden die Zusammenstellung der Mischungen und der Verarbeitungsprozeß demonstriert, eine Degustation schließt das Programm ab.

Tourismus Information Zuoz, 7524 Zuoz, ✆ 854 15 10, Fax 854 33 34, E-Mail: zuoz@compunet.ch.

Alpenschlosshotel Castell ($$$$–$$$$$), ✆ 854 01 01, Fax 854 31 20: traditionsreiches Hotel, umfangreiches Sportangebot, ruhig abseits des Ortes gelegen. **Posthotel Engiadina** ($$$$), ✆ 854 10 21, Fax 854 33 03: First-Class-Hotel in einem alten Patrizierhaus, Swimmingpool, gutes Preis-Leistungs-Verhältnis. **Belvair** ($$$$), ✆ 854 20 23, Fax 854 20 55: relativ neues Aparthotel, Wellness- und Fitness-Bereich. **Steinbock** ($$$), ✆ 854 13 73, Fax 854 35 60: gemütliches Familienhotel. **Albanas** ($), ✆ 854 13 21, Fax 854 12 14: einfach, Etagenduschen

Posta Veglia ($$), Posthotel Engiadina, ✆ 854 10 21: gepflegte Atmosphäre, internationale und regionale Küche, gute Weinkarte. **Dorta** ($–$$), ✆ 854 20 40: altes Bauernhaus, mit Kaffeesäcken und Weinfässern eingerichtet, Engadiner und Bündner Spezialitäten, ›Erlebnisgastronomie‹, nur abends ab 18 Uhr. **Walther** ($–$$), ✆ 854 13 53: typische regionale Küche, reelle Preise. **Bistro Klarino** ($), Hotel Bellaval, ✆ 854 14 81: kleine Gerichte, Internet-Terminals.

Bäckerei und Konditorei Klarer: direkt am Plaz, Treffpunkt der Jugend, sehr gute Bündner Nußtorten.

Dorfmarkt in Zuoz (Marchò da Zuoz; Juli): Handwerksmarkt im gesamten Dorfzentrum, seit 1987.

S-chanf (sprich: ›Sch'tchanf‹) war noch Mitte des 19. Jh. die bevölkerungsreichste Gemeinde des Oberengadins, was man dem ruhigen Ort mit einigen schönen, renovierten Engadiner Häuser aus dem 17. Jh. aber nicht mehr anmerkt. Seine größte Attraktion ist heute das Val Trupchun, das wildreichste Tal des Schweizerischen Nationalparks (s. S. 203 ff.).

Hinter Cinuos-chel verengt sich dann das Tal, und der Inn fließt durch eine Schlucht, die das Ober- vom Unterengadin trennt.

Das Unterengadin

Während im Oberengadin das Spektakuläre lockt, gibt sich das Unterengadin bescheidener. Doch darin liegt gerade der Reiz der ursprünglichen Dörfer Ardez und Guarda oder des Schweizerischen Nationalparks, dessen Schätze nur zu Fuß zu erschließen sind. Über allem strahlt der Star am Wellness-Himmel: das Bogn Engiadina in Scuol, zugleich Kunstwerk und Ort der Entspannung.

Der Schweizerische Nationalpark (Parc Naziunal Svizzer)

Zernez, der erste Ort des Unterengadins, hat wegen des Dorfbrandes von 1872 außer dem in seiner heutigen Form aus dem 17. und 18. Jh. stammenden Schloss Wildenberg, in dem die Gemeindeverwaltung ihren Sitz hat, baulich wenig zu bieten. Und auch die Anlage als Straßendorf am Abzweig des Ofenpasses trägt nicht gerade zu seiner Attraktivität bei, doch erfüllt es eine wichtige Funktion als Eingangstor zum Schweizerischen Nationalpark. So ist die größte Attraktion des Ortes das **Nationalparkhaus** (✆ 856 13 78; Juni–Okt. tägl. außer Di 8.30–18, Di 8.30–22 Uhr). Dieses Informationszentrum nach amerikanischem Vorbild wurde 1968 in einem modernen Haus im Engadiner Stil eingeweiht. Sehr anschaulich wird der Lebensraum des Schweizerischen Nationalparks mit seinen Pflanzengesellschaften, Nahrungsketten, Flora und Fauna erklärt. Besonderer Raum ist den Steinbock- und Bartgeieraussetzungen (s. u.) sowie dem ›Maskottchen‹ des Nationalparks, dem Tannenhäher gewidmet. Früher galt dieser kecke Vogel als Schädling, heute hat man seine enorme Bedeutung für die Erhaltung der Arvenbestände erkannt. Die sehr gute Aufbereitung aller Themen (u. a. mittels Computer) macht die Ausstellung auch für Kinder interessant.

Der **Schweizerische Nationalpark** – der Name verrät: er ist der einzige der Eidgenossenschaft – wurde am 1. August 1914 als erster Nationalpark Mitteleuropas gegründet, um die wilden Täler um den Ofenpass unter Schutz zu stellen. Nach mehreren Erweiterungen umfaßt er heute eine Fläche von 168,7 km^2, die der Staat von den Gemeinden Zernez, Scuol, S-chanf und Val-

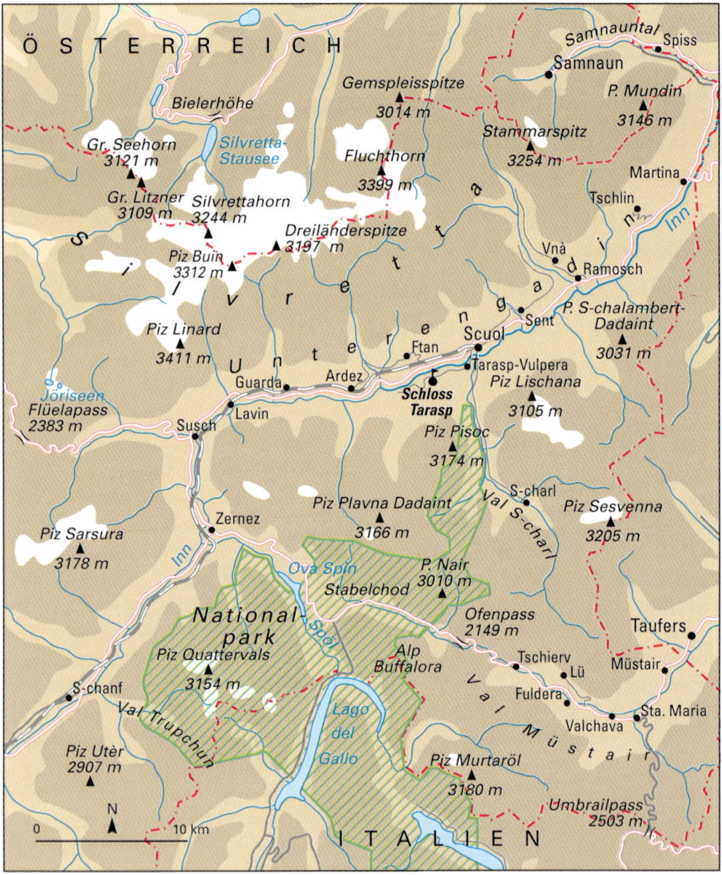

Unterengadin

chava nur gepachtet hat. Er bildet, so der ehemalige Leiter Klaus Robin, »in erster Linie ein Großreservat, das möglichst von menschlichen Nutzungen freigehalten wird und in dem die Natur sich selbst überlassen bleibt«. Was sich so banal anhört, ist ungleich schwerer umzusetzen, wo schon manch ein Wanderer es an Einsicht mangeln läßt, die markierten Wege nicht zu verlassen. Wesentlich größer ist jedoch die Gefährdung des Nationalparks durch den Verkehr ins Val Müstair und nach Livigno sowie durch die Engadiner Kraftwerke, mit deren 1957 in bundesweiter Abstimmung beschlossenem Bau das intakte Ökosystem des Spöltals teilweise zerstört wurde. Seit 1996 wird sehr lebhaft eine deutliche Erweiterung des Nationalparks diskutiert, der dann das gesamte rechtsseitige Unterengadin (1 % der Fläche der Schweiz) umfassen soll, um den geschützten Tierarten einen angemessen großen Lebensraum bieten zu können. Dieses Projekt, das einen massiven Eingriff in die Interessen von Teilen der Bevölkerung darstellt, scheint jedoch nur dann realisierbar (und sinnvoll) zu sein, wenn das gesamte Gebiet in unterschiedlich geschützte Kern- und Umgebungszonen aufgeteilt würde, in deren äußerem Bereich eine naturverträgliche Bewirtschaftung möglich bliebe. Trotz aller Bedenken soll die gigantische Vergrößerung der Fläche auf das Dreifache möglicherweise schon im Jahr 2000 vollzogen werden.

Charakteristisch für das extrem niederschlagsarme, in 1500–3200 m Höhe gelegene Gebiet sind die Kalkfelsen und Schutthalden der Unterengadiner Dolomiten. Hier leben mehr als 5000 verschiedene Tierarten, von denen zwei unangefochten zu Stars avanciert sind: Steinbock und Bartgeier. Beide waren bereits in der gesamten Schweiz ausgerottet und wurden dann wieder angesiedelt. Erscheint die Aussetzung der Steinböcke in den 20er und 30er Jahren (s. S. 16 f.) nur folgerichtig, so ist es doch recht überraschend, von welcher öffentlichen Anteilnahme diejenige der Bartgeier begleitet wird. Seit 1991 werden im Rahmen eines internationalen Programms jeden Sommer im Val Stabelchod ein oder zwei noch nicht flügge Jungvögel ausgesetzt. Früher als räubernder ›Lämmergeier‹ verschrieen, ist aus dem einstigen Kinderschreck heute die spektakulärste Attraktion des Schutzgebiets geworden. Trotzdem muß man etwas Glück haben, um eines der Tiere majestätisch über den Gipfeln kreisen zu sehen, denn ihr Revier dehnt sich über den gesamten Alpenraum aus. Die reinen Aasfresser, die auch Knochen größerer Tiere ganz verschlucken, erfüllen eine wichtige Funktion als ›Gesundheitspolizei‹ in der sich selbst überlassenen Natur des Nationalparks. Dessen beliebtestes Tal ist das von S-chanf aus zugängliche Val Trupchun, da sich dort mit größter Wahrscheinlichkeit Hirsche, Steinböcke und Adler beobachten lassen.

Bevor man den Reichtum der Flora und Fauna zu würdigen wußte, hatte man das wirtschaftliche Potential der Region erkannt. Im späten Mittelalter herrschte hier eine rege Bergbautätigkeit. Zum Ausschmelzen der Eisen-, Silber- und Bleierze wurden große Mengen Holzkohle benötigt. Bis ins 19. Jh. setzte sich die rigorose Abholzung fort – nun aber, um das Holz nach Tirol zu den Salinen von Hall zu exportieren. Die heute noch seitlich der Ofenpassstraße als Überreste sichtbaren Kalköfen haben das Ihrige zur Dezimierung der reichen Bergföhrenwälder beigetragen.

Società da trafic/Verkehrsverein Zernez, 7530 Zernez, ✆ 856 13 00, Fax 856 11 55.

Il Fuorn ($$$), ✆ 856 12 26, Fax 856 18 01: 14 km von Zernez an der Ofenpassstraße mitten im Nationalpark gelegen, idealer Ausgangspunkt zum Wandern im Nationalpark. **Bär-Post** ($$), Zernez, ✆ 851 55 00, Fax 851 55 99: kürzlich renovierte Arvenzimmer.

Hotel Crusch Alba ($–$$), Zernez, ✆ 856 13 30: regionale Küche, Wild, Treffpunkt der Einheimischen.

Das Val Müstair (Münstertal)

Vom **Ofenpass** öffnet sich der Blick auf die Wiesen und Dörfer des weiten Val Müstair (sprich: ›Müschtáir‹), das sich in aller Bescheidenheit als familienfreundliches, ruhiges Wander- und Skigebiet empfiehlt. Durch seine ›Sandwichposition‹ zwischen Engadin und Vintschgau – dem einen politisch, dem anderen geographisch zugehörig – erhielt das Tal von beiden Seiten wichtige kulturelle Impulse. Seine Lage machte es aber auch über Jahrhunderte zum heiß umkämpften Durchzugsgebiet fremder Mächte, das aufgrund der Schlacht an der Calven (1499), einem Engpaß nahe dem Ort Müstair, einen besonderen Rang in der Bündner Geschichte einnimmt.

Abseits der Hauptstraße liegt in **Valchava** die Chasa Jaura (Mitte Juni–Mitte Okt. Di–Fr 10–12 u. 14–17, Sa–So 15–18 Uhr; im Winter auf Voranmeldung unter ✆ 858 53 17), eines der ältesten erhaltenen Bauernhäuser des Tales aus dem 18. Jh. Das Doppelhaus mit dem für die Region einzigartigen zweistöckigen Erker fungiert heute als Heimatmuseum. Über das übliche Repertoire hinaus beherbergt es im Keller eine originale alte Hammerschmiede.

Der Hauptort der größtenteils romanischsprachigen Talschaft ist **Sta. Maria,** das früher seine Bedeutung aus der Lage im Schnittpunkt von Ofen- und Umbrailpass erhielt. In der Chasa Plaz sind heute noch die Gewölbe zu sehen, in denen die Waren von den Säumern umgeladen wurden. Die teils recht stattlichen alten Häuser entlang der engen Durchgangsstraße entsprechen zwar vom Typ her dem Engadiner Haus, weisen jedoch statt der Sgraffiti eine für Südtirol charakteristische Bemalung auf. So sind sie augenfälligster Ausdruck des Zusammentreffens der unterschiedlichen kulturellen Einflüsse. Sehenswert ist auch die Tessanda Val Müstair (✆ 858 51 26; Mo–Fr 8–11.30 u. 13–18, Sa 8–11 u. 14–17 Uhr). In der Webstube, die noch heute Handweber ausbildet, werden an originalgetreuen Webstühlen Stoffe und Textilien aus Leinen und Halbleinen in hervorragender Qualität hergestellt.

Kloster St. Johann in Müstair

Kurz vor der Grenze nach Südtirol ist **Müstair** erreicht, die östlichste Gemeinde der Schweiz. Die Häuser sind zwar längst nicht so schön und prächtig bemalt wie in Sta. Maria, doch deuten die Arkaden darauf hin, daß früher einige von ihnen als Susten genutzt wurden. Besonders geschichtsträchtig ist die Chasa Chalavaina: In ihrer holzgetäfelten Gaststube, die sich seither nur wenig verändert haben dürfte, sollen die Bündner Heerführer vor der Schlacht an der Calven am 22. Mai 1499 Kriegsrat gehalten haben.

Schräg gegenüber dem historischen Gasthof liegt das **Kloster St. Johann,** das die UNESCO als eine von drei Stätten in der Schweiz – neben der Altstadt von Bern und dem Stift St. Gallen – in das Weltkulturerbe der Menschheit aufgenommen hat. Dies mag auf den ersten Blick erstaunen, macht die Anlage doch einen etwas zusammengewürfelten Eindruck. Das Kloster wurde Ende des 8. Jh. vom Churer Bischof gegründet – auch wenn der Lokalpatriotismus gerne Karl den Großen als Stifter sieht – und später mehrfach erweitert, wodurch sein heterogener Charakter entstand. Vom ursprünglichen Mönchskonvent mutierte es zum Nonnenkloster, in dem heute noch 15 Benediktinerinnen leben.

Kernstück der Anlage ist die um 800 entstandene karolingische Klosterkirche. Von außen unscheinbar, offenbart sie beim Betreten den Schatz, dem sie ihre Ausnahmestellung verdankt: den umfangreichsten erhaltenen karolingischen Freskenzyklus (um 810). Ursprünglich war der nicht gegliederte Innenraum der Dreiapsidenkirche vollständig mit Szenen aus dem Leben Christi, Davids und Johannes des Täufers ausgemalt. Ende des 12. Jh. verschwanden diese unter neuen, farbenprächtigeren Fresken, die obersten Szenen gingen um 1500 durch den Einzug des spätgotischen Kreuzrippengewölbes und der Empore verloren, und schließlich verschwand alles unter weißer Tünche. Erst Ende des 19. Jh. entdeckt, wurden die karolingischen Fresken um 1950 freigelegt, die spätromanischen größtenteils abgelöst und teilweise ins Klostermuseum verbracht. Im besten Zustand zeigen sich die Szenen in den Apsiden, wo sich auch sehr gut die Unterschiede zwischen den beiden Epochen erkennen lassen: im oberen Bereich die blasseren, in Rot- und Brauntönen gehaltenen frühmittelalterlichen, im unteren die kräftigeren, bunteren hochmittelalterlichen Szenen, in denen sich Blau zu einer sehr wichtigen Farbe entwickelt hat.

Hinter der Klosterkirche fällt der Plantaturm mit dem von Zinnen gerahmten Pultdach ins Auge, dessen Grundmauern aus dem 10. Jh. stammen. Das kleine Klostermuseum (Feb.-Mai tägl. 14–17, Juni–Okt. Mo–Sa 9–11 u. 14–17, So 15–17 Uhr; Führungen Ende Juli–Anf. Okt. Mi 9 Uhr, Anf. Juli–Anf. Aug. Mi 9, Fr 10 Uhr) zeigt liturgisches Gerät, sakrale Kunst und Kunsthandwerk verschiedener Epochen. Neben dem prächtigen Fürstenzimmer mit Holztäfer und Kachelofen verdienen einige abgelöste spätromanische Fresken besondere Erwähnung.

Verkehrsverein Val Müstair, Postfach, 7537 Müstair, ✆ 858 55 66, Fax 858 50 26.

Chasa Chalavaina ($$–$$$), Müstair, ✆ 858 54 68: historisches Gebäude (s. o.) mit zurückhaltend modernisierten Zimmern, sehr angenehmes Ambiente. **Staila** ($$–$$$), Fuldera, ✆ 858 51 60, Fax 858 50 21: gemütlicher Landgasthof mit Garten, ruhig gelegen, gute Küche. **Alpina** ($$), Sta. Maria, ✆ 858 51 17, Fax 858 56 97: gemütliche Arvenzimmer.

Camping Clenga, Müstair, ✆ 858 54 10: sehr schön und ruhig in der Nähe des Flusses gelegen.

Hotel Piz Umbrail ($–$$), Sta. Maria, ✆ 858 55 05: Feinschmeckerlokal mit einfallsreichen Gerichten, altes Haus mit schöner Gaststube. **Hotel Crusch Alba** ($), Sta. Maria, ✆ 858 51 06: regionale Küche, Pizza. **Landgasthof Staila** ($), Fuldera, ✆ 858 51 60: regionale Spezialitäten, fast ausschließlich Verwendung von Lebensmitteln aus lokaler Produktion.

Tessanda Val Müstair, Sta. Maria: Webstube, Leinen- und Halbleinen-Produkte in hervorragender Qualität aus eigener Herstellung, vom Taschentuch bis zur Weste, nicht ganz preiswert.

Zwischen Zernez und Scuol

Von Zernez führt die Straße direkt am Inn entlang nach **Susch,** dem niederschlagsärmsten Ort der Schweiz. Das wenig attraktive Paßfußdorf leidet unter der Lage am Ende des Flüelapasses und hat aufgrund mehrerer verheerender Dorfbrände kaum historische Bausubstanz zu bieten, sieht man von der Reformierten Kirche aus dem 16. Jh. und dem ebenfalls jenseits des Flusses stehenden Plantaturm mit barokker Haube ab. Ob die Eröffnung des Vereinatunnels die erhofften wirtschaftlichen Impulse bringt, bleibt abzuwarten. Den Optimismus, aber auch das Schicksal, daß alle alten Gebäude durch Feuer zerstört wurden, teilt Susch mit **Lavin.** Durch die Umfahrung vom Verkehr verschont, können dort jetzt die schönen Plätze mit den typischen zweigeteilten Brunnen ihre volle Wirkung entfalten und verleihen dem Ort einen offenen, freundlichen Charakter.

Von Giarsun windet sich die Straße nach **Guarda** hoch, dem wohl schönsten Dorf des Engadins, das 250 m über dem Inn auf einer Hangterrasse liegt. Sein geschlossenes Ortsbild verdankt es indirekt der vollständigen Vernichtung durch die Österreicher 1622, denn danach wurde es in einheitlichem Stil wiederaufgebaut, nie mehr durch Brände zerstört und 1939–1945 mustergültig restauriert. Lohn der Mühe war 1975 die Auszeichnung mit dem Henri-Louis-Wakker-Preis und die Einstufung als ›Ortsbild von nationaler Bedeutung‹. Trotz des Charakters eines langgezogenen Straßendorfs konzentrieren sich die typischen Engadiner Häuser um einzelne Plätze mit Brunnen, auf die die Fenster der Wohnstuben hinausgehen. Zahlreiche von ihnen weisen reichen, meist ornamentalen Sgraffito-Schmuck, aber auch originelle Bemalungen auf. An der Westseite der Plazzetta zuos-cha (›Schmutziges Plätzchen‹) fällt ein großes Doppelhaus mit streng geometrischer Dekoration auf (Nr. 53/54), das kleinere Haus an ihrer Südseite (Nr. 51) diente Alois Carigiet als Vorbild für

Typisches Engadiner Haus in Guarda

Das Engadiner Haus

Ob in Guarda oder Ardez, Zuoz oder La Punt, aber auch in Bergün, Tschierv oder Vicosoprano – überall findet man einen Haustypus, der durch seine massige Gestalt, dicke Mauern und schöne Verzierungen ins Auge sticht: das Engadiner Haus. Aus dem Inntal wurde es in die Nachbartäler ›exportiert‹ und konnte sich auch im Bergell, im Oberhalbstein und Albulatal, im Val Müstair, ja sogar im tirolerischen Paznauntal etablieren. Während die Gebäude in den Hochburgen des Tourismus (v. a. St. Moritz) größtenteils Hotelbauten weichen mußten oder sich nur in kleinen Gruppen an der Peripherie erhalten konnten (z. B. Pontresina-Carlihof und -Giarsun , Scuol-Vi und -Sot), konnten einige kleinere oder erst später ›entdeckte‹ Orte ihren typischen Kern aus Engadiner Häusern bewahren. Vor allem Zuoz, Ardez, Guarda und Bergün sind in dieser Hinsicht sehenswert.

Der geschlossene Charakter der Bausubstanz ist im wesentlichen den Bündner Wirren zu verdanken, in denen das Unterengadin 1621–1623 von österreichischen Truppen verwüstet wurde. In der Folge entstanden die Dörfer von Grund auf neu, wobei die Häuser größtenteils nach einem Muster aufgebaut wurden.

Das Besondere am Engadiner Haus, das zu Beginn des 17. Jh. seine Entwicklung zum Idealtypus abgeschlossen hatte, ist die konsequente Verbindung von Wohn- und Wirtschaftsgebäude. Scheune und Stall stehen nicht neben dem Wohntrakt, sondern sind mit diesem unter einem Dach vereint. Von außen fallen als erstes die beiden großen Tore ins Auge, die versetzt in das Erdgeschoß und in den Keller führen. In beiden Fällen öffnet sich dahinter ein weiter Raum, der im Untergeschoß die Funktion eines Hofs übernahm: In der *Cuort* befand sich der Misthaufen, dort wurden Mistwagen und Schlitten abgestellt, und er bildete den Durchgang zum Stall und zu den Kellerräumen. Der darüber gelegene *Sulèr* diente als Vorratsraum, Arbeitsplatz und Durchfahrt zur Scheune. Später erhielt der großzügigste Raum des Hauses aber auch in Einzelfällen eine repräsentative Funktion, was besonders gut beim Plantahaus in Zuoz zu sehen ist. Vom *Sulèr* führten die Türen zur Stube *(Stüva),* zur Vorratskammer *(Chamineda)* und zur Küche *(Chà da fö),* in der sich die Feuerstelle befand. Die *Stüva* war, ähnlich ihrem Pendant in den Walserhäusern, komplett mit Holz ausgekleidet, wobei seit dem ausgehenden 17. Jh. immer schöner verzierte Täferstuben entstanden. Der in der Ecke plazierte Ofen strahlte Wärme in die darüber gelegene, nicht beheizbare Schlafkammer *(Chambra)* ab.

Neben dem Tor zum *Sulèr,* das sich meistens sowohl als Durchfahrt wie als zweigeteilte Tür öffnen ließ, lädt oft eine Bank zum Ausruhen nach der Arbeit ein. Ein auffälliges Merkmal der Engadiner Häuser sind die tief und abgeschrägt in die dicken Mauern eingelassenen Fenster, die – wie die Wände selbst – nur einen geringen Wärmeaustausch ermöglichen sollten. Auch die in der Regel dreifenstrigen Erker dienten in erster Linie nicht als Dekorationselement, sondern sollten den Hausbewohnern einen Blick über die Gasse ermöglichen. Teilweise sind sie zweistöckig, können also von Wohnstube und Schlafkammer betreten werden.

Fast alle Engadiner Häuser weisen außerdem mehr oder weniger reichen Sgraffito-Schmuck oder eine farbige Bemalung auf. Nirgendwo sonst sind Sgraffiti so weit verbreitet wie im Engadin. Bei dieser Technik wird der grobe Verputz durch eine feine, in der Regel dunklere Putzschicht abgedeckt, auf die wiederum sofort dickliche Kalkmilch aufgetragen wird. In diese ritzt man in feuchtem Zustand mit einem Nagel oder einem ähnlichen Instrument Ornamente ein, die die darunterliegende Putzschicht zutagetreten lassen. So entsteht eine zweifarbige, teils nur punktuelle, teils aber die ganze Fassade bedeckende Dekoration. Am vollendetsten zeigt diese Technik das Haus Padrun in Andeer – das allerdings nicht dem Engadiner Typus entspricht –, doch auch in fast allen Orten des Ober- und Unterengadins finden sich schöne Beispiele. Häufig werden Nixen und andere Fabelwesen dargestellt, die das mystische Verhältnis der Bevölkerung zum Wasser verdeutlichen. Einige Häuser weisen aber auch eine farbige Bemalung auf. Ähnlich wie bei den Sgraffiti werden dabei oft nur die Fenster durch Ornamente hervorgehoben, doch es gibt auch Extremfälle wie die Chasa Claglüna in Ardez (s. S. 212), die den Sündenfall Adams und Evas zeigt.

Erfreulich ist, daß man sich nach den Bausünden der 60er und 70er Jahre im Engadin nun wieder alter Traditionen besinnt und viele Häuser in Anlehnung an Vorbilder aus früheren Jahrhunderten gebaut werden. Mögen die Aufteilung der Räume auch eine völlig andere und die Wände wesentlich dünner sein, so knüpfen äußere Form und Dekoration an das Althergebrachte an. Auch an vielen modernen Gebäuden ist daher reicher Sgraffito-Schmuck oder Bemalung zu sehen (z. B. am Nationalparkhaus in Zernez oder in den Außenbezirken von Celerina oder La Punt), die überlieferte Motive geschickt mit Modernem verbinden.

das ›Schellen-Ursli‹ (s. S. 200 f.). Im oberen Bereich des Ortes befindet sich das 1717 gebaute größte Einzelhaus, mit reicher Sgraffito-Dekoration (Nr. 25), aber mit dem letzten Haus auf der rechten Seite (Nr. 18) auch ein schönes Beispiel für ein modernes Haus im alten Stil, bei dem die Cuort-Einfahrt als Garage genutzt wird.

Kaum weniger sehenswert als Guarda ist aber sein Nachbarort **Ardez,** das trotz außergewöhnlich schöner Bausubstanz nicht zum Freilichtmuseum mutierte. Obwohl die Hauptstraße das Haufendorf umgeht, ist es nicht verkehrsfrei wie Guarda. Immer noch schlängeln sich Autos durch die Gassen, deren Enge teilweise den Eindruck verstärkt, daß sich die Häuser regelrecht aneinanderdrängen. Viele Bauten werden von originellen, teilweise leider restaurierungsbedürftigen Sgraffiti oder Bemalungen geschmückt. Immer wieder begegnet man den Wappen der Drei Bünde (Kreuz, Steinbock und ›Wilder Mann‹) an Erkern oder Fassaden. Die Hauptstraße flankieren drei besonders auffällige Häuser: die fast vollständig bemalte, einzigartige Chasa Claglüna, die den Sündenfall zeigt (Nr. 100), das Haus direkt neben der Post, mit originell bemalten Türen und Fensterläden (Nr. 141) und das einzige Haus des Ortes mit Senter Giebel (Nr. 66). Den Aufstieg zur über dem Ort gelegenen **Burgruine Steinsberg** belohnt ein herrliches Panorama über das Unterengadin vom Schloss Tarasp bis hinüber

Der Sündenfall in Ardez

zum Fuß des Flüelapasses, im Vordergrund die sich unterhalb der Kirche zusammendrängenden Häuser von Ardez.

Verkehrsverein Guarda, 7545 Guarda, ✆ 862 23 42, Fax 862 21 66. **Società da trafic/Verkehrsverein Ardez**, 7546 Ardez, ✆ 862 23 30, Fax 862 25 16.

Meisser ($$$$), Guarda, ✆ 862 21 32, Fax 862 24 80: traditionsreiches Haus mit Jugendstil-Speisesaal, Garten-Restaurant mit phantastischem Blick hinunter ins Inntal.

Scuol und Umgebung

Als ›Badekönigin der Alpen‹ firmierte **Scuol** (sprich: ›Sch'cúol‹; dt.: Schuls) im 19. Jh., und diesen Rang zurückzugewinnen, hat es sich in den letzten Jahren angeschickt. Seiner besonderen geologischen Lage im Bereich des Unterengadiner Fensters verdankt der Ort die etwa 20 Mineralquellen. Denn hier können Gase und Grundwasser ungehindert von den ansonsten im gesamten Engadin zuoberst liegenden Gesteinsschichten der ostalpinen Decken aus tieferen Regionen aufsteigen. Die dabei aus dem Boden gelösten Mineralien geben jeder Quelle ihre spezielle Zusammensetzung und ihren eigenen Geschmack. Aber probieren Sie selbst: Einige der öffentlichen Brunnen in Scuol spenden bestes Mineralwasser. Bald schon soll eines von ihnen, in Flaschen abgefüllt, an die Seite von Passugger, Rhäzünser und Valser treten.

Wie im Falle von St. Moritz machte Paracelsus Anfang des 16. Jh. die Quellen bekannt, die schon mindestens seit Mitte des 14. Jh. genutzt worden waren. Der Aufstieg von Scuol – und Tarasp – setzte dann mit dem Bädertourismus in der zweiten Hälfte des 19. Jh. ein. Seinen vorläufigen Höhepunkt erreichte er 1993 mit der Eröffnung des **Bogn Engiadina Scuol** (tägl. 10–22 Uhr). Es als Erlebnisbad mit angeschlossenem Therapiezentrum zu bezeichnen wäre zuwenig. Der Name steht inzwischen als Synonym für Wellness, der 50 Mio. SFr. teure Bau stellt das Nonplusultra schweizerischer Bäderarchitektur dar. Alles dreht sich hier ums Wasser, überall rinnt und plätschert, sprudelt und dampft es. Unterschiedlich warme Becken mit Massagedüsen – darunter ein Außenbecken mit Blick in die Bergwelt –, Kalt- und Warmwassergrotten, Solebecken, Dampfbad und eine Saunalandschaft lassen keinen Wunsch offen. Die Krönung des ›Gesamtkunstwerks‹ ist ein Besuch im ersten Römisch-Irischen Bad der Schweiz (Reservierung am Vortag empfohlen). Als Vorbild dieser Synthese aus römischer (warme, trockene Luft) und irischer Badekultur (feuchtwarme Luft) diente das 1877 in Baden-Baden eröffnete Friedrichsbad. Wechselwarme Dampf- und Wasserbäder führen, entsprechend optisch und akustisch untermalt, zur totalen Entspannung. Wer

am Ende des zweistündigen Programms nicht im Ruheraum selig entschlummert, ist selbst schuld …

Insgesamt drängt sich in Scuol der Vergleich mit St. Moritz auf: Beide sind Ende des 19. Jh. als Bäder groß geworden und fungieren als Kristallisationspunkte ihrer Region. Auch Scuol wirkt auf den ersten Blick wegen der Hauptstraße wenig attraktiv. Im Gegensatz zu seinem mondänen, 60 km entfernten Pendant haben sich hier jedoch im Ober- wie im Unterdorf alte Engadiner Häuser und schöne Plätze mit Brunnen erhalten. An einem von ihnen – dem Plaz, in der Nähe der holzgedeckten Innbrücke – wurde in der prächtigen, in ihrer heutigen Form Anfang des 18. Jh. entstandenen Chà Gronda das **Museum d'Engiadina Bassa** (Mitte Mai–Juni u. Okt. Di, Do 16–18 Uhr, Juli–Sept. Mo, Di, Do, Fr 15–18 Uhr, Dez.–Ostern Führungen Di, Do 17 Uhr) eingerichtet, das Heimatmuseum des Unterengadins. Ein originelles Beispiel moderner Architektur steht direkt an der Hauptstraße: die komplett mit Rankwerk und farbenfrohen Szenen bemalte **Chasa Paradis.**

Bei alledem will Scuol kein Kurort sein. Das Image des alten ›Bad Schuls‹ ist – nicht zuletzt durch die Renaisssance des Romanischen – passé. Statt dessen geben Rafting auf dem Inn, Paragliding und Deltafliegen, Mountain- und Downhillbiking

Wellness total mit Blick in die Bergwelt im Bogn Engiadina Scuol

an der Motta Naluns den Ton an. Die Bedingungen, die dafür geboten werden, sind wirklich ausgezeichnet. Und seit dem WM-Titelgewinn 1997 durch Fadri Mosca hat auch die lokale Snowboarder-Szene ihr Aushängeschild.

Wie anders ist da **Bad Tarasp-Vulpera,** wo alles auf Ruhe und Gesundheit ausgerichtet ist – was schon die neoklassizistische Trinkhalle (Mai–Okt. Mo–Fr 7–10 u. 16–18, Sa 7–10 Uhr) an der Innbrücke signalisiert. Das Kurzentrum strahlt noch den Charme der 60er und 70er Jahre aus, und von dem hübschen kleinen Kurpark gegenüber hat man einen schönen Blick hinunter nach Scuol. Die Ruhe ist jedoch trügerisch, denn bei der Fahrt hinauf in den Ort kann es passieren, daß Golfbälle über die Straße fliegen, die die Fairways des kurzen, aber recht anspruchsvollen, sehr gut in die Landschaft eingepaßten 9-Loch-Platzes kreuzt (Golf Club Vulpera, ✆ 864 96 88).

Hoch über dem Inntal thront beim Weiler Sparsels **Schloss Tarasp** (Führungen 1. 6.–10. 7. tägl. 14.30 Uhr, 11. 7.–20. 8. tägl. 11, 14.30, 15.30, 16.30 Uhr, 21. 8.–15. 10. tägl. 14.30, 15.30 Uhr; Weihnachten–Ostern Di u. Do 16.30 oder nach Voranmeldung bei Jon Fanzun-Horber, ✆ 864 93 68). Noch bis 1803 gehörte Tarasp zu Tirol und bildete eine habsburgische Enklave im Engadin, denn die Festung wurde aufgrund ihrer geschickten Anlage niemals eingenommen. Ihren heutigen Zustand verdankt sie einem Mundwasser: Der Odol-Fabrikant Karl August Lingner aus Dresden kaufte zu Beginn des Jahrhunderts die ausgeschlachtete Ruine und ließ sie 1907–1916 restaurieren und aufwendig neu ausstatten. Das Inventar wurde aus dem gesamten deutschsprachigen Raum zusammengetragen und notfalls ›eingepaßt‹. Zugleich ließ Lingner – meist dezent verborgen – modernste Installationen anbringen (Wasser, Heizung, elektrisches Licht). Vieles wirkt leider etwas überladen, ein Prachtstück ist aber die Orgel mit 2500 Pfeifen, auf der immer noch Konzerte gegeben werden. Im Torturm zum Oberen Burghof ist eine kleine Ausstellung zum Thema Odol, einem der ersten Produkte, bei denen systematisches Marketing betrieben wurde, untergebracht.

Lohnenswert ist von Scuol ein Ausflug nach **S-charl** (sprich ›Sch'tcharl‹), an den Rand des Schweizerischen Nationalparks (13 km, teilweise Schotterstraße). In dem idyllischen Ort wurde 1997 ein kleines Bergbaumuseum eröffnet. Das **Museum Schmelzra** (Mitte Juni–Mitte Okt. Di–Fr u. So 14–17 Uhr) erklärt in sehr zeitgemäß aufbereiteter Form die geologischen Voraussetzungen des Bergbaus, den Abbau der Erze und das kulturelle Umfeld. Eingerichtet wurde die Ausstellung im ehemaligen Verwaltungsgebäude der Silber- und Bleibergwerke im S-charl-Tal, von deren Schmelze – daher der Name – die Ruinen auf der anderen Seite der Straße zu sehen sind. Das obere Stockwerk des Gebäudes ist Meister Petz gewidmet, denn am 1. September 1904 wurde in der Nähe von S-charl der letzte Braunbär Graubündens erlegt.

Scuol Tourismus, 7550 Scuol, ✆ 861 22 22, Fax 861 22 23, E-Mail: scuol@spin.ch.

Relais & Châteaux Schlosshotel Chastè ($$$$$), Tarasp-Sparsels, ✆ 864 17 75, Fax 864 99 70: Engadiner Haus mit Blick auf Schloss Tarasp; sehr teuer, aber lohnend. **Romantik Hotel Guardaval** ($$$$), Scuol, ✆ 864 13 21, Fax 864 97 67: Engadiner Haus aus dem 17. Jh., ruhig im Oberdorf gelegen. **Villa Post** ($$$$), Tarasp-Vulpera, ✆ 864 11 12, Fax 864 95 85: Golfhotel. **Chasa Belvair** ($$$$), Scuol, ✆ 864 93 94, Fax 864 99 82: modern, Wellness-Bereich, direkter Zugang zum Bogn Engiadina Scuol. **Engiadina** ($$–$$$$), Scuol, ✆ 864 14 21, Fax 864 12 45: Engadiner Haus aus dem 16. Jh., ein wahres Schmuckstück, 1997 von Grund auf renoviert. **Curuna** ($$–$$$), Scuol, ✆ 864 14 51, Fax 864 84 70: modern, gutes Preis-Leistungs-Verhältnis. **Crusch Alba** ($$), Scuol, ✆ 864 11 55, Fax 864 90 12: gemütliche Zimmer, freundlich, gute regionale Küche.

TCS-Camping Gurlaina, Scuol, ✆ 864 15 01, Fax 864 07 60: ruhig auf der anderen Seite des Inns gelegen, direkt daneben Tennisplätze und Eishalle, dennoch zentral.

Schlosshotel Chastè ($$–$$$), Tarasp-Sparsels, ✆ 864 17 75: Gourmetrestaurant, ausgezeichnete Fischküche. **Hotel Villa Maria** ($$), Tarasp-Vulpera, ✆ 864 11 38: sensationelles Sonntagsbrunch. **Landgasthof Mayor** ($–$$), S-charl, ✆ 864 14 12: idyllisch in S-charl (13 km von Scuol) gelegen, Arvenstube, Wild, Forellen. **Hotel Traube** ($–$$), Scuol, ✆ 864 12 07: empfehlenswerte regionale Küche. **Talian** ($), Hotel Curuna, Scuol, ✆ 864 14 51: nüchtern-postmodern, Pasta und Pizza, gute und preiswerte Alternative.

Trais Portas, Scuol: plüschig-romantische Bar im Oberdorf.

Swissraft, ✆ 911 52 50: Touren auf dem Inn durch Scuoler- und Giarsunschlucht, die anspruchsvollste Rafting-Strecke Mitteleuropas; Rafting-Saison Juni–Sept.

Open Air Motta Naluns (Aug.): Konzert mit international renommierten Bands, besondere Atmosphäre durch die Lage (höchstgelegenes Konzert Europas).

Camping Sur En, ✆ 866 35 44, Fax 866 32 37: in Sur En idyllisch direkt am Inn gelegen.

Von Scuol nach Samnaun

Von Scuol führt die alte Talstraße nach **Sent**, das nicht nur durch eine spätgotische Kirche mit bizarrem Bleistiftturm beeindrucken kann. Da Sent nicht nur im Schwabenkrieg und den Bündner Wirren zerstört wurde, sondern auch später noch zahlreiche Dorfbrände wüteten – der letzte 1921 – sind nur noch wenige alte Engadiner Häuser original erhalten. Dafür hat sich hier aber eine bauliche Besonderheit entwikkelt: der Senter Giebel, eine kleeblattförmige Aussparung im Dach mit einem Austritt. Zahlreiche Häuser im Ort weisen dieses skurrile Bauelement auf, das schönste von ihnen ist zudem üppig bemalt. Der Erbauer der ›Chasa dals Spus‹ (›Haus der Eheleute‹), im Osten des Dorfs gelegen, widmete den Schmuck seiner Frau, die verdächtigt worden war, den verheerenden Dorfbrand von 1823 gelegt zu haben, bei dem 73 Gebäude zerstört worden waren. Aber auch andere Häuser zieren Bemalungen oder originelle Sgraffiti, kleine Plätze mit den charakteristischen zweigeteilten Brunnen lockern das Bild auf.

Hinter Ramosch verengt sich das Inntal, und bei Martina, dem ›Tor zum Engadin‹, ist der erste Übergang nach Österreich erreicht, der nach Nauders und zum Reschenpaß führt. Die letzten Kilometer auf schweizerischem Gebiet tost der Inn durch eine tiefe Schlucht, die Straße schlängelt sich hoch oben in Richtung Tirol. Kurz vor der Grenze der Abzweig nach Samnaun. Das nicht ausgebaute Sträßchen windet sich abenteuerlich am Hang entlang, verschwindet fünfmal in Tunneln, in denen man die Hand vor Augen nicht sieht. Am jenseitigen Hang kleben immer wieder kleinere Dörfchen und Kirchen. Schließlich ist der Talkessel von Samnaun erreicht.

Dieser Name weckt vor allem zwei Assoziationen: zollfreies Einkaufen und Skifahren. **Samnaun** bildet zusammen mit dem Tiroler Ischgl eines der größten Skigebiete der Ostalpen, 1995 wurde hier die erste doppelstöckige Kabinenbahn der Welt eröffnet. Das ganze Jahr über ziehen Schnaps und Zigaretten, Parfum und Benzin Touristen an. Und so besteht Samnaun-Dorf, das demnächst ganz vom Autoverkehr befreit werden soll, nur aus Geschäften und Hotels – letztere natürlich auch mit Läden. Aber halten Sie sich beim Einkauf nicht mit Preisvergleichen auf: Es gibt keine Unterschiede, alles ist genormt, wird von einer Kommission festgesetzt. Durch die extrem niedrigen Benzinpreise hat sich die bis 1914 per Straße nur von Österreich aus zugängliche Gemeinde – daher das Privileg der Zollfreiheit, das man ihr als Entschädigung gewährte – auch zu einem Eldorado für Motorradfahrer entwickelt, die von hier aus ihre Touren starten.

Doch Samnaun hat mehr zu bieten. Schon ein paar hundert Meter außerhalb herrscht Ruhe, und von all dem Gewusel ist nichts mehr zu spüren. Wer morgens früh aufbricht, bevor die Horden einfallen, und erst am späten Nachmittag zurückkehrt, wenn der Ort fast wie ausgestorben wirkt, kann eine wunderbare Natur mit einzigartiger Pflanzenwelt genießen. Zu deren Erschließung steuern auch diejenigen bei, denen die meisten Wanderer zu entfliehen versuchen: Von jedem verkauften Liter Benzin wird ein Teil an die Gemeinde abgeführt, um die Infrastruktur zu unterhalten. Auf diese Weise konnten mehrere ›Mottowege‹ angelegt werden, darunter einer, der sehr informativ und anschaulich durch den Bergwald und seine Vegetation führt. Ein anderer ist den neuen Stars von Samnaun gewidmet: Murmina und Murmin. Die beiden Murmeltiere, die verschiedene Gefahren zu bestehen haben, um ihre Familie zu retten, sind Helden eines Kinderbuchs von Silvio Lebrument mit Illustrationen des allgegenwärtigen Rudolf Mirer. Sicher tritt in keinem anderen Ort Graubündens der Gegensatz zwischen Natur und Kommerz so offen zutage wie in Samnaun, ebenso sicher aber ist nirgendwo besser zu sehen, wie die Gratwanderung erfolgreich absolviert werden kann.

Samnaun Tourismus, 7563 Samnaun-Dorf, ✆ 868 58 58, Fax 868 56 52, E-Mail: info@samnaun.ch.

In Samnaun-Dorf ist das Preisniveau bis hin zu den First-Class-Hotels sehr niedrig ($–$$); die Hotels unterscheiden sich nur unwesentlich, da überall ständig modernisiert wird, um im harten Konkurrenzkampf bestehen zu können; daher insgesamt sehr gutes Preis-Leistungs-Verhältnis.

Auch bei den Restaurants ist das Preisniveau sehr gemäßigt ($–$$), so daß man in Samnaun-Dorf größtenteils gut und preiswert essen kann. Zudem unterscheiden sich die Angebote kaum, was Qualität und Speisekarte angeht.

TIPS & ADRESSEN

Alle wichtigen Informationen rund ums Reisen – von Auskunftsbüros bis Zollbestimmungen – auf einen Blick

Wissenswertes über das Postauto und die Rhätische Bahn, Tips für Urlaubsaktivitäten

INHALT

Reisevorbereitung & Anreise

Unterwegs in Graubünden

Unterkunft & Restaurants

Urlaubsaktivitäten

Reiseinformationen von A bis Z

REISEVORBEREITUNG & ANREISE

Informationsstellen

Informationen über die Schweiz:
Schweiz Tourismus
(zugleich amtliche Agentur der SBB)
Kaiserstr. 23
60311 Frankfurt
✆ 0 69/25 60 01-0, Fax 25 60 01-38
E-Mail: stfrankfurt@switzerland-tourism. ch
Automatischer Auftragsdienst:
✆ 0 69/25 60 01 60, tägl. 0–24 Uhr

Weitere Zweigstellen in Deutschland:
Unter den Linden 24, 10117 Berlin,
✆ 0 30/2 01 20 50, Fax 2 01 20 51
Speersort 8/IV, 20095 Hamburg
✆ 0 40/32 14 69, Fax 32 39 00
Wilhelm-Marx-Haus, Heinrich-Heine-Allee 53, 40213 Düsseldorf,
✆ 02 11/83 07-24 23, Fax 83 07-393
Leopoldstr. 33, 80802 München,
✆ 0 89/33 30 18, Fax 34 53 46.

Vertretung in Österreich:
Neuer Markt 4
1010 Wien
(Postadresse: Postfach 34, 1015 Wien)
✆ 01/5 12 74 05, Fax 5 13 93 35

Informationen über Graubünden:
Graubünden Ferien
(früher: Verkehrsverein Graubünden)
Alexanderstrasse 24
CH-7001 Chur
✆ 0 81/302 61 00, Fax 302 14 14
(tägl. 8–16 Uhr)
E-Mail: contact@graubuenden.ch

Graubünden im Internet

Alle größeren und viele der kleineren Tourismusorganisationen in Graubünden sind im Internet mit einer eigenen Website präsent, wobei die meisten Auftritte informativ und auch ansprechend gestaltet sind – leider läßt in vielen Fällen die Aktualität etwas zu wünschen übrig.

Ein absolutes Muß beim Surfen ist die Website von **Graubünden Ferien** (http://www.graubuenden.ch), die nicht nur umfangreiche aktuelle Informationen, sondern auch Links zu allen lokalen Organisationen bietet. Auf deren Nennung wird daher an dieser Stelle verzichtet. Allgemein ist zum Angebot zu sagen, daß praktisch alle Orte Hinweise zu Veranstaltungen, Unterkünften und Aktivitäten bieten. Ein Schwachpunkt ist in vielen Fällen die Präsentation der Hotels, denn häufig werden nur diejenigen detailliert vorgestellt, die eine eigene Homepage haben. Nur in Ausnahmen ist ein direkter und aussagekräftiger Vergleich der Hotels möglich ist. Bei den Ferienwohnungen sieht es noch schlechter aus, denn oft wird auf gedruckte Verzeichnisse verwiesen. Lediglich **Davos Tourismus** (http://www.davos.ch) und **Arosa Tourismus** (http://www.arosa.ch) ermöglichen die Ferienwohnungssuche per Formular. Davos hat zudem die wohl beste Hotelliste zu bieten. Unter den kleinen Verkehrsvereinen ist der **Kur- und Verkehrsverein Bivio** (http://www.bivio.ch) mit seinem sehr informativen und ansprechend gestalteten Auftritt hervorzuheben.

Interessant ist auch die Website der **Rhätischen Bahn** (http://www.rhb.ch), die die berühmten Expreßzüge vorstellt sowie Informationen zu Angebot, Fahrplänen und Preisen bietet. Von ihr sind ebenfalls zahlreiche Links geschaltet. **Engadin Ferien** (http://www.skiengadin.ch) ist wegen der Urlaub-Packages eine interessante Adresse.

Schließlich muß natürlich auch noch auf die Website von **Schweiz Tourismus** (http://www.schweizferien.ch) verwiesen werden, die das touristische Angebot der gesamten Schweiz abdeckt und dabei recht gute Informationen zu den Hotels bietet.

Weitere Informationen zur Reisevorbereitung finden Sie unter **http://www.dumontverlag.de.**

Einreise- und Zollbestimmungen

Zur Einreise in die Schweiz reicht für Bürger der Bundesrepublik Deutschland ein gültiger Personalausweis oder ein Reisepaß, der nicht länger als ein Jahr (bei Österreichern fünf Jahre) abgelaufen ist.

Zollfrei dürfen in die Schweiz eingeführt werden: Gegenstände für den persönlichen Gebrauch und Reiseproviant für einen Tag; 500 g Butter, 500 g Fleisch, 1 kg Wurstwaren, 2,5 kg Geflügelfleisch bzw. -wurst; 2 l niedrigprozentige Alkoholika oder 1 l Alkoholika über 22 % (Personen ab 17 Jahre); 200 Zigaretten oder 50 Zigarren oder 250 g Rauchtabak (Personen ab 17 Jahre); darüber hinaus Geschenke bis zu einem Wert von 100 SFr. Die Mengenbeschränkungen für Tabakwaren und Alkoholika gelten analog bei der Wiedereinreise nach Deutschland.

Geld und Kreditkarten

Seit Jahren pendelt der Wechselkurs des Schweizer Franken (SFr. = 100 Rappen) konstant um 1,20 DM/8,50 ÖS – mal sind es ein paar Rappen mehr, mal etwas weniger.

In allen Ferienorten Graubündens gibt es Banken, die größtenteils auch mit Geldautomaten ausgestattet sind. Die meisten Hotels und Restaurants sowie größere Geschäfte und Tankstellen akzeptieren die gängigen Kreditkarten, bei einigen ist auch die Bezahlung per ec-Direkt möglich. In der Regel ist für den Kunden die Kreditkarte die günstigere der beiden Alternativen, per ›Plastikgeld‹ zu bezahlen – zudem fallen auch niedrigere Gebühren als bei der Bezahlung per Euroscheck an.

Gesundheitsvorsorge

Zwischen Deutschland und der Schweiz besteht nur ein eingeschränktes Sozialversicherungsabkommen, d. h., die gesetzlichen Krankenkassen stellen Auslandskrankenscheine nur für die Krankenhausbehandlung aus. Alle sonstigen Arztkosten muß der Versicherte zunächst selbst bezahlen, bekommt sie aber in der Regel gegen Vorlage der Rechnung erstattet. Zwischen schweizerischen und österreichischen Krankenkassen existieren keine entsprechenden Abkommen. In jedem Fall ist daher der Abschluß einer privaten Auslandskrankenversicherung ratsam.

Reisezeit

In Graubünden gibt es zwei deutlich voneinander getrennte saisonale Reisezeiten mit ›toten‹ Zwischenperioden.

Die **Sommersaison** dauert von Juni bis Oktober, in höheren Lagen oft sogar noch kürzer, so daß dort Hotels und Restaurants teilweise erst ab Ende Juni öffnen; auch die Bergbahnen sind vorher häufig nur eingeschränkt in Betrieb. Hauptreisezeit sind die Ferienmonate Juli und August, in denen das touristische Angebot am umfangreichsten und die Temperaturen in der Regel am höchsten sind. Die Hotelpreise sind in dieser Zeit aber auch teilweise deutlich höher, und das Wetter ist häufig weniger beständig als Ende September/Anfang Oktober.

Die **Wintersaison** beginnt Mitte Dezember und dauert bis ca. Mitte April. Die Hauptreisezeiten liegen um Weihnachten, Karneval und Ostern.

Zwischen Mitte April und Anfang Juni bzw. Ende Oktober und Mitte Dezember ist in Graubünden nichts los, da nicht mehr genug Schnee für den Wintersport liegt, aber noch zuviel zum Wandern oder Mountainbiken. Ohnehin muß man in höheren Lagen darauf gefaßt sein, daß auch mitten im Hochsommer ein kurzer Wintereinbruch Schnee bis ins Tal bringt.

Reiseveranstalter

Alle größeren lokalen Tourismusorganisationen und viele Hotels bieten besondere Arrangements an, die aber in der Regel auf den jeweiligen Ort beschränkt sind. Zahlreiche Spezialangebote mit unterschiedlichen Schwerpunkten (Kultur, Sport, Erholung, Wellness, Familienferien etc.) für den ganzen Kanton bietet hingegen Graubünden Ferien in Chur (s. S. 221)

Anreise

... mit dem Auto

Die schnellste und einfachste Anreise nach Graubünden erfolgt aus dem Bodenseeraum und Bayern durch die Ostschweiz über St. Gallen und St. Margrethen (N 13), aus dem restlichen Deutschland über Basel und Zürich (N 3). Beide Autobahnen treffen sich in Sargans und führen als N 13 weiter nach Chur, dem ›Eingangstor‹ des Kantons. Für die Anreise aus Osten und Westen bestehen keine Autobahnverbindungen. Aus der Zentral- und Westschweiz führt eine Kantonsstraße über den Oberalppass ins Vorderrheintal, aus Österreich über Landeck und durch das Inntal ins Unterengadin. Die Autobahnbenutzung ist in der Schweiz gebührenpflichtig (s. S. 224).

... mit der Bahn

Alle Wege führen nach Chur, dem Knotenpunkt zwischen den Netzen der Schweizerischen Bundesbahn (SBB) und der Rhätischen Bahn (RhB). Von Köln gibt es täglich zwei EC-Direktverbindungen über Basel nach Chur (9 Uhr EC ›Rätia‹ von Hamburg über Dortmund, 11 Uhr EC ›Rembrandt‹ von Amsterdam; Fahrtzeit jeweils knapp 8 Std.). In umgekehrter Richtung bestehen ebenfalls zwei Direktverbindungen (nachmittags ab Chur); ansonsten muß in Basel oder Zürich umgestiegen werden. Ab Sommer 1999 soll eine ICE-Verbindung von Hamburg nach Chur eingerichtet werden.

UNTERWEGS IN GRAUBÜNDEN

... mit dem Auto

Bereits bei der Anreise nach Graubünden wird man im Normalfall die Vignette benötigen, die zur Benutzung der schweizerischen Autobahnen obligatorisch ist. Sie hat jeweils vom 1. 12. des Vorjahres bis 31. 1. des Folgejahres Gültigkeit und kostet 40 SFr. Sie kann an der Grenze gekauft oder vor Reiseantritt bei Postämtern und Automobilclubs erworben werden.

Abweichend von Deutschland sind folgende Höchstgeschwindigkeiten zulässig: in Ortschaften 50 km/h, auf Landstraßen 80 km/h, auf Autostraßen 100 km/h, auf der Autobahn 120 km/h. Es gilt die allgemeine Gurtpflicht, für Motorradfahrer Helmpflicht. Telefonieren mit dem Handy während der Fahrt ist verboten (ausgenommen Geräte mit Freisprecheinrichtung). Die Alkoholgrenze liegt nach wie vor bei 0,8 Promille. Bleifreies Benzin ist in der Schweiz ca. 5–10 % billiger, Diesel 25–30 % teurer als in Deutschland.

Auf schmalen Bergstrecken ist die Regel »Bergfahrt hat Vorfahrt« zu beachten; Postautos haben immer Vorfahrt!

Winterverkehr

Für folgende Bündner Pässe gelten Wintersperren (mindestens von November bis Mai): Albula, Flüela, Lukmanier, Oberalp, San Bernardino und Splügen. Um die Verbindungen trotzdem aufrechtzuerhalten, besteht zwischen Andermatt und Sedrun (Oberalp), Thusis und Samedan (Albula) sowie ab Ende 1999 auch zwischen Klosters und Lavin (Flüela/Vereina) die – nicht ganz preiswerte – Möglichkeit zur Autoverladung per Bahn (jeweils ca. 10mal tägl). Eine Reservierung über die jeweiligen Bahnhöfe ist dringend zu empfehlen:

Andermatt: ✆ 0 41/887 12 20
Sedrun: ✆ 0 81/949 11 37
Thusis: ✆ 0 81/651 11 13
Samedan: ✆ 0 81/852 54 04
Klosters: ✆ 0 81/422 12 81
Lavin: ✆ 0 81/862 26 64.

Ganzjährig befahrbar sind Bernina- (im Winter teilweise nachts geschlossen), Ofen-, Julier-, Malojapass und San-Bernardino-Tunnel.

Straßenzustandsbericht: ✆ 163
Alarmzentrale des Touring-Club der Schweiz (TCS): ✆ 0 22/7 35 80 00
TCS-Pannendienst: ✆ 140

... mit dem Postauto

Nahezu jeder Ort Graubündens ist mit den gelben Postautos zu erreichen, die genauso zur Schweiz gehören wie Käse und Schokolade. Selbst abgelegene Dörfer wie Feldis, Obermutten oder S-charl, bei denen die Anfahrt per Pkw schon fast zum Abenteuer wird, verfügen über eine Busverbindung – und wenn's nur dreimal am Tag ist. Wer gegen böse Überraschungen und stundenlanges Warten auf ein Postauto gefeit sein möchte, sollte sich tunlichst den ›Graubünden Fahrplan‹ zulegen, der in jede Jackentasche paßt – eine Investition von 2 SFr., die sich lohnt!

... mit der Rhätischen Bahn

Bis auf den Bereich am Hinterrhein und das Oberhalbstein werden alle großen Täler Graubündens von der Rhätischen Bahn (RhB) erschlossen. Die wichtigsten Knotenpunkte in deren Netz sind Landquart, Thusis, Klosters und Samedan; hinzu kommen Chur, Disentis/Mustér und Tirano, wo die RhB Anschluß an die Netze von SBB, Furka-Oberalp-Bahn bzw. der italienischen Staatsbahn hat. Die Züge verkehren in der Regel in etwa im Stundentakt (genauere Informationen im ›Graubünden Fahrplan‹; s. o.).

Bahnfahren dient aber in Graubünden nicht nur der Fortbewegung, sondern ist auch ein Erlebnis – besonders auf der Albula- und der Bernina-Strekke. Um diesem einen würdigen Rahmen zu geben wurden neben dem schon legendären Glacier Express (St. Moritz–Filisur–Chur–Disentis/Mustér–Andermatt–Brig–Zermatt; Fahrtzeit ca. 8 Std.) zwei weitere der weltweit wohl langsamten Schnellzüge aus der Taufe gehoben: Bernina Express (Chur–Thusis–Filisur–Pontresina–Tirano) und Heidiland Bernina Express (Landquart–Klosters–Davos–Filisur–Pontresina–Tirano), die in jeweils etwa fünf Stunden Fahrtzeit ein- bzw. zweimal täglich auf spektakulären Strecken das Bündner Rheintal mit dem Veltlin verbinden. Besonders lohnenswert ist die Fahrt zu Beginn des Frühjahrs, wenn auf dem Berninapass noch tiefster Winter herrscht, es im Puschlav und in Tirano aber schon grünt und blüht.

... mit Bergbahnen

Die wichtigsten Gondel- oder Standseilbahnen Graubündens verkehren nicht nur im Winter, sondern auch in der Sommersaison etwa von Mitte/Ende Juni bis Mitte Oktober, in der Regel zwischen 8 und 17 Uhr alle 20–30 Minuten (Achtung: Die Corvatsch-Luftseilbahn ist nur von Ende Juni bis Ende August in Betrieb!). Die Preise für eine Bergfahrt liegen bei bis zu 20–25 SFr., kombinierte Berg- und Talfahrt sind meistens nur unwesentlich teurer.

Ermäßigungen

Für Bahn, Postautos und Bergbahnen gibt es in der Schweiz eine Vielzahl von Sondertarifen und Ermäßigung, über die die SBB (✆ 1 57 22 22) oder Schweiz Tourismus Auskunft erteilen.

Auf Graubünden begrenzt ist der **Regional Pass Graubünden** (2. Kl. 113 bzw. 80 SFr.): An fünf (bzw. drei) frei wählbaren Tagen in einem Zeitraum von 15 (bzw. sieben) Tagen beinhaltet er ein Generalabo der Rhätischen Bahn, an den restlichen Tagen gibt es immerhin eine Ermäßigung von 50 %; generell gilt eine Ermäßigung von 50 % für Postautos, Bergbahnen und die Furka-Oberalp-Bahn. Die etwas exklusivere Version ist der **Regional Pass Graubünden plus** (2. Kl. 183 bzw. 130 SFr.), der bei gleicher Geltungsdauer ein Generalabo für Rhätische Bahn, Postauto und Bergbahnen beinhaltet – an den restlichen Tagen sowie für die Furka-Oberalp-Bahn gibt es 50 % Ermäßigung.

UNTERKUNFT & RESTAURANTS

Hotels

Hotels gibt es in Graubünden wie Sand am Meer, wobei allerdings die der mittleren und gehobenen Kategorien eindeutig in der Mehrzahl sind. An Luxushotels herrscht kein Mangel, mancherorts sucht man aber kleine, einfache Unterkünfte vergebens.

Zur Klassifizierung der in diesem Reiseführer genannten Hotels wurden folgende Kategorien gewählt:

$	= bis 100 SFr.
$$	= 100–150 SFr.
$$$	= 150–200 SFr.
$$$$	= 200–300 SFr.
$$$$$	= über 300 SFr.

Die Preise gelten jeweils für ein Doppelzimmer mit Bad/Dusche, inklusive Frühstück, während der Hauptsaison im Sommer. Besonders in der Nebensaison gibt es vielfach auch deutlich günstigere Angebote; das gleiche gilt für Pauschalarrangements, die inzwischen ein Großteil der Betriebe anbietet. In der Wintersaison liegen die Preise in der Regel über denen des Sommers – teilweise sogar drastisch.

Ferienwohnungen

Noch unüberschaubarer wird die Lage bei Ferienwohnungen, die es auch in allen Kategorien gibt. Verzeichnisse geben jeweils die lokalen Tourismusorganisationen heraus.

Ferien auf dem Bauernhof

Zahlreiche Landwirte haben inzwischen auch den Tourismus als Einnahmequelle entdeckt und bieten Ferien auf dem Bauernhof an. Im Normalfall handelt es sich um Ferienwohnungen, in denen die Gäste am bäuerlichen Leben teilhaben können. Wesentlich uriger und nostalgischer ist aber, was etwa ein Dutzend Landwirte in Graubünden anbieten: ›Schlafen im Stroh‹, die preiswerte Übernachtung ohne Komfort in der Scheune. Ein detailliertes Verzeichnis aller Betriebe und Maiensässe in Graubünden mit einem solchen Angebot (›Machen Sie Graubünden mal den Hof‹) ist kostenlos bei Graubünden Ferien erhältlich.

Jugendherbergen

Auch Nicht-Mitgliedern der Jugendherbergs-Verbände stehen die Jugendherbergen in Graubünden offen, bei denen sich immer stärker die Tendenz zu kleinen Zimmern (vielfach sogar Doppelzimmern) durchsetzt. Ein Verzeichnis aller Jugendherbergen und Gruppenunterkünfte (›Bei uns muss niemand alleine ins Bett‹) gibt Graubünden Ferien jährlich heraus.

Camping

Camping außerhalb von Campingplätzen ist in der Schweiz nur mit Genehmigung des Grundstückseigners bzw. der Polizei oder der Gemeindebehörden erlaubt. Es gibt zwar in fast allen Ecken Graubündens Campingplätze, aber vom Standard her können diese nicht annähernd mit der Konkurrenz in vielen Mittelmeerländern mithalten. Meistens entschädigen aber die landschaftlichen Reize der Umgebung für mangelnden Komfort.

Restaurants

Für die Restaurants gilt das, was schon über die Hotels gesagt wurde – vor allem in der mittleren und gehobenen Kategorie sind sie sehr zahlreich. Immerhin ein kleiner Trost für Sparsame: In Chur und Davos gibt es inzwischen sogar McDonalds. Die gastronomische Vielfalt ist in Graubünden leider nicht allzu ausgeprägt, meistens dominieren internationale und Bündner Gerichte die Speisekarte, allenfalls die italienische Küche ist noch relativ weit verbreitet. Exotisches bleibt aber die Ausnahme, die größte Auswahl in dieser Hinsicht bietet Chur.

Zur Klassifizierung der in diesem Reiseführer genannten Restaurants wurden folgende Kategorien gewählt:

$ = unter 20 SFr.
$$ = 20–40 SFr.
$$$ = über 40 SFr.

Die Preise gelten jeweils für die Hauptgerichte der Abendkarte; die Mittagskarte ist in der Regel preiswerter.

URLAUBSAKTIVITÄTEN

Wandern und Bergsteigen

Graubünden ist eine Wanderregion par excellence mit einem riesigen, hervorragend instandgehaltenen Wegenetz, das alles vom gemütlichen Spazierweg bis hin zum Pfad auf die Dreitausender umfaßt. Traditionell ist der Hochsommer die beliebteste Zeit zum Wandern, da dann auch höhere Lagen zugänglich sind. Wer nicht ganz so hoch hinaus will, dem seit der Herbst empfohlen, da dann das Wetter meistens stabiler ist.

Immer mehr im Kommen ist das Wandern ohne Gepäck, bei dem man unbeschwert die Bergwelt genießen kann, während Koffer oder Rucksack von Bus und Bahn von einem Ort zum nächsten transportiert werden. Ganz im Trend liegt Winterwandern, denn viele Orte räumen einen Teil der Wanderwege auch im Winter, um eine Alternative zum Skilaufen anzubieten – allen voran Lenzerheide-Valbella und Arosa.

Hochalpine Bergtouren sind in fast ganz Graubünden möglich, wobei die Gletscherwelt der Bernina und die Granitzacken des Bergells die spektakulärsten Ziele darstellen. Übrigens ist die größte Bergsteigerschule der Schweiz in Pontresina zu Hause, in allen Ferienorten vermitteln die Tourismusorganisationen Bergführer.

Radfahren und Mountainbiking

Zwei der Schweizer Radwanderwege passieren Graubünden: Die Rhein-Route führt vom Oberalppass am Vorderrhein entlang, an Chur vorbei und weiter zum Bodensee. Die Graubünden-Route führt von Chur durch das Domleschg nach Thusis, wo sie sich teilt, um durch die Viamala und über den San-Bernardino-Pass ins Tessin bzw. über den Albulapass ins Engadin und dieses abwärts Richtung Innsbruck geleitet zu werden. Wer ohne Velo angereist ist, kann an vielen Bahnstationen eines mieten (Reservierung bis 18 Uhr des Vortages). Etliche ›Velotels‹ sind speziell auf die Bedürfnisse der Radfahrer eingerichtet und bieten Unterstellmöglichkeiten, Werkzeug etc. an.

In allen Teilen des Kantons gibt es eine Vielzahl von Mountainbike-Routen unterschiedlichster Schwierigkeit, darunter zahlreiche rasante Downhill-Strecken. Eine Übersichtskarte ist kostenlos bei Graubünden Ferien erhältlich.

Wie das Wandern ist auch das Mountainbiking ohne Gepäck im Kommen. Beispielsweise bieten Lenzerheide-Valbella, Arosa und Davos eine einwöchige Tour an, die die drei Orte miteinander verbindet.

Letzter Schrei ist ein anderes Zweirad: der gute alte Tretroller, aufgemotzt zum ›Sidewalker‹ mit zwei Felgenbremsen. An einigen Bahnstationen gibt es ihn als Alternative zum Velo, aber auch zum Mountainbike zu mieten – denn schließlich ist er auch geländegängig.

Pferde- und Maultiertrekking

Als Gegenpol zu den rasanten Fun-Sportarten erlebt das nostalgische Reisen mit Pferd oder Maultier momentan einen enormen Boom. Ausgebildete Maultierführer gibt es in allen Regionen Graubündens, besonders aber in der Surselva und im Engadin. Das Angebot reicht vom Reittrekking über kombinierte Wander- und Reittouren bis hin zum Saumwandern auf den Spuren der Säumer, die noch im 19. Jh. mühselig mit ihren schwerbeladenen Pferden die Pässe überquerten – zu Fuß natürlich. Aber weil auch das Maultiertrekking noch eine Steigerung erfahren muß, gibt es an mehreren Orten schon eine ausgefallenere Version: Lamatrekking.

Golf

Der Golf-Boom der 90er Jahre hat auch Graubünden drei neue Plätze beschert, so daß nun insgesamt an acht Orten die Bälle geschlagen werden – übrigens fliegen sie aufgrund der Höhenlage besonders weit. Samedan, Davos, Arosa, Lenzerheide und Domat/Ems haben einen 18-Loch-Kurs, Bad Tarasp-Vulpera, Alvaneu und Sedrun einen mit 9 Löchern. Der einzige *public golf course* (mit 9 Löchern) befindet sich in Domat/Ems.

Im Winter wird in St. Moritz bzw. Silvaplana, Arosa, Bad Tarasp-Vulpera und Disentis/Mustér mit roten Bällen auf Schnee oder zugefrorenen Seen Golf gespielt.

Paragliding

Viele Berge in Graubünden, die von Seilbahnen erschlossen werden, bieten – bei entsprechender Thermik – ideale Bedingungen für Paraglider. In den meisten größeren Orten gibt es Flugschulen, die Kurse veranstalten und Tandemflüge anbieten.

Baden

Das Angebot an potentiellen Badeseen ist in Graubünden unerschöpflich – bei insgesamt 615 Seen im Kanton ... Die meisten von ihnen haben allerdings für Normalsterbliche einen entscheidenden Nachteil: Sie sind schlichtweg zu kalt. Die schönsten Badeseen mit Infrastruktur sind Caumasee (Flims), Untersee (Arosa) und Heidsee (Lenzerheide-Valbella). Darüber hinaus gibt es natürlich in vielen Orten Hallen- und Freibäder.

Windsurfen

Neun Seen in Graubünden sind zum Surfen freigegeben: Davosersee, Heidsee (Lenzerheide-Valbella), St. Moritzer-, Silvaplaner- und Silsersee, Lago di Poschiavo, Zerfreilasee (Vals), Lai da Marmorera (Oberhalbstein) und Lai da Sontga Maria (Lukmanierpass). An den fünf erstgenannten gibt es Surfschulen mit Verleih von Surfbrettern. Das attraktivste Revier stellen, dank des stetig blasenden Malojawindes, die Oberengadiner Seen dar, auf denen auch der einzige Surf-Weltcup auf einem Binnensee stattfindet.

Rafting, Hydrospeed, Kanu

Der ›Grand Canyon der Schweiz‹ bildet eine spektakuläre Kulisse für erste Schnuppertouren im Wildwasser. Wer etwas anspruchsvollere Gewässer sucht, wird auf der Landquart im mittleren Prättigau und im Unterengadin fündig. Auf den gleichen Flußabschnitten wird Hydrospeed betrieben, bei dem man halb auf einem überdimensionalen Schwimmbrett liegt und sich mit Hilfe von Flossen fortbewegt. Wohl der renommierteste Anbieter für beide Sportarten ist Swissraft in Flims-Waldhaus (✆ 0 81/911 52 50, Fax 911 30 90; Zweigstellen in Scuol und Küblis).

Auch für Kanuten ist der Vorderrhein im Bereich der Rheinschlucht ein ideales Revier, um erste Versuche im Wildwasser zu unternehmen – zumal dort die beste Kanuschule des Kantons beheimatet ist: Die Kanuschule Versam (✆ 0 81/645 13 24) bietet ein umfangreiches Angebot an Kanu- und Kajakkursen.

Skifahren und Snowboarden

Graubünden hat für Skifahrer alles zu bieten, was das Herz begehrt – von den großen Skiarenen mit Buckelpisten, Tiefschneerevieren und mehreren hundert Pistenkilometern bis hin zu zahlreichen kleinen, dörflichen Familienskigebieten. Von der Ausdehnung her hat zwar nominell das Oberengadin die Nase vorn, gefolgt von Davos/Klosters, da beide jedoch in mehrere kleinere, unzusammenhängende Skigebiete zerfallen, gibt hier die ›Alpenarena‹ Flims/Laax/Falera den Ton an. Lenzerheide-Valbella (möglicherweise schon bald mit Arosa und Tschiertschen verbunden) und die Grenzregion Ischgl/Samnaun vervollständigen den Club der ›großen Fünf‹. Die Snöber (Snowboarder) finden ihr Eldorado am Crap Sogn Gion in der ›Alpenarena‹ und am Davoser Jakobshorn.

Immer deutlicher wird der Trend, Ski vor Ort zu leihen, und Einrichtungen wie das NTC in der ›Alpenarena‹ ermöglichen in Minutenschnelle den Wechsel der Ausrüstung quasi mitten auf der Piste: vom ›normalen‹ Alpinski oder Snowboard über die spätestens seit der Saison 1997/98 absolut trendigen Race- und Fun-Carver bis zum Skwal – Service inklusive!

Skilanglauf

Skilanglauf ist überall in Graubünden möglich, wobei natürlich das Oberengadin, Austragungsort des legendären Skimarathons, die attraktivste Region ist. Aber auch alle anderen Wintersportorte haben inzwischen ein großes Angebot an Loipen zu bieten.

Schlitteln

Die meisten Wintersportorte unterhalten inzwischen auch eigens präparierte Schlittelbahnen. Was früher eher ein Betätigungsfeld für Kinder oder vielfach eine Gaudi zum Abschluß feuchtfröhlicher Pistentage war, wird heute als ernstzunehmende Alternative zum Skifahren entwickelt. Kein Ort ist dabei so weit fortgeschritten wie Bergün, das nicht nur den absoluten Klassiker zu bieten hat – die Strecke Preda-Bergün auf der gesperrten Albula-Paßstraße –, sondern wo es inzwischen auch schon einen Schlittelpaß und einen besonderen Transportservice der Rhätischen Bahn gibt.

Eissport

Was wäre Wintersport ohne Schlittschuhlaufen, Curling und Eisstockschießen? Knapp fünf Dutzend Natureisbahnen bilden von Dezember bis Anfang März den Rahmen für diese Sportarten, in Davos und Arosa stehen das ganze Jahr über gedeckte Eissporthallen zur Verfügung. Darüber hinaus bietet Davos die größte und schnellste Natureisbahn Europas.

REISEINFORMATIONEN VON A BIS Z

Behinderte

Schon alleine die Topographie macht Graubünden nicht gerade zu einem idealen Reiseland für Behinderte – und das setzt sich bei den Hotels, Restaurants und Museen fort. Weniges ist hier behindertengerecht gebaut, Hotels wie das Ibis-Pyramid in Chur, das Fravi in Andeer und das Bethanien in Davos sind eher Ausnahmen. Eine Auflistung aller etwa drei Dutzend rollstuhlgängigen Hotels im Kanton ist bei Graubünden Ferien erhältlich.

Feiertage

An folgenden Feiertagen sind in Graubünden die Geschäfte geschlossen: 1. Januar (Neujahr), Karfreitag, Ostermontag, Auffahrt (Christi Himmelfahrt), Pfingstmontag, 1. August (Nationalfeiertag), 20. September (Eidgenössischer Bettag), 25. Dezember (Weihnachten), 26. Dezember (Stephanstag).

Karten

Die beste Übersichtskarte ist die ›Holiday Map Graubünden‹ von Kümmerly + Frey. Mit einem Maßstab von 1:120 000 dient sie sowohl als detaillierte Karte für Autofahrer als auch zur groben Planung von Wanderungen. Als Wanderkarten sind aber auf jeden Fall die Landeskarten im Maßstab 1:25 000 zu empfehlen, von denen es auch zahlreiche lokale Ausgaben bei den Tourismusorganisationen gibt.

Notrufnummern

✆ 117	Polizei
✆ 118	Feuerwehr
✆ 144	Krankenwagen
✆ 1414	Schweizerische Rettungsflugwacht
✆ 140	TCS-Pannendienst

Öffnungszeiten

Geschäfte sind in der Regel Mo–Fr 9–18.30, Sa 9–17 Uhr geöffnet, bleiben aber über Mittag 1–2 Std. geschlossen; einige öffnen auch schon um 8 Uhr – Supermärkte teilweise um 7.30 Uhr – und schließen dafür früher. In den Ferienorten sind sie oft auch länger und am So geöffnet.

Öffnungszeiten der Banken: Mo–Fr 8.30–12 u. 14–16.30 oder 17.30 Uhr (teilweise auch mittags geöffnet); Behörden: Mo–Fr 8–12 u. 14–17 oder 18 Uhr.

Postämter öffnen Mo–Fr 8–12 u. 14–18, Sa 8–11 Uhr. Standardbriefe und Postkarten nach Deutschland kosten 0,90 SFr., bei Versendung als schnellere 1.-Klasse-Post (›prioritaire‹) 1,10 SFr.

Pilze

Kantonsweit ist vom 1. 4. bis zum 31. 10. Pilzsaison. Generell untersagt ist das Sammeln jedoch vom 1. bis 10. jeden Monats und zwischen 20 und 8 Uhr. Auch dürfen pro Person nur 2 kg gesammelt werden.

Radio

Neben den verschiedenen Programmen des deutschsprachigen Schweizer Radios (DRS) gibt es in Graubünden zwei kommerzielle lokale bzw. regionale Radiosender: Radio Grischa bedient von Chur aus den gesamten Kanton, Radio Piz von St. Moritz aus das Engadin und die angrenzenden Täler.

Souvenirs

Die bekanntesten Bündner Souvenirs sind kulinarischer Art: Bündner bzw. Engadiner Nußtorte und Birnbrot, Bündnerfleisch und Salsiz, die Weine aus der Herrschaft und Churer Röteli. Eine bunte Mischung der Produkte des Kantons ist im Scarnuz Grischun enthalten, einer Art Überraschungspaket, das vielerorts angeboten wird.

Eine typische traditionelle Handarbeit aus Graubünden ist die Kreuzstikkerei mit dem charakteristischen Bündnerrot und einem speziellen Blauton, deren wichtigste Motive Herz und Steinbock sind.

Sehr eigenwillig sind die Produkte, die Stone Perfumes in Castasegna herstellt: erlesene Düfte in Flakons aus Bergeller Granit, Gneis aus dem Valsertal oder anderen Gesteinen des Kantons – nicht ganz billig, aber sehr ausgefallen.

Der Einkauf von Zigaretten, Alkoholika und Toilettenartikeln lohnt sich im Zollausschlußgebiet Samnaun, das auch von entsprechenden Menschenmassen heimgesucht wird.

Stromspannung

In der Schweiz beträgt die Stromspannung, wie in Deutschland, 220 V Wechselstrom. Eurostecker passen nicht immer auf schweizerische Steckdosen, von daher ist es empfehlenswert, einen Südeuropa-Adapter mit schmaleren Kontakten mitzunehmen.

Telefon

Die meisten öffentlichen Fernsprecher in Graubünden sind Kartentelefone; Telefonkarten verkaufen die Postämter und Swisscom-Läden.

Vorwahl der Schweiz aus Deutschland und Österreich 00 41, gefolgt von der Kantonskennung ohne die Null (z. B. Graubünden 81). Vorwahlen aus der Schweiz: nach Deutschland 00 49, nach Österreich 00 43.

Wetterbericht

Neben den Wetterberichten der Radiostationen und der Zeitungen gibt es einen schweizweiten Wetteransagedienst, der mehrmals täglich aktualisiert wird: ✆ 162.

Die Telefongebühren der kommerziellen regionalen Wetteransage-Dienste sind nicht unerheblich.

Zeitungen

In Graubünden gibt es zwei deutschsprachige und eine rätoromanische Tageszeitung: ›Bündner Tagblatt‹, ›Südostschweiz‹ und ›La Quotidiana‹, die alle bei der Gasser Media AG in Chur erscheinen.

ABBILDUNGSNACHWEIS

Heinz Endler/Look, Hamburg S. 23
Johannes Eue, Köln Umschlagrückseite oben, S. 1, 2/3, 15 oben u. unten, 17, 20, 27, 28, 29, 31, 56, 69, 79, 82, 83, 87, 91, 98/99, 111, 115, 116/117, 122, 124, 132, 135, 136, 142, 158/159, 162/163, 169, 190/191, 193, 195, 209
Fleischtrocknerei Jörg Brügger & Co., Parpan S. 148
Ralf Freyer, Freiburg i. Br. Umschlagklappe vorne, Umschlagrückseite Mitte, S. 10/11, 22, 40/41, 43, 45, 48/49, 52/53, 55, 57, 62, 64, 71, 75, 93, 94/95, 104, 107, 108, 113, 129, 138/139, 144, 151, 153, 156, 160, 165, 172, 173, 175, 176, 185, 186, 199, 207, 212
Kur- und Verkehrsverein St. Moritz Umschlagrückseite unten, S. 180, 181
Rhätische Bahn, Chur Umschlagklappe hinten, S. 196
Henry Pierre Schultz, Zürich S. 88
Scuol Tourismus S. 214/215
swissraft, Flims-Waldhaus S. 72/73
Weisse Arena AG, Laax Titelbild
Florian Werner/Look, Hamburg S. 145

Die Abb. S. 200 stammt aus dem Buch ›Schellen-Ursli‹ von Carigiet/Chönz, © Orell Füssli Verlag, Zürich 1972

Karten und Pläne
Berndtson & Berndtson Productions GmbH, Fürstenfeldbruck
© DuMont Buchverlag, Köln

KARTENVERZEICHNIS

REGISTER

Personen- und Sachregister

Ortsregister